Markus Hornig · Dr. Angela Kerek
Winning Inside

Markus Hornig · Dr. Angela Kerek

WINNING INSIDE

Was wir vom Spitzensport für unser Berufsleben lernen können

Bibliografische Information der Deutschen Nationalbibliothek
Die Deutsche Nationalbibliothek verzeichnet diese Publikation in
der Deutschen Nationalbibliografie; detaillierte bibliografische Daten
sind im Internet über dnb.dnb.de abrufbar.

2. Auflage im September 2024
© 2021 Angela Kerek und Markus Hornig

Lektorat: Eva Gößwein, Berlin | www.textstudio-goesswein.de
und Anna Ueltgesforth, Amorbach | www.arsvocis.de
Satz und Layout: Das Herstellungsbüro, Hamburg | www.buch-herstellungsbuero.de

Verlag: BoD · Books on Demand GmbH, In de Tarpen 42, 22848 Norderstedt
Druck: Libri Plureos GmbH, Friedensallee 273, 22763 Hamburg

ISBN: 978-3-7597-9439-0

www.markushornig.com
www.angelakerek.com

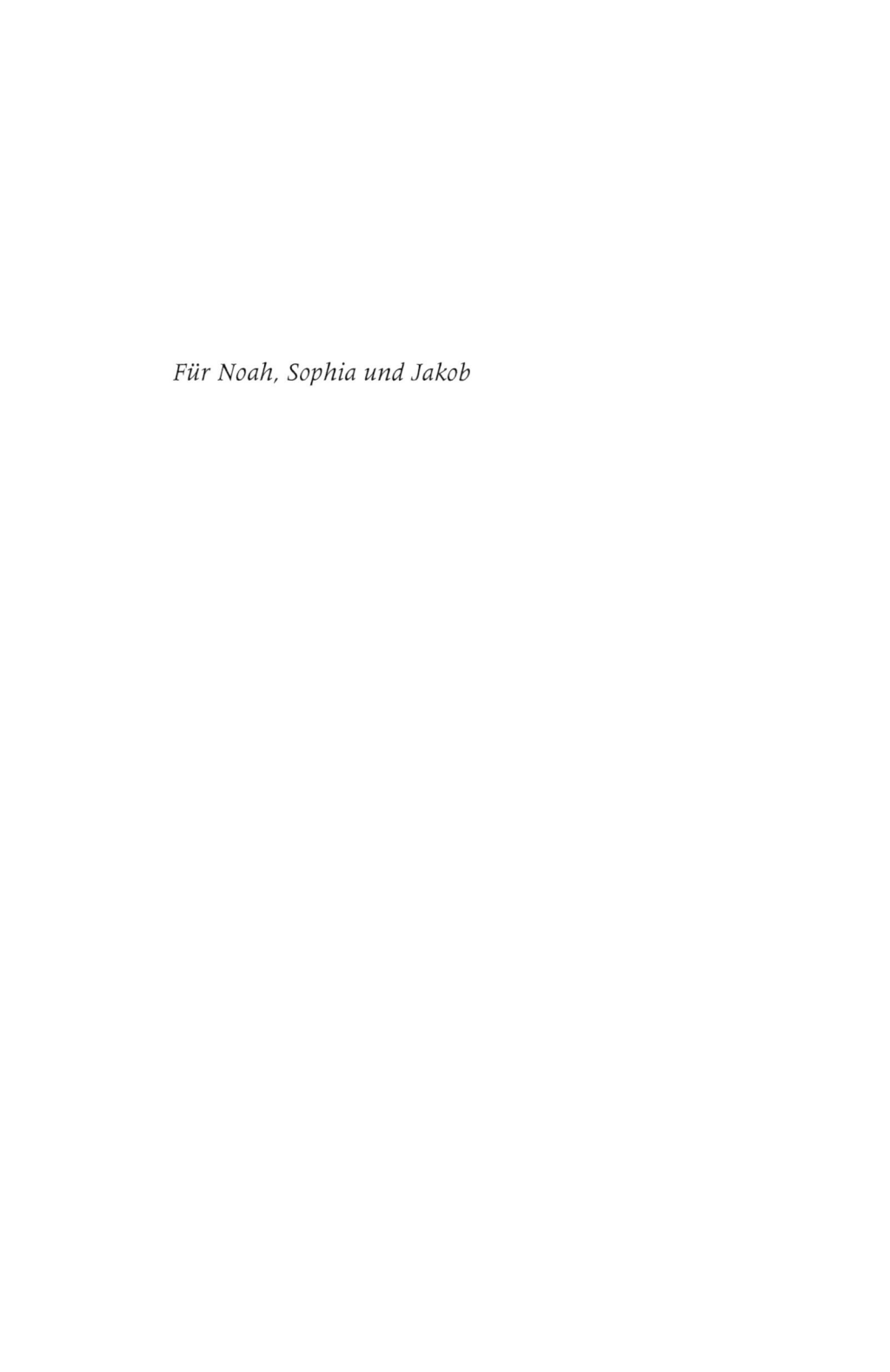

Für Noah, Sophia und Jakob

Inhalt

Eine neue Mentalität für die moderne Arbeitswelt

Was haben herausragende Athleten wie Roger Federer, Cristiano Ronaldo, Jan Frodeno, Steffi Graf, Franziska van Almsick oder Nadine Angerer gemeinsam? Sie alle stehen oder standen in ihrem Sport an der Weltspitze und haben ihn auf einzigartige Weise geprägt. Sie sind absolute Vorbilder, wenn es darum geht, das Leistungsvermögen über viele Jahre hinweg systematisch zu entwickeln und zu optimieren. Daneben zeichnet sie eine zweite Qualität aus: Bestleistung genau dann abzurufen, wenn's zählt!

Spitzensportler folgen ganz bestimmten Erfolgsprinzipien, die man lapidar auch als »Spielregeln für Leistung« bezeichnen könnte. Wer es im Sport nach oben schafft, lernt früh, welche Gesetzmäßigkeiten es anzuwenden gilt, um erfolgreich zu sein. Eine kluge Trainings- und Wettkampfplanung mit einer stetigen Erhöhung der Anforderungen, eine konsequente Berücksichtigung des Zusammenspiels von Belastung und Erholung, das Prinzip der systematischen Wiederholung, das Einhalten der Reihenfolge der zu trainierenden Faktoren, z.B. dass man Technik immer vor Kraft trainiert, stellen nur einige dieser Gesetzmäßigkeiten dar. Der Unterschied – und gleichzeitig die Begründung, weshalb der Spitzensport der modernen Arbeitswelt im Bereich Selbst- und Leistungsmanagement als Erfolgsmodell dienen kann – zeigt sich in der Herangehensweise an den Faktor Leistung: Ein Athlet muss die biologischen Gesetzmäßigkeiten, nach denen die »Maschine Mensch« funktioniert, verstehen und sein Training entsprechend anpassen, will er seine Leistung systematisch verbessern und entwickeln. Die gesamte Trainingslehre und Sportwissenschaft basiert auf diesen zeitlos gültigen Spielregeln, die für jeden Menschen gleich sind. Anders ausgedrückt:

Im Sport geben die Biologie und die Physiologie des Menschen die Spielregeln vor, nach denen trainiert und gearbeitet wird.

Neben diesen biologisch-physiologischen Leistungsprinzipien gibt es auch psychologische Gesetzmäßigkeiten für die Entwicklung mentaler Stärke. Diese sind größtenteils der Evolutionspsychologie zuzuordnen, einem Forschungsgebiet, das versucht, menschliches Verhalten mit psychologischen Gesetzmäßigkeiten zu erklären, die für das Überleben in der Urzeit elementar waren. Im Kern steht die Annahme, dass sich die Überlebenschancen der Jäger und Sammler erhöht haben, wenn sie sich psycho-mental und psycho-sozial intelligent verhielten. Psycho-mental meint in erster Linie die Selbstreflexion, d. h. das Nachdenken über sich selbst, um sein Handeln und Verhalten zu hinterfragen, lernbereit und optimistisch zu sein, seine Gedanken zu steuern sowie intelligent mit seinen Emotionen umzugehen. Gleiches gilt für die psycho-soziale Intelligenz. Je besser die Menschen kooperierten, Hilfsbereitschaft, Zuverlässigkeit, Fairness, Einfühlungsvermögen und Empathie an den Tag legten, desto größer die Chancen für das Überleben. Die Entwicklung von sozialer und emotionaler Intelligenz spielte demnach eine Schlüsselrolle für das Überleben. Sie sind knallhartes Rüstzeug, das in der Urzeit die Überlebenschancen steigen ließ und auch heute maßgeblich für den Erfolg in Job und Karriere ist. Die Wissenschaft ist sich einig, dass in jedem von uns entsprechende Anlagen vorhanden sind, doch inwieweit daraus mentale Stärke wächst, hängt davon ab, wie wir diese Potenziale entwickeln und entsprechend an uns arbeiten.

Mentale Stärke ist nicht angeboren, sondern für jedermann erlernbar!

Sportler benötigen ein besonderes Maß an mentaler Stärke, zumal sie der Herausforderung ausgesetzt sind, Leistung zeitpunktgenau und vor Publikum abzurufen, ohne sich dabei verstecken zu können. Hier liegt die Ursache, weshalb der Sport seit der Antike eine solche Faszination auf die Menschen ausübt. Sportler stimmen darin überein, dass es der »Kopf« ist, der maßgeblich über Sieg oder Niederlage entscheidet. Insofern ist es auch nicht verwunderlich, dass es die Sportpsychologie war, die dem Selbstmanagement, so wie es heute verstanden wird, den Weg bereitet hat. Die siebenfache Grand-Slam-Siegerin Venus Williams bringt es auf den Punkt: »Menschen lieben Sport, weil man hier alles erlebt. Es ist Triumph und Desaster in Echtzeit. Die Leute leben und sterben für den Sport, weil du einem nichts vortäuschen kannst. Es geht nicht. Entweder schaffst du es – oder nicht!«[1]

Gibt es in der Welt des Sports klare Richtlinien und Gesetzmäßigkeiten, nach denen Körper und Kopf trainiert werden, so herrscht in der modernen Arbeitswelt zumeist ein konträres Bild, wenn es um das Management von Leistung geht. Obwohl es auch dort um Leistung und Erfolg geht und Konzentration zum wichtigsten Rohstoff geworden ist, sind sich nur die wenigsten im Klaren darüber, wie man Leistung systematisch steuert und welche Gesetzmäßigkeiten es dabei zu befolgen gilt. Nicht die bio-logischen und psycho-logischen Leistungsprinzipien bestimmen den Takt, vielmehr wird nach einer subjektiven »Nach-Gefühl-Methodik« gearbeitet, die man sich meist irgendwann einmal – nicht selten bereits in der Schulzeit – angeeignet hat.

Würde ein Spitzensportler agieren wie der moderne Kopfarbeiter, würde er sich schnell auf den hinteren Plätzen der Ranglisten wiederfinden. Ein Athlet, der nicht nach den naturgegebenen Spielregeln von Körper, Gehirn und Geist arbeitet, dessen Leistungsfähigkeit wird nach

---

1 https://www.spox.com/de/tennisnet/grand-slam/australian-open/1701/
Artikel/venus-williams-liebeserklaerung-tennis.html (eingesehen am
29.05.2020)

und nach sinken. Er wird auf lange Sicht mit denselben Gefahren konfrontiert wie der Kopfarbeiter.[2] Was für den Kopfarbeiter das Gefühl des ständigen Getriebenseins, der Überforderung und der Erschöpfung ist, stellt für den Sportler das Übertrainingssyndrom dar. Wer ohne Plan oder nach falschen Gesetzmäßigkeiten trainiert, sich selbst zu sehr unter Druck setzt, seine unbewussten Motive nicht kennt, unzureichend Selbstreflexion betreibt, zu Perfektionismus neigt und sich keine Schwächen eingesteht, läuft Gefahr, sich zu überfordern. Sind Menschen dann auch noch Getriebene der digitalen Arbeitswelt, die geprägt ist von permanenter Erreichbarkeit, ständiger Unterbrechung, Information Overload und Multitasking, ist es nicht verwunderlich, dass viele über kurz oder lang an Leistungsfähigkeit einbüßen oder ausbrennen.

Wenn es um die Frage von Leistungsmanagement, der Entwicklung mentaler Stärke sowie eine ressourcen- und gesundheitsfördernde Herangehensweise an den ganzheitlichen Komplex »Leistung« geht, können die Leistungsprinzipien des Spitzensports dem Kopfarbeiter – vom Sachbearbeiter bis zum Business Leader – wertvolle Impulse und Inspiration liefern. Mit einer nachhaltigen Umsetzung dieser »Spielregeln« und Leistungsprinzipien kann der moderne Kopfarbeiter sogar zwei Fliegen mit einer Klappe schlagen: am Erfolgsmodell Spitzensport lernen, wie man zum einen sein Potenzial systematisch entwickelt und erfolgreich wird, und zum anderen, wie man dann, wenn es wirklich zählt, sein Können selbstsicher und souverän abruft.

– **Winning Inside** überträgt die mentalen und strategischen Leistungs- und Erfolgsprinzipien des Spitzensports auf das Anforderungsprofil des modernen Kopfarbeiters in der digitalisierten Arbeitswelt, für den mentale Stärke immer mehr zum entscheidenden Erfolgsfaktor wird.

---

2 Informations- und Wissensarbeiter, der seine Leistung überwiegend mit dem Kopf erbringt.

- **Winning Inside** macht deutlich, weshalb man die Herangehensweise an den Faktor Arbeit neu denken muss. Wem es gelingt, die grundlegenden Leistungsprinzipien von Gehirn und Geist in seinen Arbeitsalltag zu übertragen, der wird in der Arbeitswelt der Zukunft einen Wettbewerbsvorteil haben. Dazu liefert das Buch das Know-how und entsprechende praktische Instrumente.

- **Winning Inside** bedeutet, seinen Blick nach innen zu richten und zu verstehen, dass in der Auseinandersetzung mit sich selbst das größte Potenzial für beruflichen und privaten Erfolg liegt.

Die Dynamik und Komplexität des modernen Alltags

Erinnern Sie sich noch an den Mauerfall am 9. November 1989? Wenn Sie sich das Bild der euphorisierten Menschen, die ihre Freiheit freudetaumelnd auf der Berliner Mauer neben dem Brandenburger Tor feierten, ins Gedächtnis rufen, was fällt Ihnen dabei auf? Richtig: Nicht ein Einziger hatte ein Handy! Seitdem, drei Jahrzehnte nach diesem historischen Ereignis, ist unsere Welt eine andere geworden. Die digitale Revolution hat unser Leben mehr verändert, als es sich die Generation unserer Großeltern in ihren kühnsten Träumen hätte vorstellen können. Ein Blick in die Geschichte lohnt an dieser Stelle, um die Herausforderungen besser zu verstehen, denen wir uns im digitalen Zeitalter zu stellen haben.

In 99 % der Entwicklungsgeschichte des Menschen veränderte sich seine Lebenswelt kaum. Die Zukunft der Kinder sah über Jahrtausende hinweg ähnlich aus wie das Leben ihrer Eltern und Großeltern. Die Menschen lebten als Jäger und Sammler, Fischer und Bauern, und die Söhne gingen der Arbeit ihrer Väter und Großväter nach. Die Natur diktierte den Takt des Lebens. Die Zyklen von Tag und Nacht und der Rhythmus der Jahreszeiten waren die natürlichen Taktgeber.

Dies veränderte sich schlagartig mit Beginn der Industrialisierung im 18. Jahrhundert. Mit der Entwicklung von Dampfmaschine und

Eisenbahn entstanden die ersten Fabriken. 1880 erfand Thomas Edison die Glühbirne, und die Nutzung des elektrischen Lichts machte die Nacht zum Tag. Damit begann die Abkopplung von den von der Natur vorgegebenen Rhythmen. Die industrielle Revolution war eingeläutet. Jetzt konnte rund um die Uhr gearbeitet werden, und der Takt der Maschinen übernahm das Kommando.

Heute, zu Beginn des dritten Jahrzehnts des 21. Jahrhunderts, hat sich unser Leben im Gegensatz zu dem der Fabrikarbeiter des 19. Jahrhunderts nochmals um ein Vielfaches beschleunigt. Computer und Internet sind die Beschleuniger unserer Zeit. Smartphones – die es erst seit gut zehn Jahren gibt – sorgen dafür, dass wir über die digitalen Informationen immer und überall auf der ganzen Welt in Echtzeit verfügen können.

Unser Leben hat sich in den letzten beiden Jahrzehnten radikal und rapide verändert. Tempo und Beschleunigung sind zur Signatur unserer Zeit geworden.

Professor Michael Kastner, Leiter des Instituts für Arbeitspsychologie und Arbeitsmedizin IAPAM, hat für diese Entwicklung sogar einen neuen Begriff geprägt: »Dynaxität«, das Zusammenwirken bzw. die Wechselwirkung von Dynamik (»Dyna-«) und Komplexität (»-xität«). Er beschreibt damit, dass das Tempo der Veränderungen immer schneller wird, Wissenszusammenhänge zunehmend unübersichtlicher werden, Stress, Hektik und Leistungsdruck in der Gesellschaft ansteigen. Planbarkeit und Prognostizierbarkeit der Zukunft nehmen ab, der Blick in die Zukunft ist ein Blick in die Unsicherheit. Industrie 4.0, bei der sich Maschinen miteinander »unterhalten«, autonomes Fahren, Drohnen, die Pakete ausliefern, 3D-Drucker, mit denen man z. B. Prothesen ausdrucken kann, oder Roboter in der Altenpflege sind längst keine Szenarien mehr aus Science-Fiction-Filmen, sondern die Realität, die direkt vor unserer Tür auf uns wartet. Die künstliche Intelligenz und die Robotik werden unsere zukünftige Welt verändern, wie wir es uns derzeit noch gar nicht vorstellen können.

Entwicklung des Spitzensports

In derselben Zeit, in der sich die Arbeitswelt so gravierend verändert hat, haben Beschleunigung, Dynamik und Komplexität auch dem Spitzensport ihren Stempel aufgedrückt. Wer sich einmal den Spaß macht, sich zunächst einige Szenen aus dem Fußball-WM-Finale 1974 zwischen Deutschland und den Niederlanden anzusehen und unmittelbar danach das WM-Finale 2014 zwischen Deutschland und Argentinien, bei dem kann sich durchaus das Gefühl einschleichen, dass bei der 74er-Übertragung irgendwie der Film zu langsam läuft. Hier zeigt sich die sprunghafte Zunahme von Dynamik, die beispielhaft ist für die gesamte Welt des Sports. Hatten Beckenbauer und Co. den Ball im Schnitt noch drei Sekunden am Fuß, bevor sie ihn weiterspielten, liegt die Kontaktzeit des heute von Spitzenteams gespielten One-Touch-Stils bei unter einer Sekunde, was in der Konsequenz nicht nur zu höherem Tempo, sondern gleichzeitig auch zu mehr Möglichkeiten im Spiel, sprich zu mehr Komplexität führt.

Die heutige Spielergeneration muss nicht nur mehr und schneller laufen, sondern auch im Kopf immer einen Schritt voraus sein. So laufen Spieler heute in einem 90-minütigen Spiel im Durchschnitt zehn bis elf Kilometer, sprinten ungefähr 800 bis 1200 Meter, beschleunigen 40 bis 60 Mal und ändern die Laufrichtung etwa alle fünf Sekunden. In Zeiten von Pelé und Beckenbauer legten die Spieler gerade die Hälfte der Laufstrecke zurück – und das in einem deutlich gemäßigteren Tempo.

Kreativität, Risikobereitschaft, Eigeninitiative und Verantwortungsbewusstsein gehören mittlerweile zu den Schlüsselqualifikationen eines Fußballprofis. Der Spielertyp »Soldat«, der sich minutiös und gewissenhaft an die Vorgaben des Trainers hält und akkurat seine positionsrelevanten Aufgaben »abarbeitet«, wie dies zu Beckenbauers Zeiten der Fall war, hätte im heutigen Fußball kaum noch eine Chance. Die Anforderungen an einen Fußballprofi sind heute ungleich höher als noch vor 20 Jahren: Der Torwart muss nicht nur Bälle abwehren, sondern gleichzeitig auch das Spiel eröffnen, Verteidiger müssen sich in den Angriff einschalten und Stürmer müssen verteidigen – die ganze Mannschaft stürmt oder verteidigt. Das Spiel heute ist so schnell, intensiv und komplex geworden, dass es die Spieler zwingt, selbst mitzudenken und nicht nur körperlich, sondern auch geistig stets auf Höhe des Balls zu sein. Thomas Müller vom FC Bayern München, zur Arbeitsweise seines ehemaligen Trainers Pep Guardiola befragt, bringt es auf den Punkt: »Der Trainer verlangt sehr viel, beansprucht den Kopf stark – und das nicht nur beim Kopfballtraining. Man muss als Spieler immer mitdenken, sich mit dem Spiel beschäftigen.«[3]

Survival of the fittest:
Wer sich am schnellsten anpasst, gewinnt!

Wie im Sport gibt es auch in der Arbeitswelt keinen Stillstand. Es gibt keine Zeit, sich auszuruhen oder sich gar in Sicherheit zu wiegen. Die Binsenweisheit, dass man sich von Titeln der Vergangenheit nichts kaufen kann, ist auch in der Arbeitswelt zum Grundgesetz geworden. Auch hier ist permanente Weiterentwicklung, um zukunftsfähig zu bleiben und dem Wettbewerbsdruck standzuhalten, die Herausforderung, der man sich zu stellen hat. Im Rückblick auf das klägliche Scheitern der Fußball-Nationalmannschaft bei der WM in Russland 2018 waren die warnenden Worte von Ex-Bundestrainer Jürgen Klinsmann aus dem Jahr 2017 geradezu hellseherisch. Klinsmann prangerte die immer schlechter werdende Bilanz der Bundesliga in den europäischen Wettbewerben an und verwies darauf, dass sich mit dem Gewinn der WM in Brasilien 2014 eine gewisse Sattheit und Selbstherrlichkeit im deutschen Fußball eingeschlichen habe. Klinsmann dazu klar und unmissverständlich in der Sport Bild: »Die Ergebnisse sind aus meiner Sicht ein Anzeichen, dass eine gewisse Selbstzufriedenheit eingekehrt ist. Zufriedenheit ist in jedem Berufsfeld ein Killer. Darum muss die

---

3 https://www.faz.net/aktuell/sport/fussball/bundesliga/fc-bayern-mit-pep-guardiola-konzept-der-perfektion-nahe-13376449.html (eingesehen am 29.05.2020)

Bundesliga aufpassen, dass sie international nicht unnötigerweise den Anschluss verliert.«[4]

Dies gilt zunehmend auch für die moderne Arbeitswelt. Projektarbeit, ständige Erreichbarkeit, Zeitdruck, hohe Flexibilität oder viele unter »alternative Modelle« einzuordnende Arbeitsformen (wie ortsungebundener Einsatz von Mitarbeitern, virtuelle Teams, geteilte Stellen etc.) sind im Zeitalter der Digitalisierung und Globalisierung an der Tagesordnung und nehmen immer mehr zu. Wollen Menschen, die in diesem System arbeiten, erfolgreich sein, kommen sie nicht umhin, sich permanent anzupassen, sich neu zu orientieren und dazuzulernen. Stillstand bedeutet Rückschritt! Nie war dies sichtbarer als in der digitalisierten Arbeitswelt des 21. Jahrhunderts, das gerade erst begonnen hat. Ein Baum, der nicht mehr wächst, stirbt. Darwins Prinzip des »Survival of the fittest« bedeutet nicht, wie viele denken, dass der Stärkere gewinnt, sondern der, der sich am schnellsten an die sich verändernden Umweltbedingungen anpasst.

Dieses universale Prinzip der Evolution ist über Nacht zum fundamentalen Erfolgsfaktor in einer digitalisierten und vernetzten Arbeitswelt geworden, die von Arbeitswissenschaftlern mit dem Akronym VUKA beschrieben wird:

- **V** steht für **Volatilität**, ein Begriff aus der Physik, der Unbeständigkeit und Schwankungen bezeichnet.
- **U** steht für **Unsicherheit**, das heißt, die Regeln und Gesetzmäßigkeiten, nach denen die Arbeitswelt der Vergangenheit funktioniert hat, haben ausgedient.
- **K** steht für **Komplexität**, das heißt, die durch Digitalisierung und Globalisierung vernetzten Prozesse werden komplizierter und sind nicht mehr durch einfache Ursache-Wirkungs-Ketten verstehbar.
- **A** steht für **Ambivalenz** und meint, dass nichts mehr ist, wie es

---

4 Sport BILD, Nr. 40 / 2017, S. 1

scheint, und einfache Erklärungen nicht mehr ausreichend sind, um komplexe Zusammenhänge zu beschreiben.

Mentale Stärke wird zum entscheidenden Wettbewerbsfaktor der Zukunft

Zukunftsforscher prognostizieren, dass das Arbeitsleben der Zukunft durch mehrere Berufswechsel gekennzeichnet sein wird und dass Selbstverantwortung, Selbstorganisation und eine hohe Veränderungsbereitschaft zum unverzichtbaren Rüstzeug für die Karriere werden. Die Coronakrise scheint diesbezüglich wie ein Brandbeschleuniger. Vor allem das schlagartige Begreifen, dass jeder von uns von der Digitalisierung betroffen ist, egal ob Schüler im Homelearning, Eltern im Homeoffice, oder die Großeltern bei der Skype-Telefonie, trug massiv dazu bei, die Zukunft von Privat- und Berufsleben neu zu denken. Stellvertretend für diesen Entwicklungssprung ist das folgende Statement von Professor Paul Kirchhof, prominenter Verfassungsrechtler, in einem Podcast auf dem Nachrichtenportal von Gabor Steinert: »Wir werden die Eigenverantwortlichkeit des freien Menschen für sich selbst, […] für seine Gesundheit, […] für seine Ausbildung, für seinen Beruf, stärken. Wir werden nicht alles […] vorgeprägt und vorgedacht bekommen, sondern wir entfalten die Eigeninitiative des einzelnen Menschen neu, weil er am besten weiß, was für ihn gut ist.«[5]

Wer nicht bereit ist, sich dieser Veränderungsdynamik zu stellen, und denkt, es sich in seiner Komfortzone bequem machen zu können, dessen Erfolgschancen werden rapide sinken, wenn auch für den Einzelnen vielleicht nicht so brutal wie für Unternehmen. Denn Firmen, die sich dieser Anpassungsdynamik und dem Veränderungsdruck entziehen, werden vom Wettbewerb gnadenlos aufgefressen. Wer erinnert sich noch an die einstigen Branchenführer Nokia, Kodak oder Quelle?

---

[5] Podcastserie von Gabor Steingart, Der Achte Tag, Podcast Nr. 16: Auch labiler Umgang mit Staatsfinanzen kann zur Pandemie werden

Ob es uns gefällt oder nicht: Die neue Zeit hat die alte, in der man vom Lehrling bis zum Rentner im gleichen Unternehmen blieb oder gar seinen Arbeitsplatz an seine Kinder »vererbt« hat, schlagartig abgelöst.

Wie im Sport, wo Selbstmanagement, permanente Weiterentwicklung und mentale Stärke über die Karriere entscheiden, wird die Entwicklung einer entsprechenden Gewinnermentalität auch im Berufsleben zum Wettbewerbsfaktor.

Doch was verbirgt sich genau hinter dem Begriff »mentale Stärke«? Im Allgemeinen meint mentale Stärke mit Optimismus, Zuversicht und Lernbereitschaft durchs Leben zu gehen, sich nicht von Rückschlägen aufhalten zu lassen, Eigenverantwortung zu übernehmen und sich als Persönlichkeit weiterzuentwickeln. Für die berufliche Karriere spielt mentale Stärke eine besondere Rolle, denn es sind nachweislich nicht diejenigen mit dem höchsten IQ, dem größten Talent oder den besten Uni-Abschlüssen, die am erfolgreichsten sind, sondern nachweislich die mit der besten Einstellung. Das im Sport gültige Gesetz »Einstellung schlägt Talent!« gilt auch im Berufsleben, was die beiden Forscherinnen Carol Dweck (»Selbstbild: Wie unser Denken Erfolge und Niederlagen bewirkt«[6]) und Angela Duckworth (»GRIT: Die neue Formel zum Erfolg – mit Begeisterung und Ausdauer ans Ziel«[7]) in ihren Büchern eindrucksvoll belegt haben.

So wird verständlich, dass der Begriff Intelligenz, wie wir ihn im Allgemeinen verstehen, primär im Sinne von Logik und Rationalität, in Zukunft noch weniger dienlich sein wird, um Erfolg oder Karriere vorauszusagen. Bereits in den 1980er-Jahren schuf Howard Gardner, amerikanischer Professor für Kognition und Pädagogik, den Begriff

---

6 Carol Dweck: Selbstbild: Wie unser Denken Erfolge und Niederlagen bewirkt. Frankfur a. M. / New York: Campus, 2007
7 Angela Duckworth: GRIT: Die neue Formel zum Erfolg. Mit Begeisterung und Ausdauer ans Ziel. München: Bertelsmann, 2016

der multiplen Intelligenz und definiert damit sieben primäre Formen der Intelligenz: Neben der logisch-mathematischen Intelligenz (z.B. Probleme logisch lösen, mathematische Berechnungen, programmieren), zählen die verbale Intelligenz im Sinne von Gebrauch von Sprache (z.B. Journalisten, Rechtsanwälte, Lehrer), die visuell-räumliche Intelligenz im Sinne von Erfassen von Räumen, Größen und deren Zusammenhängen (z.B. Architekten, Ingenieure, Piloten), die körperlich-kinästhetische Intelligenz im Sinne von Körperbeherrschung (z.B. Sportler, Schauspieler) und die musikalisch-rhythmische Intelligenz im Sinne musikalischen Verständnisses (z.B. Musiker, Komponisten, Sänger) zu den ersten fünf. Eine besondere Bedeutung spielen die Intelligenzformen an sechster und siebter Stelle: die interpersonelle Intelligenz, d.h. die Fähigkeit mit anderen Menschen zu interagieren, sie zu verstehen, sich in sie einzufühlen etc., sowie die intrapersonelle Intelligenz, d.h. diejenige, sich selbst mit seinen Gedanken, Emotionen und Überzeugungen zu verstehen und sich entsprechend als Persönlichkeit zu entwickeln.[8] Gestützt wird diese Sicht durch Daniel Goleman, klinischer Psychologe und Autor des Weltbestsellers »Emotionale Intelligenz«[9]. Er unterteilt die emotionale Intelligenz in fünf Bereiche – emotionale Wahrnehmung, emotionale Selbstregulation, Fähigkeit zur Selbstmotivation, Empathie sowie soziale Intelligenz – und zeigt, dass eine Entwicklung dieser fünf Faktoren der Schlüssel zu beruflichem Erfolg und privatem Lebensglück ist.

Demnach beruht mentale Stärke primär auf einer geschärften Selbstwahrnehmung und der Entwicklung eines positiven Selbstkonzepts. Es geht darum, die Arbeitsweise des Gehirns zu verstehen und entsprechend mentale Trainingstechniken zu erlernen. Wieso der Spitzensport diesbezüglich als Erfolgsmodell dienen kann, erklärt einer der

---

8 https://open-mind-akademie.de/hochbegabung/theorie-der-multiplen-intelligenz/ (eingesehen am 30.05.2020)
9 Daniel Goleman: Emotionale Intelligenz. München: dtv, 1997

Pioniere der Sportpsychologie, der 2014 verstorbene Professor Hans Eberspächer, der die deutsche Olympiamannschaft bereits 1976 bei den Olympischen Spielen in Montreal betreute: »Denn die Mechanismen, die Spitzensportlern helfen, nützen auch Führungskräften, Leistungsträgern, ja selbst der unter Dauerstress stehenden berufstätigen Mutter von zwei Kleinkindern.«[10]

Abb1: Erfolgsprinzipien im Spitzensport
Was wir vom Spitzensport für unser Berufsleben lernen können. Beispiele:

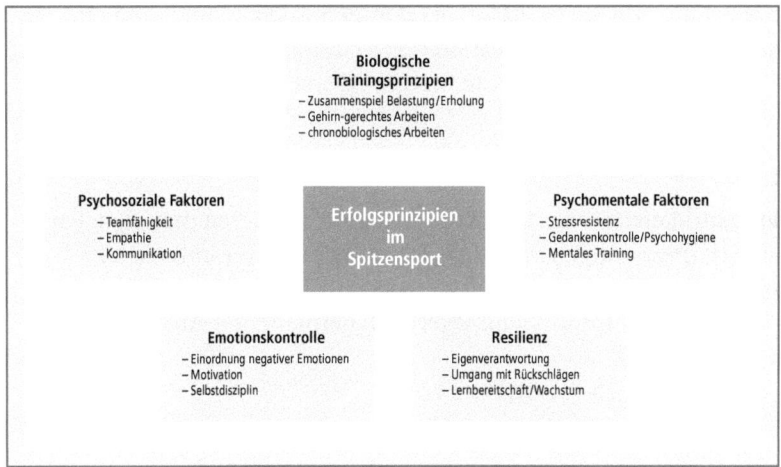

Was erwartet Sie in diesem Buch?

Der Hauptteil des Buches beginnt mit einem einleitenden Kapitel zu den »Grundlagen des Selbstmanagements«. Es beschreibt die Arbeitsweise des Gehirns und vermittelt ein Grundverständnis für die Entstehung unseres Denkens, Fühlens und Handelns. Die typische Zweiteilung der Arbeitsweise des Gehirns in einen bewussten und einen

---

10 Hans Eberspächer: STERN Gesund leben, Nr. 10 / 2007; Mentale Kraft – Gewonnen wird zwischen den Ohren; S. 72

unbewussten Anteil – sozusagen in zwei Betriebssysteme – stellt die Basis für das Verständnis sämtlicher mentaler Trainingstechniken dar. Darauf basierend werden im Anschluss in sechs unabhängigen Kapiteln die einzelnen Bereiche, die elementar für die Entwicklung mentaler Stärke sind, vorgestellt. Zusammenfassend machen sie das Selbstmanagement aus.

Die sechs Bausteine des Selbstmanagements[11]:

Motivation: Wie Sie Ihre Motive erkennen und gestalten, um ein Höchstmaß an Eigenmotivation und Selbstdisziplin zu entwickeln
– Unbewusste und bewusste Motive / Werte
– Willenskraft
– Selbstdisziplin

Konzentration: Wie Sie Ihre Konzentration trainieren, mit digitalen Ablenkungen umgehen und im Einklang mit Ihrer inneren Uhr arbeiten
– Umgang mit Information Overload, permanenter Ablenkung und Multitasking
– Chronobiologisches Arbeiten
– Konzentrationstechniken

Gewinnermentalität: Wie Sie Selbstvertrauen entwickeln, diszipliniert denken und konstruktiv mit Rückschlägen umgehen
– Selbstwirksamkeit und Selbstvertrauen
– Mindset: Die Bedeutung des Selbstbilds
– Resilienz

---

11 In der Wissenschaft besteht kein einheitliches und abgeschlossenes Erklärungsmodell für den Begriff Selbstmanagement. Insofern erhebt »Winning Inside« keinen Anspruch auf wissenschaftliche Vollständigkeit, obwohl die Inhalte selbstverständlich gewissenhaft recherchiert und entsprechend belegt sind.

Performance: Wie Sie sich mental auf Herausforderungen vorbereiten und Bestleistung abrufen, wenn's zählt
– Umgang mit Versagensangst
– Visualisierung
– Innerer Dialog

Stressmanagement: Wie Sie konstruktiv mit Stress umgehen, stresserzeugende Denkmuster erkennen und sich mental umprogrammieren
– Biologie des Stresses
– Innere Antreiber und limitierende Überzeugungen
– BRAIN: Das Trainingsprogramm zur Veränderung von limitierenden Glaubenssätzen

Mentale Balance: Wie Sie durch Atemtechniken, Achtsamkeit und Meditation Ihr Gehirn trainieren und Gelassenheit und Souveränität entwickeln
– Achtsamkeit / MBSR
– Atemtechniken
– Entspannungstechniken

»Winning Inside« zeigt, wieso Selbstmanagement und die Entwicklung mentaler Stärke zum Wettbewerbsfaktor Nummer eins für den Erfolg in der zukünftigen Arbeitswelt wird. Dazu haben wir uns bemüht, psychologische und wissenschaftliche Hintergründe so zu verpacken, dass sie leicht verständlich, einleuchtend und gleichsam inspirierend sind, garniert mit zahlreichen Hintergrundgeschichten und Storys aus der Welt des Sports. Als Autoren geht es uns darum, das »Warum« – d. h. das Verständnis und die Hintergründe, was uns Menschen antreibt, warum wir in bestimmten Situationen, z. B. unter Stress, bestimmte Verhaltenspräferenzen an den Tag legen und warum es möglich ist, den Kopf genauso zu trainieren wie den Körper – in den Mittelpunkt zu rücken. Nur wenn die Grundlagen selbsterklärend sind und Sie entsprechende »Aha«-Erlebnisse verbuchen, kann die Bereitschaft erwachen, an sich zu arbeiten. Der Blick durch die Brille des Spitzensports macht in besonderer Weise deutlich, worauf es bei der Entwicklung von mentaler Stärke ankommt und dass sich dort die größten Leistungsreserven befinden.

Die Kapitel verstehen sich als einzelne Bausteine und können auch unabhängig voneinander gelesen werden. Sie sind so gestaltet, dass man ein Thema auch schnell nachschlagen kann und fündig wird. Jedes Kapitel beginnt mit einer kurzen Vorschau. Dann folgen die wissenschaftlichen Hintergründe, Fragebögen, Tests sowie Anregungen zur Selbstreflexion und weitere Denkanstöße. Sie sorgen für den Transfer der Inhalte auf Ihre persönliche Situation.

Der Titel »Winning Inside« bezieht sich auf die Entwicklung einer Gewinnermentalität, die nichts mit dem Besiegen anderer zu tun hat. Vielmehr soll Ihnen »Winning Inside« dabei helfen, die oder der Beste zu werden, die / der Sie selbst sein können, und Ihr Potenzial optimal zu entfalten. Freuen Sie sich darauf!

Zugunsten der besseren Lesbarkeit haben wir auf die gleichzeitige Verwendung der männlichen und der weiblichen Form verzichtet. Dies hat jedoch ausschließlich redaktionelle Gründe. Die Inhalte dieses Buches richten sich an männliche und weibliche Leser gleichermaßen.

Markus Hornig & Dr. Angela Kerek

Grundlagen des Selbstmanagements

Selbstmanagement ist die Kunst, sich selbst zu führen. Viele Forscher sehen im Selbstmanagement den entscheidenden Faktor für den Erfolg in der Wissens- und Informationsgesellschaft, in der überwiegend mit dem Kopf und kaum noch mit Muskelkraft gearbeitet wird. Eine Grundvoraussetzung für effektives Selbstmanagement ist das Verständnis, dass unser Gehirn im Prinzip mit zwei »Betriebssystemen« arbeitet, einem bewussten und einem unbewussten. Das Wissen um die Zweiteilung der Arbeitsweise des Gehirns stellt die Grundlage sämtlicher Selbstmanagement-Techniken dar, wobei es letztendlich immer um die Abstimmung und die Berücksichtigung der Eigenheiten dieser beiden Systeme geht. Selbstmanagement wiederum basiert auf Selbstreflexion, das heißt der Fähigkeit, das eigene Denken, Fühlen und Verhalten aus einer Vogelperspektive zu beobachten, um so seine Entscheidungen und sein Handeln stets zu prüfen und weiterzuentwickeln. Dieses Kapitel stellt die Kernelemente des Selbstmanagements vor und zeigt, auf welchen Eckpfeilern die Entwicklung mentaler Stärke ruht.

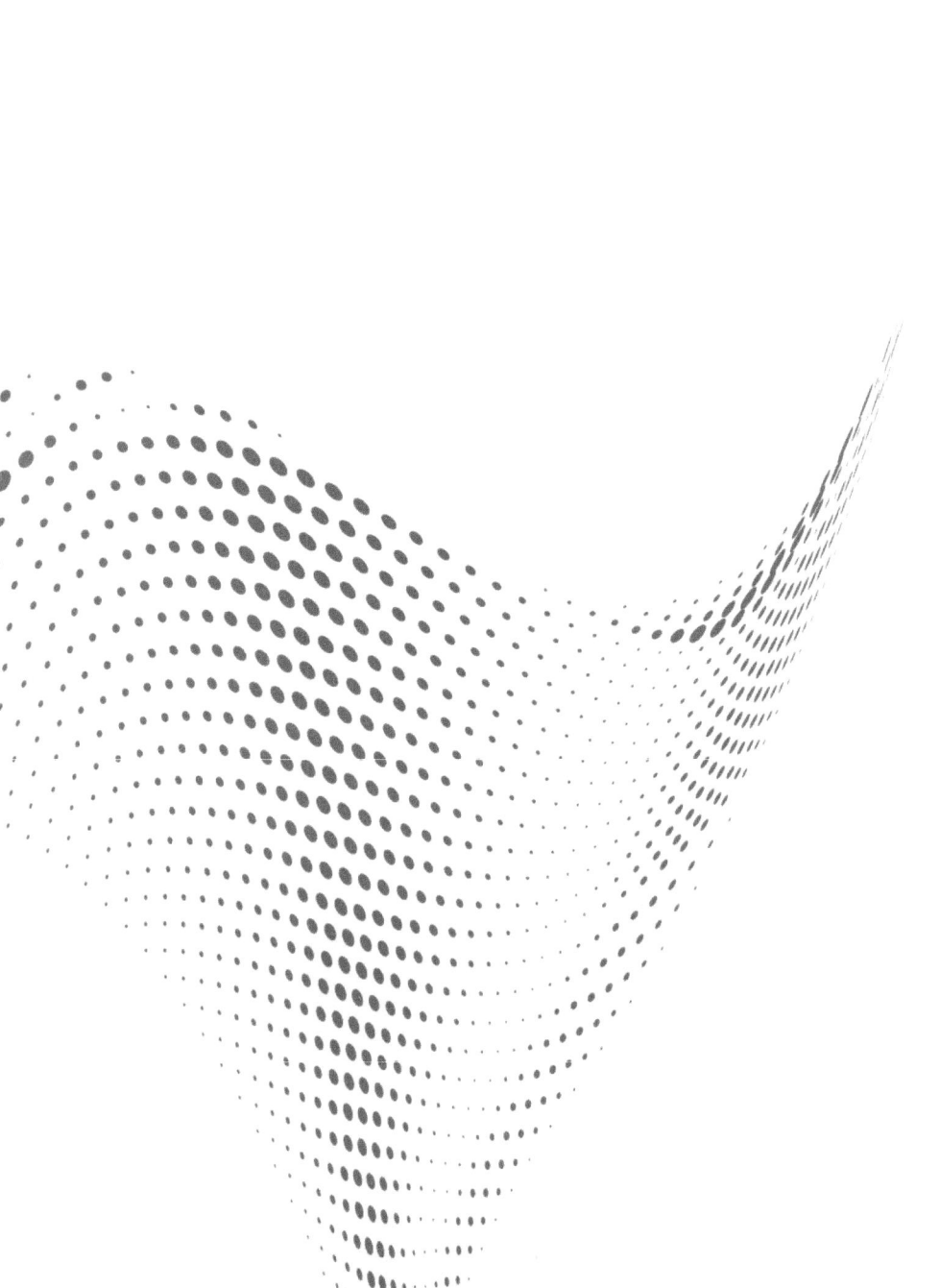

Wir sprechen mit uns selbst

Haben Sie sich schon einmal gefragt, mit wem Sie im Laufe Ihres Lebens am meisten sprechen? Richtig, mit sich selbst! Egal, was wir tun oder lassen, stets begleiten Gedanken in Form von Selbstgesprächen unser Handeln. Gedanklich spielen wir Dinge durch, malen uns Szenarien aus, wägen Vor- und Nachteile ab, planen, analysieren und kalkulieren, setzen Prioritäten, formulieren Ziele, treffen Entscheidungen, regulieren Emotionen, unterdrücken Impulse und vieles mehr. Manchmal herrschen wir uns sogar an, beschimpfen uns und setzen uns herab, gehen mit uns selbst in einer Art und Weise um, die wir uns von anderen nicht wünschen würden.

Bereits in den 1970er-Jahren beschrieb der US-Amerikaner Timothy Gallwey in seinem Bestseller »Tennis und Psyche – das innere Spiel«, wie zwei Instanzen in unserem Kopf agieren, die in permanentem Austausch stehen und sich gegenseitig beeinflussen. Über diesen inneren Dialog schreibt er: »Offensichtlich sind ›Ich‹ und ›Selbst‹ zwei getrennte Einheiten in unserem Kopf, sonst könnte es keinen Dialog zwischen beiden geben; man könnte also sagen, dass in jedem Menschen zwei voneinander getrennte Persönlichkeiten wohnen.«[1] Dieses Bild macht deutlich, worum es beim Selbstmanagement zunächst einmal geht: um das Verständnis der Existenz von Ich und Selbst und um die Erkenntnis, dass das Ich die Instanz ist, mit der sich das Selbst gezielt beeinflussen und steuern lässt. Dieses permanente Hin und Her zwischen dem Ich und dem Selbst bezeichnet Gallwey als das »innere Spiel«, und das Gehirn entspricht dem »Spielfeld«, auf dem dieses Spiel ununterbrochen stattfindet. Das Bewusstmachen dieses Spiels und die Berücksichtigung gewisser Rahmenbedingungen und Spielregeln, nach denen dieses Spiel funktioniert, stellt letztlich die Basis dar, auf der jegliche Form des Selbstmanagements beruht.

---

1 Timothy Gallwey: Tennis und Psyche – das innere Spiel. München: WILA Verlag 1977, S. 19

Das bewusste Ich ist demnach ein Werkzeug, mit dem man sich selbst steuern und managen kann. Selbstmanagement entspricht Selbstführung, also der Führung der eigenen Person. Dies setzt jedoch die Bereitschaft voraus, sich offen und ehrlich mit sich selbst auseinanderzusetzen und Verantwortung für sein Tun und Lassen zu übernehmen. Dafür benötigt es eine geschärfte Selbstwahrnehmung, das heißt die Fähigkeit und die Bereitschaft, sich selbst aus einer gewissen Distanz zu beobachten.

Durch das Verständnis der Arbeitsweise des Gehirns und der damit verbundenen Psycho-Logik lässt sich systematisch Gewinnermentalität entwickeln und Bestleistung abrufen, wenn's zählt!

Das heißt natürlich nicht, dass es jeder auf irgendein Siegertreppchen schaffen kann. Vielmehr geht es darum, sich so zu entwickeln, dass man der Beste wird, der man nur werden kann. Dass man diesbezüglich vom Spitzensport eine Menge lernen kann, bestätigt einer, der es besser wissen muss als jeder andere, der ehemalige österreichische Skispringer, Olympiasieger von 1980, Weltmeister, Trainer und Psychologe Toni Innauer: »Leistungssport ist auch ein Weg zur persönlichen Entwicklung. Er zeigt mir meine Defizite. Z.B., dass ich unter Druck verkrampfe. Dass ich mit Niederlagen nicht umgehen kann. Dass ich Schwierigkeiten habe, mich im entscheidenden Augenblick zu konzentrieren. In der Bewältigung bildet sich die Persönlichkeit.«[2]

So sieht das auch Viktoria Rebensburg, Olympiasiegerin 2010 im Riesenslalom. Auf die Frage, wie es sei, in schwierigen Phasen nicht den Glauben an sich selbst zu verlieren, antwortet sie: »Das ist die größte Herausforderung. Im Leben. Und im Leistungssport. Dass es Rückschläge gibt, ist normal. Da muss man durch. Ohne diese Rückschläge wird man in seiner Entwicklung nicht gefestigt sein. Diese Erfahrungen gehören dazu, auch wenn es manchmal sehr schwer ist,

---

2 Toni Innauer: SPORTS 1995, Total Mental, S. 103

sie zu machen. Sie machen einen zu einem besseren Athleten. Sie entwickeln die Persönlichkeit in einem positiven Sinne – wenn man sie durchsteht.«[3] Und Andre Agassi, ehemalige Nummer eins im Tennis, überträgt dieses Prinzip des persönlichen Wachstums noch auf die unmittelbare Konkurrenz, die im Berufsleben oft eine ähnliche Rolle spielt wie im Sport. »Ein starker Gegner ist wie ein Spiegel. Sie müssen sich darin wiedererkennen, Ihre Fehler sehen, Veränderungen vornehmen und die Bereiche pflegen, in denen sie besonders gut sind.«[4]

Genau diese Sicht ist es, die auch im Berufsleben immer mehr an Bedeutung gewinnt. Wer erfolgreich sein will, dessen Chancen steigen mit der Bereitschaft, an sich zu arbeiten und sich als Persönlichkeit zu entwickeln. Diese Kombination von fachlicher und mentaler Kompetenz wird in der Arbeitswelt der Zukunft zum entscheidenden Erfolgsfaktor.

Die beiden Betriebssysteme unseres Gehirns

Das Nachdenken über sich selbst stellt *die* herausragende menschliche Eigenschaft dar. Hier unterscheidet sich der Mensch vom Tier, das instinktiv und triebhaft lebt. Ein eindrucksvoller Ansatz, sich selbst und sein Handeln besser zu verstehen, stammt von dem amerikanischen Kognitionspsychologen und Nobelpreisträger Daniel Kahneman. In seinem Bestseller »Schnelles Denken, langsames Denken« stellt er das grundlegende Modell vor, mit dem wir unser Denken, Fühlen und Verhalten besser verstehen und lernen, mentale Stärke zu entwickeln.

---

3 https://www.faz.net/aktuell/sport/olympische-winterspiele/deutsches-team/viktoria-rebensburg-will-olympia-gold-im-riesenslalom-15442680. html (eingesehen am 20.05.2020)
4 Andre Agassi: »Fünf Minuten mit …«. Harvard Business Manager, März 2016, S. 106

Wie auch Gallway unterteilt Kahneman die Arbeitsweise unseres Gehirns in zwei Funktionseinheiten, die man sich wie zwei unterschiedliche »Betriebssysteme« vorstellen kann. Kahneman nennt diese System 1 und System 2, wobei er System 1 als »schnelles Denken« und System 2 als »langsames Denken« bezeichnet. Bildlich kann man sich diese beiden Systeme auch als »Pilot« und »Autopilot« vorstellen. Wie ein Pilot das Flugzeug bei Start und Landung manuell, das heißt bewusst und mit voller Konzentration steuert, aber dann auf Autopilot stellt, sobald die Reiseflughöhe erreicht ist, arbeitet auch unser Denken in einem bewussten Modus, dem langsamen Denken, und in einem unbewussten Modus, dem schnellen Denken.

Selbstmanagement bedeutet, die unterschiedlichen Charaktere von langsamem und schnellem Denken zu verstehen und ihr Zusammenspiel systematisch zu steuern.

Die diversen Techniken des mentalen Trainings liefern die Instrumente, mit denen man die beiden Betriebssysteme steuert, aufeinander abstimmt und entsprechend seinen Zielen aktiviert.

Die Aufgaben des schnellen Denkens

Das schnelle Denken arbeitet schnell und automatisch. Man kann es auch als intuitives Denken bezeichnen. Immer wenn wir ein Bauchgefühl haben oder spontan handeln ist der Autopilot aktiv. Wenn wir intuitiv »spüren«, ob uns jemand freundlich oder feindselig gesinnt ist, wenn sich der Impuls meldet, eine Pause zu machen, oder wenn wir eine einfache Rechenaufgabe wie »drei mal fünf« wie aus der Pistole geschossen lösen, dann hat das schnelle Denken des Autopiloten das Kommando. Der Autopilot handelt prinzipiell spontan und reflexartig ohne vorheriges Abwägen oder Planen. Er wird vom Unterbewusstsein bzw. von tief im Gehirn liegenden Regionen gesteuert, die autonom und völlig unabhängig von Verstand und Willen agieren. Neben intuitivem und reflexartigem Denken zeigt sich der Autopilot auch in unseren Gewohnheiten und Verhaltensroutinen, die sich bekanntlich ebenfalls dadurch auszeichnen, dass sie automatisch und größtenteils unbewusst ablaufen. Das schnelle Denken steuert auch sämtliche angeborene, instinktive und reflexartige Verhaltensweisen, wie beispielsweise die Reaktion auf Gefahr oder das millisekundenschnelle Ausweichen im Straßenverkehr, aber auch erlernte bzw. antrainierte Verhaltensmuster, wie z. B. das Binden der Schnürsenkel, das Tippen auf der Tastatur oder das Fangen eines Balles.

Auch unsere Denkgewohnheiten, Glaubenssätze und Überzeugungen stehen unter dem strengen Diktat des schnellen Denkens. Wir melden uns nicht, wenn der Chef Mitarbeiter für ein neues Projektteam sucht, weil wir glauben, nicht gut genug zu sein, oder wir trauen uns nicht zu, das Kinderzimmer selbst zu tapezieren, weil wir glauben, zwei linke Hände zu haben. Unsere Glaubenssätze wirken dabei wie Reflexe, denen weder eine bewusste Abwägung, noch eine Kalkulation vorausgeht. Im Moment des Auftretens fühlt es sich »richtig« an und wir bemerken nicht, dass wir uns damit selbst im Weg stehen und unsere Entwicklung behindern.

Daneben steuert das schnelle Denken auch unsere Vorlieben, z. B. welches Gericht wir im Restaurant wählen, welche Musik wir hören, wie wir uns kleiden oder ob wir Fan von Bayern München oder Borussia Dortmund sind. Es reagiert zudem auf Stimuli unterschiedlichster Art aus der Außenwelt, wie z. B. Licht, Gerüche oder Worte. Wie ein Hund, der auf ein Handzeichen seines Herrchens Sitz macht, reagieren wir assoziativ auf Reize in der Außenwelt. So kann schon ein Wort, eine Anspielung, eine Geste oder ein Gesichtsausdruck eine Erinnerung in uns hervorrufen, die unmittelbar unsere Stimmung verändert, was direkt an unserem Gesichtsausdruck oder unserer Körperhaltung ablesbar ist. Und zu guter Letzt ist das schnelle Denken auch noch maßgeblich beteiligt an der Entstehung unserer Gedanken und Emotionen, die ununterbrochen in unserem Kopf umherziehen. Den gesamten Wirkungen des schnellen Denkens ist gemein, dass sie – fernab der Kontrolle des Verstandes – schnell und automatisch ablaufen, und: dass sie sehr wenig mentale Energie verbrauchen.

Höchstspannend, und ebenfalls dem schnellen Denken zuzurechnen, ist das Phänomen des Flows: Als Flow bezeichnet man den Zustand, wenn wir »einen Lauf haben« und unsere bestmögliche Leistung regelrecht aus uns »herausfließt«, sei es bei einem Tennismatch, einem Vortrag oder der Erstellung einer Skizze für ein Projekt. Auch hier stehen wir unter der Regie des schnellen Denkens. Das langsame Denken des Verstandes ist bei solchen besonderen Leistungszuständen des Gehirns zum Zuschauen verbannt, wie wir im Kapitel »Performance« noch genauer sehen werden.

Die Aufgaben des schnellen Denkens im Überblick	
Emotionen	Wenn wir Angst haben, eine Prüfung nicht zu bestehen, vor Wut kochen, weil uns ein rücksichtsloser Verkehrsteilnehmer die Vorfahrt genommen hat, oder uns freuen, weil uns der Chef vor versammelter Mannschaft lobt.
Gedanken	Wenn uns rund um die Uhr Gedanken durch den Kopf gehen, z.B. was wir nach der Arbeit noch zu erledigen haben, wieso der Chef heute Morgen so genervt war oder was man der Schwiegermutter zum Geburtstag schenken könnte.
Reflexe	Wenn wir im Straßenverkehr blitzschnell einem entgegenkommenden Auto ausweichen.
Impulse	Wenn sich zwischendurch das Hungergefühl, der Drang zur Toilette oder die Vorfreude auf den Feierabend meldet.
Intuition	Wenn wir einen Menschen beim ersten Treffen als vertrauenswürdig einstufen oder uns an einer unbekannten Weggabelung für eine Richtung entscheiden.
Sinneswahrnehmungen	Wenn wir nicht ignorieren (können), wie der Nachbar Klavier spielt, ein übler Geruch in der Luft liegt oder es sich eine Fliege auf unserer Haut bequem macht.
Gewohnheiten/ Routinen	Wenn wir uns morgens die Zähne putzen, den Kaffee umrühren oder die Schnürsenkel binden.

Expertenwissen	Wenn ein Broker die Teilnehmer des DAX aufzählt oder ein Koch seine Rezepte auswendig kennt.
Selbstbild	Wenn wir uns auf die Frage des Chefs, wer das Projekt übernehmen möchte, nicht melden, weil wir uns das nicht zutrauen.
Weltbild	Wenn wir grundsätzlich der Meinung sind, dass Kriege nichts bringen, weil sie noch mehr Gewalt hervorbringen.
Flow	Wenn unsere Bestleistung selbstständig und automatisch aus uns »herausfließt«, ohne dass wir uns dabei bewusst konzentrieren und unser Tun steuern müssen.

Die Aufgaben des langsamen Denkens

Das langsame Denken ist immer dann aktiv, wenn wir Dinge mit bewusster Konzentration erledigen. Es ist zuständig für die gezielte Fokussierung unserer Aufmerksamkeit. Wenn wir z. B. in 7er-Schritten von 100 beginnend rückwärts zählen oder im Kopf berechnen, aus wie vielen Buchstaben sich das Wort »Digitalisierung« zusammensetzt, ist das langsame Denken aktiv. Das langsame Denken steuert unsere bewusste Konzentration, ist zuständig für zielgerichtete Denkprozesse sowie für das Abwägen und Treffen von Entscheidungen. Gleichzeitig kontrolliert es unsere Emotionen, Gedanken, Impulse und unsere Willenskraft. Hier zeigt sich, weshalb dieses Betriebssystem als langsames Denken bezeichnet wird. Anders als beim schnellen Denken folgen wir beim langsamen Denken jedem einzelnen Handlungsschritt bewusst und mit voller Aufmerksamkeit. Wir sind geistig präsent und in jedem Augenblick zu 100 % fokussiert. Das erklärt auch, weshalb das langsame Denken ungleich mehr mentale Energie verschlingt. Wer z. B. eine Stunde am Stück schwierige Rechenaufgaben im Kopf zu lösen hat oder Wörter rückwärts buchstabieren soll, weiß, wie einen solch geistige Tätigkeiten »auspowern«.

Ein Beispiel für die Wirkungsweise des langsamen Denkens und gleichzeitig für das Zusammenspiel mit dem schnellen Denken stellt ein legendäres Experiment der beiden Harvard-Psychologen Daniel Simons und Christopher Chabris dar, das diese bereits in den 1970er-Jahren entwickelt haben. Bei diesem Experiment wird Studenten ein Film gezeigt, in dem sich zwei Teams, von denen das eine mit schwarzen, das andere mit weißen T-Shirts bekleidet ist, jeweils einen Basketball zupassen. Die Aufgabe der Studenten lautet, die Anzahl der Pässe der weiß Gekleideten innerhalb einer Minute zu zählen.[5]

Der Clou an diesem sogenannten Gorilla-Experiment ist, dass die Anzahl der Pässe, nach der gefragt wurde, gar nicht so wichtig ist. Es geht um etwas ganz anderes: Nach etwa 30 Sekunden läuft ein als Gorilla verkleideter Student mitten durchs Bild, bleibt kurz stehen und trommelt sich mit den Fäusten auf die Brust. Nach einer Minute fragt der Versuchsleiter die Teilnehmer, wie viele Pässe das weiße Team gespielt hat – und im Anschluss, wem der Gorilla aufgefallen ist. Ergebnis: Die meisten der ursprünglich 50 Probanden haben den Gorilla nicht gesehen und glaubten zunächst an einen Witz des Versuchsleiters. Erst als das Video im Anschluss nochmals in Zeitlupe läuft, fällt den Beobachtern der Gorilla auf.

Das Gorilla-Experiment steht für eine außerordentliche Qualität des langsamen Denkens: Wir können unsere Aufmerksamkeit so stark auf eine Begebenheit fokussieren, dass wir alles andere, was gleichzeitig passiert, automatisch ausblenden. Zauberkünstler arbeiten nach diesem Prinzip, indem sie unsere Aufmerksamkeit bewusst auf eine Ablenkung ziehen, um in aller Ruhe ihre Tricks machen zu können. Unsere bewusste Konzentration funktioniert prinzipiell wie ein Suchscheinwerfer und wir können willentlich entscheiden, worauf wir diesen lenken. Zuständig für die Lenkung unserer Aufmerksamkeit

---

5 Sie können das Experiment selbst durchführen. Schauen Sie sich dazu den Film auf YouTube an und zählen die Würfe des weißen Teams: https://www.youtube.com/watch?v=IGQmdoK_ZfY (eingesehen am 20.05.2020)

und weiterer bewusster Funktionen ist der sogenannte präfrontale Kortex, ein etwa eine halbe Streichholzschachtel großer Bereich der Hirnrinde, der sich direkt hinter der Stirn befindet. Er ist sowohl für die Ausrichtung der Konzentration als auch für das Ausblenden störender Reize verantwortlich. Er beinhaltet auch das Arbeitsgedächtnis, das wichtige Funktionen unserer täglichen Arbeit steuert: Ziele setzen, Strategien entwickeln, Probleme lösen, Entscheidungen abwägen etc. Doch so leistungsfähig der präfrontale Kortex einerseits ist, so sensibel und störungsanfällig ist er anderseits, wie wir im nächsten Kapitel noch sehen werden.

Neben diesen klassischen Funktionen zur Konzentration hat das langsame Denken noch zwei weitere Kernaufgaben: Entscheidungen treffen und Selbstkontrolle. Wenn wir z. B. während der Arbeit am PC ständig von externen Ablenkungen, etwa von klingelnden Telefonen oder aufploppenden E-Mails, gestört werden, erfordert die Rückkehr zur Konzentration ein gehöriges Maß an Selbstkontrolle. Gleiches gilt für innere Störfaktoren wie abschweifende Gedanken, während man sich eigentlich konzentrieren möchte. Entscheidungen werden ebenfalls vom langsamen Denken getroffen. Wer z. B. im Internet nach einem Produkt sucht und dabei diverse Angebote vergleicht, benötigt für den Bewertungs-, Abwäge- und Entscheidungsprozess eine Menge Energie, unabhängig davon, ob es sich um schwerwiegende oder lapidare Entscheidungen handelt.

Langsames Denken	Schnelles Denken
bewusst	unbewusst
reflektierend, analytisch	automatisch, intuitiv
langsam, träge	schnell
rational	emotional, impulsiv
Neues	Gewohntes, Standards

Willenskraft	ohne willentliche Steuerung
nicht immer aktiviert	immer aktiviert
hoher Energieverbrauch	geringer Energieverbrauch

Das Zusammenspiel von Autopilot und Pilot

Kahnemans Unterteilung in schnelles Denken und langsames Denken schafft ein besseres Verständnis für die Prozesse, die permanent in unserem Gehirn ablaufen:

Schnelles Denken steht für Routinen, instinktive und intuitive Handlungen, wogegen das langsame Denken für Neues und Unbekanntes, sowie die Steuerung unserer Konzentration zuständig ist.

Neue Situationen, z. B. die Anwendung einer neuen Software, das Erlernen eines Tanzschrittes oder das Sich-Orientieren in einer fremden Umgebung, werden stets vom langsamen Denken erledigt. Bewusste Arbeitsprozesse, wie Planen, Abwägen, Vergleichen und Strukturieren, fordern das langsame Denken, wogegen das schnelle Denken zuständig ist für Intuition, Kreativität, Fantasie, Ideen etc. In der Regel benutzen wir das schnelle Denken, bis wir auf ein Problem stoßen, das mit diesem nicht zu lösen ist. Dann schaltet sich automatisch das langsame Denken ein, das sich dann bewusst mit dieser Herausforderung beschäftigt. Zugleich ist das langsame Denken eine Art Kontrollinstanz für das schnelle Denken, indem es die Ergebnisse überprüft und im Bedarfsfall nochmals hinterfragt, z. B. wenn man sich bei einem Multiple-Choice-Test für eine Antwort entschieden hat und diese dann nochmals kritisch überprüft.

Wie Pilot und Autopilot im Alltag zusammenarbeiten, lässt sich sehr gut am Beispiel Autofahren beobachten. All die komplexen Vorgänge wie Lenken, Kuppeln, Schalten, Bremsen und Gasgeben, bei gleichzeitigem Beobachten des Verkehrs, werden in aller Regel vom Autopiloten gesteuert. Das zeigt sich z. B. daran, dass wir auf der Fahrt zum Büro gedanklich ganz woanders sein können. Wir können uns, während wir das Auto steuern, imaginär auf die im Büro anstehenden Aufgaben vorbereiten oder uns angeregt mit dem Beifahrer unterhalten. Erst wenn etwas Überraschendes passiert – wenn die Ampel auf Rot springt, ein Fußgänger unerwartet die Straße kreuzt oder Ähnliches – sprich, wenn die Situation nicht mehr stereotyp ist –, schaltet sich das langsame Denken ein und übernimmt die Kontrolle. Unser Gehirn schaltet automatisch von Autopilot auf manuelle Steuerung, und zwar so lange, bis wir die Situation im Griff haben.

Die Unterteilung der Arbeitsweise des Gehirns in zwei Systeme lässt sich auch anatomisch belegen. Die Handlungen des Autopiloten werden von tief im Innern des Gehirns liegenden Strukturen unabhängig und eigenverantwortlich gesteuert. Bewusstes und reflektiertes Handeln im Sinne des langsamen Denkens ist hingegen nur mit den Kapazitäten des präfrontalen Kortex möglich. Diese lokal getrennten Gehirnstrukturen führen zu der besagten Zweiteilung des menschlichen Geistes, die ein »Ich spreche mit mir selbst!« erst ermöglicht. Das erklärt, dass das Selbst (Autopilot) im Sinne einer bewussten Selbstreflexion nicht »denken«, sondern nur automatisierte Verhaltensweisen abrufen kann und zeigt damit eine große Schwäche des schnellen Denkens bzw. des Unterbewusstseins: Es kann nur »re-agieren« entsprechend seiner Programmierung, z. B. wenn wir uns im Auto den Gurt anlegen, bevor wir den Motor starten, den Aufzug anstatt die Treppe nehmen oder nach dem Essen zur Zigarette greifen.

Das schnelle Denken kann nicht »denken« im Sinne einer Selbstreflexion. Es kann nur reagieren entsprechend seiner Programmierung.

Das schnelle Denken »weiß« nicht, dass die Treppe gut für unsere Gesundheit wäre und dass Rauchen unserer Gesundheit schadet. Aber nicht nur Verhaltens-, auch unsere Denkgewohnheiten stehen unter dem strengen Diktat des schnellen Denkens, z. B. wenn wir uns nicht trauen im Meeting dem Chef zu widersprechen oder uns aufregen, weil der Kollege das Projekt bekommen hat, mit dem wir eigentlich fest gerechnet hatten. Auch der viel zitierte Satz »Ich weiß ja eigentlich, dass ...!« hat hier seinen neuroanatomischen Ursprung und macht deutlich, dass in der Entwicklung des Zusammenspiels dieser beiden Instanzen das wahre Spielfeld zur Erlangung mentaler Stärke und Persönlichkeitsentwicklung liegt.

Gesteuert wird das schnelle Denken von den sogenannten Basalganglien, tief in unserem Gehirn liegenden Nervenkernen. Diese unterteilen sich nochmals in das sogenannte Putamen, das sämtliche Bewegungs- und Verhaltensmuster steuert, sowie den Nucleus caudatus, der die Denkgewohnheiten steuert.

Abb. 2: Anatomie des schnellen und langsamen Denkens
Die Zweiteilung der Arbeitsweise des Gehirns stellt die Grundlage für das Selbstmanagement dar.

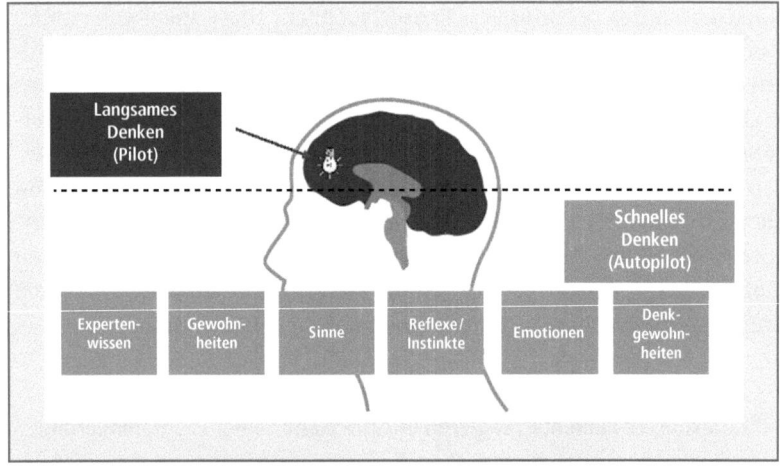

Predictive Mind: Der Vorhersagen treffende Geist

Ein brandneues neurowissenschaftliches Modell, das den Charakter des Zusammenwirkens vom schnellen Denken und langsamen Denken verständlich macht, verbirgt sich hinter dem Begriff »Predictive Mind« (ein Vorhersagen treffender Geist). Dieser Denkansatz schreibt dem schnellen Denken eine noch beherrschendere Rolle zu, als Kahneman das tut. Dass Sinneswahrnehmungen voreingestellten Mechanismen unseres Gehirns folgen, ist schon lange bekannt. Stellvertretendes Beispiel dafür ist die sogenannte Kanizsa-Illusion, bei der unser Gehirn automatisch ein Dreieck konstruiert, das in der Abbildung eigentlich gar nicht vorhanden ist.

Abb. 3: Kanizsa-Illusion
Die Kanizsa-Illusion ist ein Beispiel dafür, wie unsere Wahrnehmung von unseren Vorstellungen und Erfahrungen abhängt.

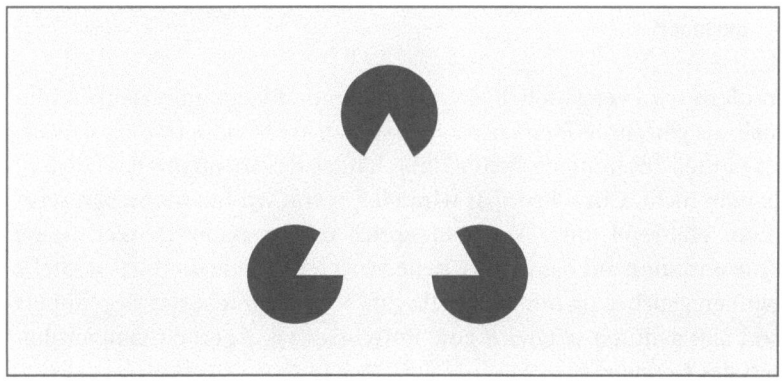

Geradezu revolutionär an diesem Konzept ist die Erkenntnis, dass sich der Predictive Mind nicht nur auf Wahrnehmungen in der Außenwelt, sondern auch auf unsere inneren, geistigen Prozesse bezieht, das heißt, wie wir fühlen, denken und handeln ist größtenteils ebenfalls die Folge bereits voreingestellter Mechanismen. Wenn wir z. B. in einer Talkshow Klimaschützern zustimmen oder uns immer wieder über einen bestimmten Kollegen aufregen, dann entspricht diese spontane und ungefilterte Reaktion ebenfalls voreingestellten Mechanismen, wie dies im Prinzip bei der Kanizsa-Illusion der Fall ist. Es handelt sich stets um eine automatisch ablaufende Reaktion auf einen Reiz. Wer sich selbst einmal beobachtet, wird schnell erkennen, wie stark diese automatischen Reaktionen unseren Alltag dominieren. Der amerikanische Bewusstseinsforscher Marvin Minsky vergleicht dies mit aufgezogenem Spielzeug, das stets in ganz bestimmten Bahnen verläuft, und bezeichnet diese einrastenden Reaktions- und Denkmodelle als »Mind Cards«. Gleichzeitig liegt in dieser Erkenntnis die Wurzel des mentalen Trainings. Indem wir lernen, uns in unseren Reaktionen zu beobachten und uns bewusst machen, dass wir auch anders reagieren könnten, eröffnen wir die Möglichkeit, uns zu entwickeln und zu wachsen.

Unsere Einstellungen und Überzeugungen bestimmen unsere Wahrnehmung und Denkweisen und werden ebenfalls vom schnellen Denken gesteuert.

Insofern wird verständlich, dass schnelles und langsames Denken niemals als getrennte Elemente zu verstehen sind, sondern dass sie stets als Einheit zusammenarbeiten, unabhängig davon, ob uns das bewusst ist oder nicht. Gut erkennbar wird dies, wenn wir mit Menschen sprechen. Während unser Verstand, sprich das langsame Denken, seine Konzentration auf das gesprochene Wort lenkt, dekodiert das schnelle Denken gleichzeitig Mimik, Gestik und Körpersprache des Gegenübers und fällt dadurch zeitgleich eine Entscheidung über die Glaubwürdigkeit des Gesagten.

Eine der Kernaufgeben des Gehirns im Sinne des Predictive Minds besteht demnach darin, dass es mit dem unbewussten Teil der Aufmerksamkeit stets damit beschäftigt ist, Vorhersagen zu treffen und sich auf die unmittelbare Zukunft einzustellen. Evolutionspsychologen zufolge ist es dieser Mechanismus, der den Menschen überhaupt erst überlebensfähig macht. Was passiert gleich? Droht Gefahr? Ergibt sich eine Gelegenheit? Was machen die anderen? Müsste der Mensch dieses Lagebild stets bewusst anfertigen, wäre er wohl schon längst ausgestorben.

Eine exzellente Beschreibung, wie das permanent ablaufende Zusammenspiel von schnellem und langsamem Denken in uns funktioniert, stammt von dem französischem Gehirnforscher und Psychiater David Servan-Schreiber. In seinem Bestseller »Die Medizin der Emotionen«, in dem er den Emotionen als Bestandteil des schnellen Denkens eine besondere Rolle einräumt, schreibt er zu der Bedeutung des schnellen Denkens: »Seine Aufgabe ist es, aus dem Hintergrund die Umgebung zu überwachen. Sobald es eine Gefahr oder aber eine außergewöhnlich gute Gelegenheit (vom Blickpunkt des Überlebens aus) entdeckt – einen möglichen Partner, ein Territorium, irgendetwas Nützliches –, löst es augenblicklich Alarm aus, der binnen weniger Millisekunden sämtliche Vorgänge im kognitiven Gehirn [langsames Denken; Anmerkung der Autoren] storniert und seine Tätigkeit unterbricht. Das ermöglicht dem Gehirn als Ganzem, sich unverzüglich auf das zu konzentrieren, was für das Überleben von wesentlicher Bedeutung ist. Beim Autofahren lässt dieser Mechanismus uns unbewusst einen Lastwagen, der auf uns zukommt, wahrnehmen, selbst wenn wir uns angeregt mit unserem Beifahrer unterhalten. Das emotionale Gehirn erkennt die Gefahr und bündelt unsere Aufmerksamkeit, bis diese vorüber ist. Es ist auch dafür verantwortlich, dass das Gespräch zwischen zwei Männern plötzlich stockt, weil ein verführerischer Minirock durch ihr Gesichtsfeld tänzelt. Und es lässt Eltern im Park verstummen, wenn sie aus den Augenwinkeln bemerken, wie ein unbekannter Hund sich ihrem Kind nähert.«[6]

---

6 David Servan-Schreiber: Die Medizin der Emotionen. München: Kunstmann, 2003, S. 40/41

Die Bedeutung der Selbstreflexion

Wie hilft uns all dieses Wissen nun bei unserem Selbstmanagement? Es ermöglicht uns ein besseres Verständnis unseres Denkens, Fühlens und Handelns im Sinne des »Erkenne dich selbst!«, das bereits am Apollontempel von Delphi zu lesen war, lange bevor die zuvor skizzierten neurobiologischen Grundlagen bekannt waren. Von Platon stammt die Interpretation, dass der Mensch zwar ein Spielball der Götter sei, sein Seelenwohl aber maßgeblich davon abhänge, inwieweit er Bereitschaft zeige, sich selbst zu erkennen, an sich zu arbeiten und seinen Charakter zu veredeln. Diese Selbstwahrnehmung, also die Fähigkeit, sich als Objekt aus einer anderen Perspektive zu betrachten, bildet die Grundlage der Selbstreflexion. Selbstreflexion bedeutet das Nachdenken über sich selbst, über das, was man tut, wie man fühlt und welche Gedanken und Einstellungen einen leiten. Selbstreflexion bedeutet aber auch Rückbesinnung, das heißt im Rückblick nochmals zu bewerten, was man getan oder gelassen hat, sei es nun im Verhalten gegenüber einer Person oder nach dem Abschluss eines Projekts. Von Peter Drucker, Pionier der modernen Managementlehre, stammt der Satz »Follow effective action with quiet reflection, from the quiet reflection will come even more effective action«, der sich sinngemäß so übersetzen lässt: Erst nach einer ausführlichen Selbstreflexion gelangt man in die Lage, zu lernen und sich weiterzuentwickeln.

Die Bedeutung der Selbstreflexion für die Entwicklung der Persönlichkeit ist so alt wie die Menschheit selbst. Gelehrte vom Altertum bis zur Neuzeit stellen die Selbstreflexion und die Kontrolle des eigenen Denkens in den Mittelpunkt ihrer Lehren. Die Gedankenkontrolle als Basis der Selbstreflexion stellt einen grundlegenden Faktor vieler Psychotherapien, mentaler Trainingstechniken und Entspannungsverfahren dar.

Selbstreflexion im Sport

Im Sport ist Weiterentwicklung ohne Selbstreflexion nicht denkbar. Diese erfolgt über zwei Kanäle: zum einen durch die Erhebung objektiv messbarer Daten, die primär die technischen, taktischen und konditionellen Faktoren abbilden. Darunter fallen Videoanalysen im Techniktraining, taktisches Verhalten, konditionelle Zahlen, z. B. gelaufene Kilometer oder gestemmte Kilos, oder andere Daten, wie gewonnene Zweikämpfe oder angenommene Pässe beim Fußball. Eine solche objektive Dokumentation liefert neutrale Messgrößen, die wiederum der Reflexion dienen. Zum anderen spielt die subjektive Datenerhebung, also die individuelle Interpretation des Sportlers, eine nicht minder wichtige Rolle. Zunächst soll der Athlet seine Leistung selbst einschätzen. Dazu gehören vor allem mentale Aspekte. Er beantwortet Fragen zum Umgang mit Druck und Nervosität, zum subjektiven Stressempfinden, zur Konzentration sowie einer Reihe weiterer Komponenten, die sich im Kopf abspielen. Durch das Feedback des Trainers und das Zusammenführen der objektiven und subjektiven Daten entsteht eine fundierte Analyse, aus der sich Erkenntnisse ableiten lassen, die wiederum in den Trainingsprozess einfließen.

Damit wird die Selbstreflexion auch zu einer zentralen Quelle der Motivation. Sportler werden auf die Frage, was sie tief im Innersten antreibt, sinngemäß immer die gleiche Antwort geben: das Gefühl des Besserwerdens, der Drang des Vorankommens, das innere Spüren, dass man Fortschritt erzielt. »Nichts motiviert mehr als der Erfolg!«, lautet eine Binsenweisheit der Motivationslehre, doch damit ist weniger der objektive und sichtbare Erfolg wie ein Sieg oder eine bestimmte Platzierung gemeint. Vielmehr geht es um die subjektive Erfahrung, dass man sich entwickelt, verbessert und dazulernt.

Lernen, Weiterentwicklung und seine Grenzen systematisch immer weiter nach oben zu verschieben, das ist der Treibstoff, der Spitzensportler motiviert.

Stellvertretend für diese »Kraft des Fortschritts« als zentrale Motivationsgröße sind die drei folgenden Zitate. Herrmann Maier, einer der besten Skifahrer aller Zeiten, meinte: »Ich war Skirennfahrer, um mich immer wieder selbst zu testen und zu verbessern. Ich wollte immer diesen Fortschritt spüren.«[7] Golf-Ikone Tiger Woods sagt: »Ich messe meinen Erfolg nicht an Siegen, sondern an der Frage, wie ich mich verbessere.«[8] Und Tennis-Star Andre Agassi sagt: »Ich spielte nicht für Rekorde, ich habe Statistiken nie im Auge gehabt. Wichtig war mir immer der Blick auf mich selbst. Ich wollte jeden Tag besser werden, besser sein.«[9]

Ein weiteres Beispiel dafür, dass es die persönliche Weiterentwicklung ist, die Sportler antreibt, zeigt der Wechsel von Fußball-Nationalspieler Leroy Sané im Jahr 2017 von Schalke 04 zu Manchester City, wo er in der Spielzeit 2017/18 zum besten Nachwuchsspieler gekürt wurde. Sané wollte derzeit unbedingt zu Pep Guardiola, der als Trainer wie kaum ein anderer dafür steht, junge Spieler zu entwickeln, wie z.B. Lionel Messi in seiner Zeit beim FC Barcelona. »Mein Junge hätte nach Barcelona, Madrid oder Bayern München gehen können. Die halbe Welt wollte ihn! Aber Leroy wollte zu Pep Guardiola. Nur zu ihm. Wäre Guardiola in München geblieben, würde Leroy jetzt bei den Bayern spielen«, verriet sein Vater Souleymane Sané.[10]

Selbstreflexion in der Arbeitswelt

Die Bedeutung der Selbstreflexion für den Erfolg von Spitzensportlern steht also außer Frage. Doch auch für die berufliche Karriere spielt die Selbstreflexion eine zentrale Rolle. Im Arbeitsleben ist es jedoch

---

7 Hermann Maier: BILD am Sonntag; 15.10.2015, S. 92
8 Tiger Woods: So weckst Du Motivation – Das große Trainer-Handbuch für Sportschützen, S. 23
9 Andre Agassi: Berliner Morgenpost; 24.06.2009
10 Soleymane Sané: Die WELT, 10.01.2018

nicht so leicht, sich regelmäßig und systematisch Fragen wie diese zu stellen:

- Wo stehe ich?
- Was bedeutet für mich Erfolg?
- Welche Werte leiten mich?
- Was sind die wahren Ursachen für die Erfolge oder Misserfolge?
- Was kann ich daraus lernen?
- Wie kann ich mich weiterentwickeln?

Erst durch regelmäßige Selbstreflexion kann sich ein Entwicklungsprozess einstellen, der wiederum Voraussetzung für bessere Leistungen und größere Erfolge ist.

Dass in der Selbstreflexion auch der Schlüssel zur Persönlichkeitsentwicklung liegt, bestätigt auch Jochen Schümann, dreifacher Goldmedaillengewinner und einer der erfolgreichsten Segler der Welt. Auf die Frage, ob Topathleten nach ihrer Karriere die besseren Manager im Unternehmen seien, antwortet er wie folgt:»Bessere nicht, aber der Sport hat einen großen Vorteil: Im Sport ist der Erfolg einfach messbar. Das Gleiche gilt für den Misserfolg. Falsche Entscheidungen im Wettkampf sind sofort für alle sichtbar. Wenn man auch in schwierigen Momenten offen und ehrlich mit sich sein muss, ist das ein Erziehungsprozess. Das stärkt die Persönlichkeit.«[11]

Anleitung zur Selbstreflexion

Selbstreflexion ist nicht zu verwechseln mit den Selbstgesprächen, die pausenlos in unserem Kopf stattfinden. Diese Form des inneren

---

11 https://www.capital.de/karriere/was-manager-von-sportlern-lernen-koennen-3079 (eingesehen am 20.05.2020)

Dialogs verläuft in der Regel ungesteuert, oberflächlich und routinemäßig. Selbstreflexion ist tiefergehend und tiefergreifend. Sie ist das Mittel zum Zweck, um unbewusst wirkende Kräfte an die Oberfläche zu hieven. Je besser es uns gelingt, uns unsere unbewusst wirkenden Muster des Denkens, Fühlens und Verhaltens bewusst zu machen, desto größer werden die Chancen, unsere Ziele zu erreichen und unsere Persönlichkeit zu entwickeln.

In der heutigen Zeit hetzen wir jedoch oft gestresst und getrieben durchs Leben. Wir funktionieren wie eine Maschine und verrichten unsere Verpflichtungen zumeist im Autopilot-Modus. Wir reagieren wie ein pawlowscher Hund zuverlässig auf die Anforderungen des Alltags. Doch im Autopilot-Modus unterwegs zu sein und sich selbst zu reflektieren und zu hinterfragen, schließt sich gegenseitig aus. Um wirklich zu seinem Innersten vorzudringen, benötigen wir Ruhe, Achtsamkeit und einen distanzierten Blick auf uns selbst. Manchmal bedarf es erst eines Winks des Schicksals, um das Hamsterrad des Alltags zu verlassen und zu wirklicher Besinnung zu kommen. Nach einem Schicksalsschlag, z. B. dem Verlust des Arbeitsplatzes, einer Trennung, einem Unfall oder einer Krankheit, wird man bisweilen auf unsanfte Art vom Leben zur Selbstreflexion gezwungen.

Die folgende Anleitung beschreibt drei Schritte, die nötig sind, um im Gehirn die Voraussetzung zur Selbstreflexion zu schaffen. Diese Schritte sind vergleichbar mit drei Stufen, die Sie hinabsteigen müssen, um zu Ihrem Selbst vorzudringen. Mit etwas Übung sind Sie innerhalb weniger Minuten in der Lage, das Gehirn in den Selbstreflexions-Modus zu versetzen.

In den folgenden Kapiteln werden Sie unter der Rubrik »Self Check« immer wieder Fragen zur Selbstreflexion finden. Folgen Sie dann dieser Anleitung, bevor Sie diese Fragen beantworten.

1. Ruhe finden

Ruhe zu finden bezieht sich in diesem Kontext zunächst auf den Körper. Es bedeutet, ruhig zu sitzen oder zu stehen. Schließen Sie dazu die Augen. Dieses körperliche »Zum-Stillstand-Kommen« entspricht einem Stop-Signal, das die vom Autopiloten gesteuerte Alltagsroutine unterbricht. Nur wenn wir still werden und sich Ruhe in uns ausbreitet, können wir an uns arbeiten. Achten Sie darauf, dass Ihr Oberkörper aufrecht ist, das heißt, dass die Wirbelsäule gestreckt ist und die Schultern locker sind. Beobachten Sie nun Ihre Atmung. Allein durch das bewusste Beobachten werden Sie sofort merken, wie sich die Atmung von sich aus vertieft und verlangsamt. Ganz automatisch atmen Sie tief und kraftvoll in den Bauch. Es atmet Sie! Das ist das Signal vom Körper an den Geist, sich zu beruhigen und aus dem Autopilot-Modus des Alltags in eine distanzierte Haltung zu wechseln. Zehn tiefe Atemzüge sind dafür ausreichend.

2. Gedanken beobachten

Was geht Ihnen gerade durch den Kopf? Wo befinden sich Ihre Gedanken in diesem Augenblick? Wie fühlen Sie sich? Welche Emotionen spüren Sie? Sie werden schnell feststellen, dass es unmöglich ist, nicht zu denken bzw. den Fluss der Gedanken abzustellen. Was Sie jedoch ändern können, ist Ihr Verhältnis zu Ihrer Gedankenwelt. Im Autopilot-Modus sind wir gewöhnlich nicht Herr, sondern Sklave unserer Gedanken. Wir sind mit unseren Gedanken assoziiert. Denken, Fühlen und Handeln bilden eine unreflektierte Kraft, die uns treibt. Wenn es jedoch still in uns wird, werden wir schnell erkennen, dass zwar ununterbrochen Gedanken in uns aufflackern, dass es jedoch an uns liegt, ob wir uns mit diesen identifizieren oder nicht. Wenn es uns gelingt, unsere Gedanken aus einer distanzierten Haltung heraus lediglich zu beobachten ohne diese zu bewerten, werden wir schnell die Erfahrung machen, dass wir nicht mehr deren Sklave sein müssen.

3. Loslassen

Der nächste Schritt liegt im Loslassen der Gedanken. Das Loslassen entspricht im Kern der Achtsamkeitsmeditation, wie sie an späterer Stelle noch beschrieben wird. Hier geht es darum, eine dissoziierte Beobachterperspektive einzunehmen und die Gedanken vorbeiziehen zu lassen, am besten in Form eines Bildes, z.B. wie Wolken am Himmel oder Pakete auf einem Fließband. Immer wenn ein Gedanke auftaucht, nehmen Sie ihn an, ohne ihn zu bewerten, und lassen ihn einfach weiterzuziehen. Dies gelingt mit einer freundlichen inneren Haltung, spielerisch, weitaus besser als mit Zwang und Verbissenheit. Bei dieser Übung gibt es keine Perfektion, es wird nie ein 100 % geben. Allein das Üben dieser mentalen Technik verändert den Bewusstseinszustand im Gehirn und bringt Sie in die Lage, sich mit den unbewussten Anteilen Ihres Selbst auseinanderzusetzen. Sie gelangen in einen Zustand höchster geistiger Präsenz und in die Zeitschiene Gegenwart. Jetzt steht das Tor zur Selbstreflexion offen.

INSPIRATION

»Nur weil ich mich permanent hinterfrage, entdecke ich immer wieder neue Wege. Erfolg ist nichts Selbstverständliches.«
MICHAEL SCHUMACHER (Michael Schumacher, S. 120)

»Mein härtester Gegner war immer ich selbst!«
MUHAMMAD ALI (Mit dem Herzen eines Schmetterlings, S. 196)

»Ich habe mit mir geredet, immer wieder, das Übliche, Becker gegen Becker.«
BORIS BECKER (Augenblick verweile doch, S. 138)

»Meine Stärke ist eben der Instinkt. Und der Instinkt übernimmt in so einem Moment die Regie. Er entscheidet, was der richtige Schlag ist. Aber das kommt nicht von alleine. Ich muss dafür sehr hart arbeiten, weil alles

perfekt zusammenspielen muss: Automatismen, Technik, Selbstvertrauen,
Körperbeherrschung.«
Roger Federer (https://www.sueddeutsche.de/sport/interview-mit-
roger-federer-ich-bin-ein-unglaublicher-instinktspieler-1.718657-2)

»Dann stellt sich irgendwann so eine Art Flow ein, ein einziger fließender
Rhythmus – kaum beschreibbar, aber wunderschön (…). Wenn dieser
Moment eintritt, sehe ich nur noch die Ideallinie. Ein schwarzes Band, das
sich vor mir windet.«
Michael Schumacher (Michael Schumacher, S. 125)

»Ein menschliches Gehirn zeichnet die zeitlebens vorhandene Fähigkeit
aus, einmal im Hirn entstandene Verschaltungen und damit die von ihnen
bestimmten Denk- und Verhaltensmuster, selbst scheinbar unverrückbare
Grundüberzeugungen und Gefühlsstrukturen, wieder zu lockern, zu über-
formen und umzugestalten.«
Gerald Hüther
(Bedienungsanleitung für ein menschliches Gehirn, S.23)

»Wir sind das, was wir denken. Alles, was wir sind, entsteht durch unsere
Gedanken. Mit unseren Gedanken gestalten wir die Welt!«
Buddha

Motivation

»Champions sind aus einem ganz speziellen Holz geschnitzt. Tief im Inneren trägt sie ein Verlangen, ein Traum, eine Vision ... Sie müssen einen langen Atem haben, sie müssen immer ein bisschen schneller sein, sie müssen das Können haben und den Willen. Aber der Wille muss größer sein als das Können!«, lautet ein der Boxlegende Muhammad Ali zugeschriebenes Zitat, das bis heute als Motivationsposter die Wände vieler Box-Gyms ziert.

Muhammad Ali beschreibt in diesem Zitat, was Menschen wie ihn antreibt. Ein Profisportler hat in der Regel kein Problem mit der Motivation, weil er schon als Kind die Leidenschaft für »seinen« Sport entdeckt, für den er brennt und ohne den er sich ein Leben gar nicht mehr vorstellen kann. Ganz anders sieht es zumeist im Berufsleben aus: Sich als junger Mensch für einen Beruf oder eine Richtung entscheiden zu müssen, ist kein einfaches Unterfangen. Dennoch stellt die Motivation für die spätere Karriere das zentrale Fundament dar. Daher ist es von elementarer Bedeutung sich seiner echten Motive, Stärken und Talente bewusst zu sein, bevor man sich für eine berufliche Richtung entscheidet. Diesbezüglich werden in diesem Kapitel die grundlegenden Erkenntnisse der Motivationspsychologie vorgestellt. Ziel ist es, Ihnen einen Weg zu zeigen, wie Sie Ihren unbewussten Motiven auf die Spur kommen, sowie das Verständnis für intrinsische und extrinsische Motivation zu schärfen. Außerdem werden Sie verstehen, weshalb Geld nicht dauerhaft motiviert, welche Rahmenbedingungen Sie benötigen, um in Flow zu kommen, und dass man Selbstdisziplin trainieren kann wie einen Muskel.

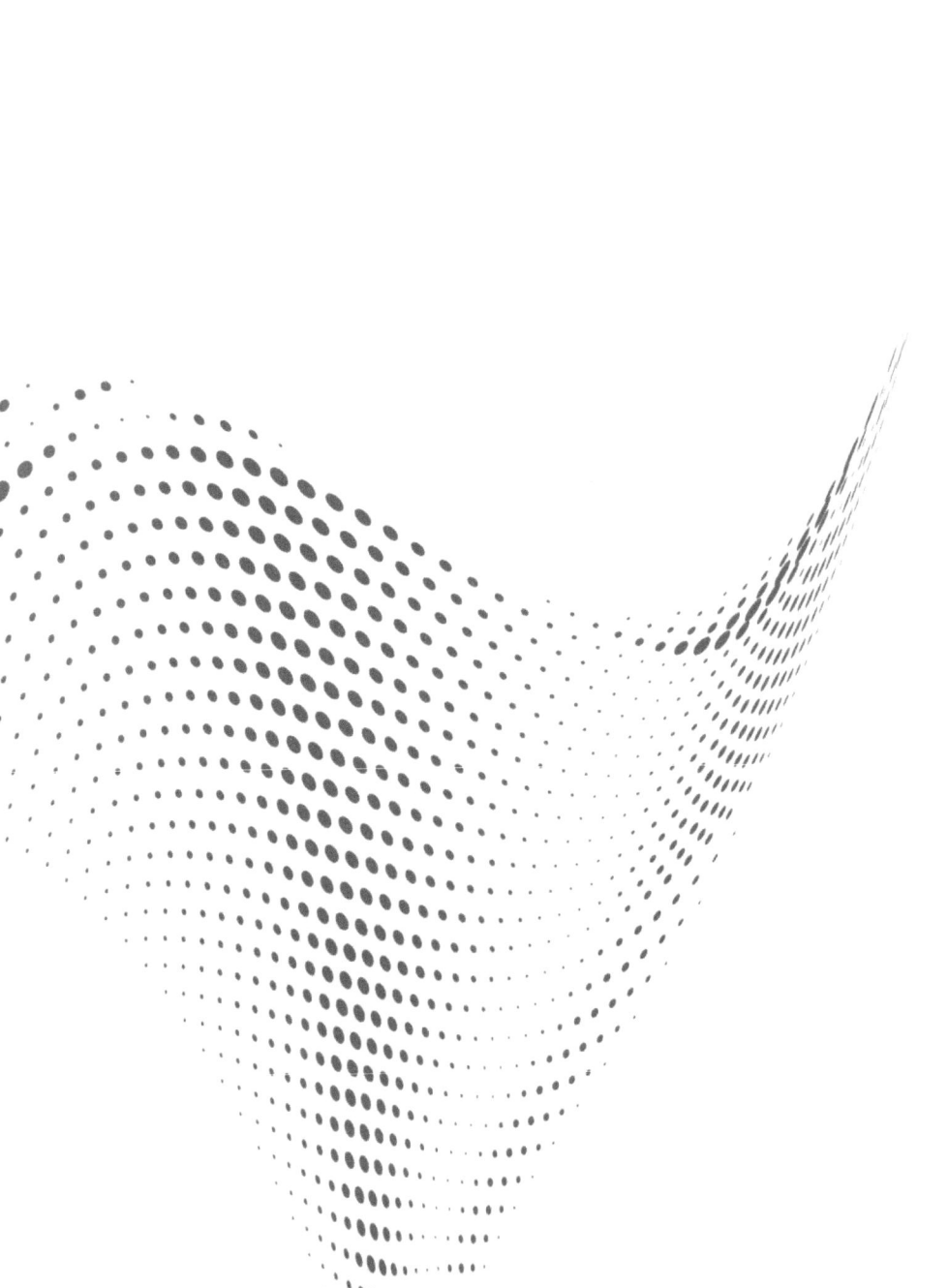

Die Wurzeln der Motivation

Lionel Messi und sein zwei Jahre älterer Bruder Matias wuchsen im Arbeiterviertel der argentinischen Stadt Rosario auf. Beide waren fußballbegeistert, Matias war größer und der bessere Athlet, Lionel eher klein und schmächtig, jedoch der bessere Techniker. Lionel hatte gegenüber seinem Bruder einen entscheidenden Vorteil: Er war hochmotiviert, regelrecht besessen vom Fußball und trainierte jede freie Minute mit größter Leidenschaft und Hingabe. Matias hingegen fehlte dieser Biss, den der junge Lionel an den Tag legte. Genau wie sein Bruder wurde auch er von seinen Eltern unterstützt, doch er entwickelte nicht die Besessenheit, jeden Tag zu trainieren, und er empfand es zudem als Bürde, stets mit seinem talentierteren Bruder verglichen zu werden. Schließlich verlor er die Lust am Fußball, gelangte in falsche Kreise, wurde kriminell und landete im Gefängnis.

Was ist die Ursache, dass einer von zwei Brüdern zum weltbesten Fußballer aufsteigt, während der andere im kriminellen Milieu landet? Woraus speist sich die Willenskraft, die Muhammad Ali, einer der besten Boxer aller Zeiten, beschreibt? Was entscheidet, wie motiviert wir sind, mit welcher Leidenschaft und Hingabe wir uns einer Sache verschreiben? Was treibt uns wirklich an?

Die Frage, was genau Motivation eigentlich ist, führt uns zunächst zum Begriff selbst: Dieser hat seinen Ursprung im lateinischen »movere«, das bedeutet »sich bewegen«, in diesem Kontext »sich auf etwas zubewegen«. Verursacht wird dies durch ein entsprechendes Ziel, das die Richtung des Handelns vorgibt. Das Motiv, der »Beweg-Grund«, entfacht die Energie, mit der man sich diesem Ziel nähert. Zur Motivation gehört zudem die Willenskraft. Wir brauchen sie, wenn es darum geht, Schwierigkeiten zu meistern und Rückschläge wegzustecken sowie mit Ablenkungen oder Zielkonflikten umzugehen.

Bereits die Vorstellung der Erreichung eines Ziels, das heißt, wie man sich fühlen wird, wenn man am Ziel angekommen sein wird, initiiert im Gehirn die Ausschüttung des Botenstoffs Dopamin, des Hormons des Wollens. Unter seinem Einfluss steigt unsere Motivation, uns mit Lust und Hingabe auf den Weg zu machen. Gleichzeitig steigert Dopamin unsere Konzentration und stärkt unser Selbstvertrauen. Ohne Dopamin hätten wir nicht die Energie, uns in Bewegung zu setzen.

Neben dem Ziel spielt der Sinn, der sich hinter dem Ziel verbirgt, eine elementare Rolle für die Entwicklung von Motivation. »Wer ein ›Warum‹ hat, für den ist kein ›Wie‹ zu schwer!« schrieb bereits Friedrich Nietzsche. Er stellte damit das ›Warum‹, d. h. den Sinn, der mit der Erreichung des Ziels in Verbindung steht, in den Mittelpunkt der Motivationstheorie. Auch der Unternehmensberater Simon Sinek sieht in seinem Bestseller »Start with Why« (Fange mit dem Warum an) den Beweggrund als den zentralen Faktor der Motivation.[1] Erst wenn der Beweggrund geklärt ist, beginnt im Gehirn der Prozess über das konkrete ›Was‹ bzw. ›wie‹ sich das Ziel angehen lässt. Ist das ›Warum‹ jedoch nicht kraftvoll genug, so Sinek, werden die Schwierigkeiten des ›Wie‹ und des ›Was‹ nicht überwunden werden können.[2]

Interessant in diesem Kontext ist auch der Blick von Martin Seligman, einem der Gründerväter der Positiven Psychologie. Seligman unterteilt menschliche Motivation in drei Bereiche: Pleasant Life (angenehmes Leben), Good Life (gutes Leben) und Meaningful Life (sinnvolles Leben). Im Pleasant Life streben wir alles an, was uns Freude, Spaß und Vergnügen bereitet. Hier geht es primär um Dinge, die sich besitzen oder erleben lassen: Kleidung, Schmuck, Auto oder Haus, ein gefülltes Bankkonto, in schönen Restaurants essen, Partys feiern, Urlaub machen etc. Doch solche Dinge verlieren schnell ihren Glanz und sind

---

1 Simon Sinek: Start with Why! How great leaders inspire everyone to take action. New York: Penguin, 2009
2 Hier sehen Sie den Ted-Talk von Simon Sinek: https://www.ted.com/talks/simon_sinek_how_great_leaders_inspire_action?language=de

vergänglich. Wem die gleich folgenden Zutaten des Good Life und Meaningful Life fehlen, läuft schnell Gefahr, sich von einem Konsum- oder Kauferlebnis zum nächsten zu hangeln, um irgendwann festzu- stellen, dass Glück und innere Zufriedenheit nicht käuflich sind.

In der Kategorie Good Life befinden wir uns im Sinne Seligmans, wenn wir Dinge tun, bei denen wir voll und ganz aufgehen, regelrecht auf- blühen und für die wir echte Leidenschaft besitzen: wenn wir im Flow sind, wie später in diesem Kapitel noch beschrieben wird. Im Unter- schied zum Pleasant Life ist unsere Motivation dann einzig und allein durch die Freude am Tun getrieben, wie bei einem Bergsteiger, der sich aus der Freude am Aufstieg auf den Weg macht und nicht wegen des schönen Ausblicks vom Gipfel. Im Good Life wird die Tätigkeit selbst zur Quelle der Erfüllung und inneren Zufriedenheit. Das Meaningful Life stellt nach Seligman die Königsdisziplin der Motivation dar. Es zeichnet sich dadurch aus, dass man nicht nur sich selbst, sondern auch dem Gemeinwohl dient. Mutter Theresa ist die Ikone dieses An- satzes. Der Gedanke, nicht nur an sich selbst, sondern auch an andere zu denken, vor allem an Menschen, denen es schlechter geht, scheint in der individualisierten Leistungsgesellschaft immer mehr Anhänger zu finden.

Es scheint sogar, dass nur an sich selbst zu denken mit zunehmendem Alter unglücklich macht. Das berichtet z. B. der international renom- mierte amerikanische Psychologe Dr. Jim Loehr in seinem Buch »The Only Way to Win«. Darin beschreibt er, dass viele Spitzensportler und CEOs, die er zu Bestleistungen gecoacht hat, nachdem sie alles gewon- nen und alles erreicht haben, dennoch nicht glücklich sind. Beispielhaft dafür ist Andre Agassi, ebenfalls langjähriger Schüler von Jim Loehr. In seiner Autobiografie »Open« beschreibt der achtfache Grand Slam Gewinner, dass ihn Gewinnen und das damit verbundene Geld, der Ruhm und das Ansehen keineswegs glücklich gemacht haben. Scho- nungslos offen beschreibt er, dass er lange versucht hat, sich einzu- reden, dass er doch glücklich sein müsste, weil er finanziell ausgesorgt hat und einen Privatjet besitze. Er war es aber nicht. Heute sagt Agassi, dass die einzige Vollkommenheit, die es gebe, darin liege, anderen zu helfen.[3] Jim Loehr beschreibt dieses Phänomen, mit dem seiner Erfahrung nach fast alle Superstars und Spitzenleister irgendwann einmal konfrontiert werden, als »High Performance Achievement Trap«, also als eine Falle, in die man auf dem Weg zum (vermeintlichen) Erfolg leicht tappen kann.

Will man menschliche Motivation auf eine einzige, einfache Erklärung reduzieren, landet man beim sogenannten Pleasure-Pain-Principle, das bereits vom griechischen Philosophen Epikur beschrieben wurde. Demnach wird der Mensch letztlich nur von zwei möglichen Antriebskräften geleitet:

- der **Maximierung positiver Zustände (Pleasure)** im Sinne von Freude und
- der **Minimierung negativer Zustände (Pain)** im Sinne von Schmerz, wobei in diesem Kontext sowohl physischer als auch psychischer Schmerz gemeint ist.

Epikurs frühe Sicht auf die Motivation hat bis heute Gültigkeit. Einen neueren Ansatz zum Verständnis von Motivation zeigt die sogenannte Maslowsche Bedürfnispyramide, die der US-amerikanische Verhaltensforscher Abraham Maslow im Jahr 1943 veröffentlichte. Maslow erkannte, dass es unterschiedliche menschliche Motive und Bedürfnisse gibt, die in einer bestimmten Reihenfolge stehen und sich gegenseitig bedingen. Seine Hierarchie umfasst fünf verschiedene Kategorien, die sich wiederum in zwei Gruppen unterteilen. Auf den drei unteren Stufen der ersten Gruppe stehen die sogenannten Defizitbedürfnisse. Diese sind elementar für das Überleben. Die unterste Stufe stellen die Grund- und Existenzbedürfnisse nach Nahrung, Wasser und Wärme dar. Sind diese erfüllt, folgen auf der zweiten Stufe die Sicherheitsbedürfnisse. Dabei geht es um ein Leben in sicherer

---

3 Andre Agassi: Open – Das Selbstporträt. München: Droemer, 2009

Umgebung und Angstfreiheit. Die Sozialbedürfnisse folgen auf Stufe drei. Hier stehen Beziehungen zu Mitmenschen im Mittelpunkt. Es geht um Freundschaft, Liebe und sämtliche Facetten der Zugehörigkeit. Erst nach Erfüllung dieser drei Defizitbedürfnisse gelangt man zu den Wachstumsbedürfnissen. Darunter versteht Maslow das Bedürfnis nach Anerkennung und Wertschätzung sowie das Bedürfnis nach Selbstverwirklichung. Ihre Befriedigung hat nichts mehr mit Überleben und Existenzsicherung zu tun. Über den Drang nach Selbstverwirklichung nähern wir uns der Antwort auf die Frage, was Sportler wie Muhammad Ali oder Lionel Messi antreibt.

Erfolgsgeheimnis intrinsische Motivation

Die Wachstumsbedürfnisse führen uns zu einem Begriff, der für unseren Antrieb von entscheidender Bedeutung ist: zur intrinsischen Motivation!

Intrinsisch motivierte Menschen tun Dinge, weil sie dafür eine besondere Leidenschaft besitzen. Während des Tuns empfinden sie ein tiefes Gefühl der Befriedigung und des Glücks.

Es liegt auf der Hand, dass es die intrinsische Motivation ist, die wirklich erfolgreiche Menschen antreibt, egal in welchem Bereich. Was für den Sportler sein Sport ist, ist für den Maler das Malen, für den Bastler das Basteln, für den Koch das Kochen, für den Discjockey seine Musik, für den Computerfreak das Programmieren etc. Allen ist gemein, dass sie voll und ganz in ihrem Tun aufgehen. Sie üben diese Tätigkeiten aus Lust, Leidenschaft und Schaffensfreude aus und weniger, weil es etwas zu erreichen oder zu verdienen gibt.

Vor allem im Spitzensport ist dieses Phänomen klar erkennbar. Sportler, die es an die Spitze schaffen, sind allesamt intrinsisch motiviert. Sie lieben das, was sie tun, und dieser Eifer zeigt sich meist schon in der frühen Kindheit. Man muss sie nicht zum Training treiben, meist ist das Gegenteil der Fall. Von Steffi Graf ist bekannt, dass sie stundenlang bis Einbruch der Dunkelheit ganz allein einen Tennisball gegen die Hauswand gedroschen hat. Über David Beckham, der als kleiner Junge in einem nahegelegenen Park den Fußball stundenlang immer wieder von derselben Stelle auf irgendwelche schwierig zu treffenden Ziele schoss, sagt sein Vater: »Sein Eifer war atemberaubend. Manchmal kam es mir so vor, als würde er sein ganzes Leben auf diesem Platz verbringen!«[4]

So überrascht es nicht, dass sich diese Profis nicht zum Training überwinden müssen und keine Probleme haben, sich dauerhaft zu motivieren. Die meisten Profisportler stimmen überein, dass ihnen das Trainieren leichtfällt, einfach weil sie ihren Sport lieben. Oft wird ihnen diese emotionale Bindung zu ihrem Sport erst während einer längeren Verletzungspause bewusst. Sie vermissen dann die Intensität der Gefühle, und damit ist nicht nur der Rausch eines Sieges gemeint, sondern vor allem die Zufriedenheit und Erfüllung, die sich einstellen, wenn im täglichen Training neue Herausforderungen gemeistert werden, wenn man spürt, dass man besser wird und Freude am eigenen Tun hat. Nicht tun zu dürfen, was man liebt und wofür man brennt, gehört zu den bittersten Erfahrungen überhaupt. Eindrucksvoller als Marco Reus, Fußball-Nationalspieler und Kapitän von Borussia Dortmund, dessen Kranken- und Verletzungsakte seinesgleichen sucht, kann man es kaum auf den Punkt bringen: »Das ganze Geld würde ich verschenken, um gesund zu sein, um meinen Job ausführen zu können. Für das, was ich liebe: Fußball zu spielen.«[5]

---

4 Matthew Syed: Was heißt schon Talent? München: Riemann 2010, S. 74
5 https://www.welt.de/sport/fussball/article172012557/Comebackversuch-Reus-wuerde-sein-Geld-verschenken-um-wieder-zu-spielen.html (eingesehen am 20.05.2020)

Die Chancen, seinen Traum zu leben und tagtäglich entsprechende Emotionen zu erleben, sind im Sport ungleich größer als im Berufsleben. Im Arbeitsalltag gibt es naturgemäß nicht so viele Möglichkeiten, solche Emotionen freizusetzen. Dennoch lässt sich auch im Beruf intrinsische Motivation entwickeln. Sie entfacht, wenn Wollen, Dürfen und Können zusammentreffen:

- **Wollen** bedeutet, dass es sich bei den Zielen um die eigenen handelt.
- **Können**, dass man für die Erreichung dieser Ziele auch die nötigen Voraussetzungen mitbringt.
- **Dürfen**, dass man mit diesen beiden Prämissen auf ein Umfeld trifft, das die Möglichkeiten bietet, diese Ziele zu realisieren.

Ein weiteres, sehr verständliches und eindrucksvolles Erklärungsmodell für die Entstehung intrinsischer Motivation stammt von Hugo Martin Kehr, Professor für Psychologie an der Technischen Universität München. Er entwickelte das sogenannte »3K-Modell«, das die drei entscheidenden Komponenten beschreibt, die ausschlaggebend für die Entstehung intrinsischer Motivation sind. Im deutschen Sprachgebrauch heißt das im Englischen genannte »Head, Heart and Hand«-Modell »Kopf, Herz und Hand«.[6]

- **Kopf** bedeutet: Ist mir das Ziel wichtig?
- **Herz** bedeutet: Macht mir das Spaß?
- **Hand** steht für: Kann ich das überhaupt?

---

6 Einen Vortrag von Prof. Kehr zum 3K-Modell finden Sie hier: https:// www.youtube.com/watch?v=LX7St52ulgU (eingesehen am 20.05.2020)

Abb. 4: Das 3-Komponenten-Modell der Motivation (nach Kehr)
Das Modell zeigt, dass intrinsische Motivation nur entstehen kann, wenn »Kopf, Herz und Hand« im Einklang stehen

Werden nicht alle drei Fragen mit einem eindeutigen Ja beantwortet, wird langfristig keine intrinsische Motivation entstehen können. Diese ist jedoch Voraussetzung, um bei einer Tätigkeit in Flow zu geraten – diesen unvergleichlichen Zustand, in dem uns unser Gehirn während des Schaffens mit Glücksgefühlen belohnt. Diese Biochemie des Glücks ist es, was einen Lionel Messi antreibt, jede freie Minute seines Lebens mit Fußball zu verbringen. Er ist in positiver Weise »süchtig« nach Fußball.

Im Sport gibt es zudem diese unvergleichlichen Glücksmomente – den perfekten Abschlag beim Golf, den Schuss exakt in den Winkel beim Fußball oder den optimalen Lauf beim Skifahren –, die den Drang auslösen, dieses Gefühl der perfekten Aktion immer wieder erleben zu wollen. Heißt das nun aber, dass der Kopfarbeiter im Vergleich zum Sportler das Nachsehen hat? Ist der Flow für ihn unerreichbar? Keineswegs, denn letztlich unterliegen beide Bereiche denselben Motivationsprinzipien, unabhängig ob die Leistung mit dem Kopf am Schreibtisch oder mit dem Körper auf dem Sportplatz erbracht wird. Für den Sportler stellt sein Körper das Werkzeug dar, mit dem er die Leistung erbringt, dennoch ist es – genau wie beim Kopfarbeiter – das Gehirn, das die Leistung entsprechend steuert.

Deshalb gelten die Gesetzmäßigkeiten der Spitzenleistung, Motivation und Arbeitszufriedenheit, für Sport und Berufsleben gleichermaßen, wie es Mihály Csíkszentmihályi in seinem berühmten Flow-Konzept zusammengefasst hat. Er beschrieb als Erster, welche inneren und äußeren Rahmenbedingungen gegeben sein sollten, damit Arbeit zur Glücksquelle werden kann. Bereits in den 1970er-Jahren prägte er den Begriff »Flow« als Bezeichnung für den Zustand, in dem eine Leistung bzw. das Gelingen einer Aufgabe gewissermaßen wie von selbst »fließt«. Wer im Flow ist, ist völlig vertieft in die Aufgabe, taucht in einen regelrechten Schaffens- und Tätigkeitsrausch ein.[7]

Flow wird entfacht, wenn sich Denken, Fühlen und Wollen in harmonischem Einklang befinden. Man empfindet ein Gefühl des Glücks und der tiefen Befriedigung während des Tuns.

Sportler, aber auch Maler, Dichter, Musiker, Komponisten, Chirurgen und Angehörige vieler anderer Bereiche beschreiben diesen besonderen Leistungszustand des Gehirns mit »wie im Rausch« sein, alles gehe »wie von selbst« oder man werde »regelrecht zum entrückten Zuschauer seiner selbst«. Stellvertretend hierfür ist das folgende Zitat des verunglückten dreifachen Formel-1-Weltmeisters Ayrton Senna: »Ich fahre immer schneller und schneller. Plötzlich bemerke ich, dass ich es gar nicht mehr selbst bin, der das Auto steuert. Ich bin wie in einer anderen Welt.«[8]

---

7 Mihály Csíkszentmihályi: Flow – Das Geheimnis des Glücks. 9. Auflage. Stuttgart: Klett-Cotta, 2001
8 Mocca Müller: Das vierte Feld. Die Bio-Logik der neuen Führungselite. München: Econ Verlag, 2001, S. 249

Ex-Tennis Nummer Eins Jimmy Connors beschreibt diesen Zustand gar als »transzendente Zone«. Er berichtet, dass er im Flow das Gefühl habe, der Ball wäre riesengroß und das Tempo so langsam, dass er unendlich viel Zeit hätte, sich problemlos in Position zu bringen und in Ruhe zu entscheiden, wohin er den nächsten Schlag platziert. Auch Sie können diesen Zustand des Flows erreichen, in dem Ihre persönliche Bestleistung wie von selbst aus Ihnen »herausfließt« – vorausgesetzt, Sie sind intrinsisch motiviert und die Rahmenbedingungen stimmen.

WINNIG INSIDE / Training

Was Sie brauchen, um in Flow zu geraten

Die ersten drei Faktoren stellen die Ausgangsposition – sozusagen die Startbedingungen – dar, die Punkte vier bis zehn beschreiben dagegen den Charakter der Flow-Erfahrung.[9]

1. Intrinsische Motivation

»Tun Sie das, was Sie lieben, und lieben Sie das, was Sie tun!« Dieser Satz bringt es auf den Punkt: Intrinsisch motiviert zu sein bedeutet, dass einem das, was man tut, Freude bereitet, dass die Tätigkeit den eigenen Interessen und Talenten entspricht und dass man diese aus freien Stücken durchführt.

2. Klares Ziel

Flow benötigt ein klares Ziel. Es sollte nach Möglichkeit selbst gesteckt und eindeutig definiert sein. Damit wird der Startschuss ausgelöst, sich so gut wie möglich einzubringen und strategisch auf das angestrebte Ergebnis hinzuarbeiten.

3. Herausforderungscharakter

Voraussetzung für Flow ist der Herausforderungscharakter einer Tätigkeit. Überfordert eine Aufgabe, macht sich schnell Frust breit. Ist eine Aufgabe hingegen zu

---

9 Markus Hornig: 30 Minuten Flow. Offenbach: GABAL Verlag, 2013

leicht, fühlen wir uns unterfordert und langweilen uns. In beiden Fällen gelangen wir nicht in Flow.

4. Unbewusste Konzentration

Sind die drei genannten Voraussetzungen erfüllt, können wir in die flowtypische Form der Konzentration eintauchen: in einen Zustand klarster Aufmerksamkeit, innerer Ruhe und höchster Energie. Im Flow muss man sich nicht zur Konzentration zwingen, sie fließt von selbst, sie kommt von innen. Wir handeln instinktiv und spontan, ohne darüber nachzudenken, was zu tun oder zu lassen ist. Der Autopilot hat das Kommando und degradiert uns zum passiven Beobachter unseres eigenen Tuns.

5. Im Hier und Jetzt sein

Im Flow verweilen wir permanent im Hier und Jetzt, ohne von abschweifenden Gedanken abgelenkt zu werden. Wir sind vertieft in das, was wir tun – wie ein Kind, das tief versunken eine Sandburg baut.

6. Kontrolle

Kontrolle bedeutet, dass man spürt, dass die eigenen Fähigkeiten ausreichen, um die Aufgabe zu meistern. Es besteht kein Zweifel, die Aufgabe erfolgreich bewältigen zu können.

7. Feedback

Sobald wir die Aufgabe angehen, hat unser Gehirn einen Plan, sozusagen eine Blaupause, mit dem es das Tun permanent abgleicht. Durch diesen permanenten Soll-Ist-Vergleich entsteht Feedback und wir spüren: »Ich mache das Richtige.«

8. Subjektives Zeitempfinden

Im Flow verändert sich das Zeitempfinden, und wir verlieren oft das subjektive Zeitgefühl. Wie bei einem fesselnden Vortrag, einem spannenden Film oder einem angeregten Gespräch scheint die Zeit schneller zu vergehen.

9. Selbstvergessenheit

Im Flow wird man eins mit dem, was man tut. Der Flow absorbiert die vollständige Konzentration, Aktivität und Aufmerksamkeit verschmelzen. Das Fehlen der gewohnten Selbstreflexion ist ein typisches Kennzeichen von Flow.

10. Mühelosigkeit

Flow zeichnet sich durch eine besondere Form der Mühelosigkeit aus. Subjektiv ist sich der Handelnde keiner besonderen Anstrengung bewusst, auch wenn er z. B. beim Klettern, beim Spielen eines Solos oder bei einem mitreißenden Vortrag ein beachtliches Maß an Energie aufbringt.

Keine Motivation ohne stimmige Motive

Flow und (intrinsische) Motivation hängen also unmittelbar zusammen. Die Motivationspsychologie differenziert diesbezüglich zwischen impliziten und expliziten Motiven:

– **Implizite Motive** sind größtenteils angeboren oder entstehen in der frühen Kindheit. Sie entsprechen unseren unbewussten Bedürfnissen und haben ihre Wurzeln in den unbewussten Anteilen unserer Persönlichkeit. Daher sind wir uns unserer impliziten Motive in der Regel nicht bewusst. Dennoch spielen sie eine wesentliche Rolle für die Entwicklung intrinsischer Motivation im Erwachsenenalter. »Wobei fühle ich mich wohl?«, »Bei welchen Tätigkeiten erlebe ich positive Gefühle?« oder »Was mache ich gerne?« sind Fragen, die die impliziten Motive zum Vorschein bringen.

– **Explizite Motive** sind uns hingegen bewusst. Sie entstehen später und laufen parallel zur Entwicklung unseres Selbstbildes. Dabei spielt das soziale Umfeld – in erster Linie die Eltern – eine zentrale Rolle. Das Kind lernt, welche Auffassungen, Einstellungen und Werte in seinem sozialen Umfeld gelebt werden, gleicht sie mit seinen eigenen Vorstellungen ab und formt daraus sein Selbstkonzept. Wer z. B. in einem leistungs- und karriereorientierten Umfeld aufwächst, wird die Meinung vertreten, dass Erfolg einen

Menschen wertvoll macht, und die Überzeugung »Ich muss mich anstrengen!« entwickeln.

Für die Entwicklung intrinsischer Motivation ist das Zusammenwirken der beiden Arten von Motiven entscheidend:

Intrinsische Motivation entsteht, wenn implizite und explizite Motive sich ergänzen.

Es ist belegt, dass dauerhaft keine intrinsische Motivation entstehen kann, wenn implizite und explizite Motivation nicht deckungsgleich sind. Je mehr sie im Gegensatz zueinander stehen, desto weniger Leistungsbereitschaft und Arbeitszufriedenheit wird der Mensch entwickeln. Die Ursache liegt oft in unterschwelligen inneren Konflikten, die entstehen können, wenn die impliziten Motive bei der Ausführung der explizit gesteuerten Tätigkeiten keine Befriedigung erfahren. Der Arzt, der Arzt wurde, weil er aus einer traditionellen Arztfamilie stammt, der aber lieber etwas Kreatives gemacht hätte, der Beamte, der wegen der beruflichen Sicherheit Beamter wurde, aber eigentlich lieber handwerklich arbeiten würde, oder der Unternehmersohn, der die Firma seines Vaters übernimmt, obwohl es ihm widerstrebt, Autorität auszuüben und Menschen zu führen, sind nur drei Beispiele für die Schieflage von Motiven.

Eine solche Inkongruenz der Motivlage kann langfristig schwerwiegende Konsequenzen für Wohlbefinden und Gesundheit nach sich ziehen. Menschen mit widersprüchlicher Motivlage müssen sich per se mehr überwinden und anstrengen, da die positiven Emotionen, die wiederum Energie und Motivation liefern, während des Tuns weitgehend ausbleiben. Zudem empfinden Menschen mit solch einer Motivinkongruenz weniger Zufriedenheit, können sich nicht richtig über die Erreichung von Zielen freuen, klagen über Erschöpfungszustände und können eine Neigung zu psychosomatischen Erkrankungen und ein Burnout-Syndrom entwickeln. Umgekehrt ist eine in sich stimmige Motivlage die ideale Grundvoraussetzung, um intrinsische Motivation zu entwickeln. Es lohnt sich daher, die eigenen Motive bewusst zu reflektieren.

»Self Check«

So kommen Sie Ihren unbewussten Motiven auf die Spur

Leider sind sich viele Menschen ihrer Motivlage nicht wirklich bewusst. Wir tun uns schwer, die Frage »Warum machst du dies oder jenes?« reflektiert und tiefgründig zu beantworten. Insofern benötigt man eine Strategie, um Licht in das Dunkel seiner Motive zu bekommen.

Eine einfache Möglichkeit besteht darin, sich selbst mit entsprechenden Frage-stellungen zu beschäftigen:

- Womit beschäftige ich mich am liebsten, wenn ich keine Verpflichtungen habe?
- Für welche Tätigkeiten brenne ich und besitze ich echte Leidenschaft?
- Womit würde ich mich beschäftigen, wenn ich einen Millionen-Lottogewinn machen würde und nicht mehr arbeiten müsste?
- Was bedeutet für mich Selbstverwirklichung?

Die Diskussion um Philipp Lahms Position bei der WM 2014
Ein Paradebeispiel für die Passung von individueller Motivlage und Spitzenleistung lieferte die Diskussion um die richtige Position von Philipp Lahm bei der Fußball-WM 2014 in Brasilien. Auf welcher Position war Lahm für die Mannschaft am wertvollsten? Er war bis zur Beendigung seiner Karriere einer der besten Außenverteidiger der Welt, spielte jedoch bis zum Achtelfinale dieser WM nicht in der Abwehr, sondern im Mittelfeld. Geschuldet war diese Notlösung von Bundestrainer Jogi Löw einer Verletztenmisere und der Tatsache, dass Lahm die beste aller Alternativen für diese sogenannte Sechserposition

war. Lahm stellte sich vorbildlich in den Dienst der Mannschaft und machte das, was diese Position von ihm verlangte: Er musste grätschen, kämpfen, den Gegner attackieren, Bälle ablaufen, Lücken schließen und vieles mehr, also eher fußballerische »Hausmannskost«. Seine Schlüsselqualitäten – herausragende Technik, Ballannahme und Passgenauigkeit, Spieleröffnung, Spielintelligenz und Überblick etc. – kamen auf dieser Position jedoch nicht so sehr zum Tragen. Jogi Löw bekam zum Glück noch die Chance, seine Entscheidung zu revidieren. Im Achtelfinale zog sich der auf Lahms Position spielende Shkodran Mustafi eine Verletzung zu und Lahm kehrte auf seine Lieblingsposition als Außenverteidiger zurück. Deutschland zog ins Viertelfinale ein. Lahm verblieb auf »seiner« Position und spielte überragend. Der Rest ist WM-Geschichte.

(De-)Motivationsfaktor Geld

Motivieren Prämien im Sport? Im Unterschied zur intrinsischen Form der Motivation bedeutet extrinsisch, dass die Motivation nicht von innen kommt, sondern dass äußere Anreize, in erster Linie Geld oder sonstige Prämien, den Menschen motivieren sollen. Im Fußball, Golf oder Tennis werden astronomische, oft nicht mehr nachvollziehbare Summen für die Dienste der Branchenbesten bezahlt. Abgesehen von der Diskussion, ob solche Summen ethisch vertretbar und dem Normalbürger vermittelbar sind, stellt sich die Frage, inwieweit extrinsische Belohnungen überhaupt Einfluss auf die Leistungsmotivation eines Menschen haben. Schießt ein Neymar noch mehr Tore, wenn sein aktueller Club Paris Saint-Germain sein unfassbares Tagessalär von 100 000 Euro auf 150 000 Euro (ja, pro Tag – Sie haben richtig gelesen!) anheben würde? Läuft ein Spieler im Abstiegskampf schneller oder springt er höher, wenn er eine Nichtabstiegsprämie erhält? Wird die Anzahl von Roger Federers Turniersiegen noch größer, wenn das Preisgeld noch mehr steigt?

Zwei, die es wissen sollten, haben diesbezüglich eine klare Meinung. Wolfgang Overath, Fußballweltmeister von 1974 und ehemaliger Präsident des 1. FC Köln: »Mich brauchte früher niemand zu motivieren. Ich habe Fußball für mein Leben gerne gespielt. Und ich wusste auch: Mit meinem Hobby kann ich gut Geld verdienen. Dafür aber musste man besser sein als andere, das war der Anreiz.«[10]

Die gleiche Auffassung vertritt Heribert Bruchhagen, langjähriger Manager des Hamburger SV und von Eintracht Frankfurt, der in seinen Amtszeiten jeweils auf die Ausschüttung von Sonderprämien verzichtete: »Ich glaube nicht, dass ein Spieler extra mehr läuft, wenn er für eine Partie mehr Geld bekommen könnte. Dann hätte er seinen Beruf falsch gewählt. Ich habe in der Vergangenheit auch keine Erfahrungen gemacht, dass Sonderzahlungen etwas bringen.«[11]

Dass es nicht das Geld ist, das Spitzensportler zu herausragenden Leistungen motiviert, wird spätestens dann klar, wenn wir die Welt der oft millionenschweren Fußballstars hinter uns lassen und stattdessen die klassischen olympischen Sportarten in den Blick nehmen: Ob Ruderer, Leichtathleten, Schwimmer, Turner etc., all diese Sportler arbeiten mindestens genauso hart wie Profifußballer und erbringen Spitzenleistungen – häufig in Kombination mit einem Studium –, und das ohne die Aussicht, nach Beendigung der Karriere finanziell ausgesorgt zu haben. Sie sind die wahren Meister der intrinsischen Motivation!

Spitzenleistungen im Sport sind stets intrinsisch motiviert. Doch gilt dies auch für die Arbeitswelt? Grundsätzlich ist im Beruf sowohl die extrinsische als auch die intrinsische Form der Motivation von Bedeutung. Die Arbeit wird einerseits entlohnt (extrinsisch) und im Idealfall belohnt sich der Mitarbeiter noch selbst durch Freude am Tun und

---

10 https://sportbild.bild.de/bundesliga/2010/so-viel-zahlen-die-18-klubs-12035886.sport.html (eingesehen am 20.05.2020)
11 Ebd.

durch entsprechende Erfolgserlebnisse, die sich während der Arbeit einstellen (intrinsisch). Sämtliche Studien zeigen, dass Leistungsmotivation in der Arbeitswelt nicht allein durch gute Bezahlung, einen PS-starken Dienstwagen oder ein tolles Büro zu erreichen ist. Das zeigen die Untersuchungen des amerikanischen Professors für Arbeitswissenschaft Frederick Herzberg aus dem Jahr 1959. Bis heute stellt seine Zwei-Faktor-Theorie zusammen mit der Maslow-Pyramide das führende Modell dar, wenn es um die Frage geht, wie Arbeit zu gestalten ist, damit Menschen eine hohe Leistungsmotivation entwickeln.

»Self Check«

Wie steht es um Ihre Motivation im Beruf?

Nehmen Sie sich einen Moment Zeit für diese Fragen:

- Wann waren Sie in Ihrem Beruf ganz besonders zufrieden und welche konkreten Bedingungen spielten dabei eine Rolle? Wie hat sich das auf Ihre Motivation ausgewirkt?
- Wann waren Sie in Ihrem Beruf hingegen besonders unzufrieden und welche konkreten Bedingungen waren dafür verantwortlich? Wie hat sich dies auf Ihre Motivation ausgewirkt?

In der als Pittsburgh-Studie berühmt gewordenen Untersuchung Herzbergs wurden mehr als 2000 Berufstätige gebeten, eben diese Fragen zu beantworten. Die Antworten brachten zwei Arten von Faktoren zum Vorschein:

1. **Motivatoren:** Diese Faktoren beziehen sich primär auf die Arbeitsinhalte. Darunter versteht Herzberg die Chance, Leistung zu erbringen, Anerkennung zu erlangen, die Möglichkeit, Verantwortung zu übernehmen, persönliche Entwicklung und Aufstiegsmöglichkeiten. Je mehr dieser Faktoren für eine Person vorhanden sind, desto größer ist ihre Motivation. Umgekehrt nimmt die Motivation ab, wenn diese Faktoren nicht vorhanden sind.

2. **Hygienefaktoren:** Diese Faktoren beziehen sich primär auf die Arbeitsbedingungen und das Arbeitsumfeld. In Anlehnung an die medizinische Hygiene, deren ausreichende Erfüllung Krankheit vermeidet, jedoch keine Gesundheit hervorruft, nennt Herzberg diese »Hygienefaktoren«. Hierzu zählen insbesondere Arbeitsbedingungen, Unternehmenspolitik, Verwaltung, Arbeitsplatzsicherheit, Einkommen, Beziehung zu Kollegen, der Führungsstil des Chefs sowie das Einkommen. Werden diese Faktoren als positiv wahrgenommen, führt dies zu Zufriedenheit, jedoch nicht zu höherer Arbeitsmotivation. Mit anderen Worten: Sind die Hygienefaktoren erfüllt, ist ein Mensch nicht unzufrieden, aber noch lange nicht motiviert! Die finanzielle Entlohnung der Arbeit zählt nach Herzberg zu den Hygienefaktoren und ist damit eine mögliche Ursache für Unzufriedenheit, jedoch kein Motivationsfaktor.

WINNIG INSIDE / Training

So definieren Sie Ihren Job neu

Was bedeutet das nun für Sie und für Ihren Arbeitsalltag? Sicher können Sie nicht sämtliche Rahmenbedingungen selbst bestimmen, aber es gibt durchaus Faktoren, auf die Sie Einfluss haben. Im Kern geht es um die Frage: »Wenn ich so könnte, wie ich wollte, wie würde ich meinen Job gestalten, damit ich glücklicher, motivierter und zufriedener bin?«

1. Ihren Job analysieren

Erstellen Sie zunächst eine Ist-Analyse. Listen Sie dazu sämtliche Tätigkeiten auf, die in Ihren Aufgabenbereich fallen, sowie die entsprechenden Zeitfenster, die Sie dafür in der Regel benötigen. So sehen Sie auf einen Blick, wie viel Zeit Sie pro Woche mit welchen Aufgaben verbringen. Im zweiten Schritt bewerten Sie diese Tätigkeitsfelder mithilfe der Frage, wie gern Sie sich mit diesen Arbeiten beschäftigen und inwieweit diese Ihren Talenten und Fähigkeiten entsprechen. So ermitteln Sie den Status quo Ihres Arbeitslebens. Danach – in einem dritten Schritt – ergänzen Sie die Bereiche um die Aspekte, die Sie sich wünschen und von denen Sie wissen, dass dort Ihre Stärken besonders zum Tragen kämen. Stellen Sie sich dazu folgende Fragen:

- Was kann ich am besten?
- Was tue ich am liebsten?
- Was motiviert mich bei meiner Arbeit?

2. Ihr Job-Profil überdenken

Schauen Sie sich die einzelnen Aufgaben an, die Sie in Ihrem Job erledigen (z. B. Sachbearbeitung, Telefonieren, Meetings, Organisieren, Entwickeln von Strategien etc.). Beantworten Sie dazu diese Fragen:

- Welche Aufgaben mache ich mit Freude und Hingabe?
- Welche Aufgaben erledige ich lediglich, weil sie getan werden müssen?
- Welche neuen Aufgabenfelder würde ich gerne übernehmen?

Überlegen Sie jetzt, welche Arbeiten Sie aus Ihrem Aufgabenprofil gern ausweiten und welche neuen Sie aus Ihrem unmittelbaren Umfeld gern übernehmen würden. Gibt es eventuell Vorgänge, die Sie gern abgeben möchten und die ein Kollege möglicherweise lieber in seinem Ressort haben würde?

3. Umsetzung

Mit Fertigstellung des gewünschten Job-Profils wissen Sie nun genau, wie Sie sich Ihre Aufgaben und Ihren Arbeitsplatz vorstellen. Nun geht es darum, Ihre Idealvorstellung zu verwirklichen. Damit Ihre Chancen steigen, sollten Sie folgende Punkte beachten, wenn Sie Ihrem Chef oder Kollegen entsprechende Vorschläge machen:

- **Der Ton macht die Musik!** Achten Sie darauf, dass Ihre Vorschläge nicht als Einmischung in die Angelegenheiten Ihrer Kollegen verstanden werden. Sprechen Sie vertrauensvoll und wertschätzend mit ihnen und fragen Sie offen, was sie von Ihren Vorschlägen halten.
- **Betonen Sie die Win-win-Situation!** Machen Sie deutlich, dass Sie bei der Umgestaltung Ihres Jobprofils auch aus der Sicht der anderen gedacht haben. Erläutern Sie gleich zu Beginn, dass von Ihren Verbesserungsvorschlägen auch Kollegen profitieren.
- **Bieten Sie konstruktive Lösungen an!** Sollte es zu Interessenskonflikten kommen, so bieten Sie an, ein Arbeitsgebiet zu übernehmen, das Ihr Kollege unter Umständen weniger gern macht.
- **Nehmen Sie Ihren Chef mit!** Ihren Chef zu überzeugen, stellt voraussichtlich die größte Hürde dar. Er darf Ihre Wünsche auf keinen Fall als Einmischung in seine Kompetenzen oder als indirekte Kritik interpretieren. Lenken Sie seine Aufmerksamkeit gezielt auf die Steigerung Ihrer Performance und den Mehrwert für das Unternehmen.
- **Zeigen Sie eine professionelle Einstellung!** Betonen Sie sowohl beim Chef als auch bei den Kollegen, dass Sie selbstverständlich wissen, dass in Ihrem Zuständigkeitsbereich auch weiterhin Aufgaben anfallen, die Sie weniger gern erledigen. Machen Sie deutlich, dass Sie auch diese Arbeit mit entsprechender Professionalität erledigen.
- **Entwickeln Sie ein Worst-Case-Szenario!** Machen Sie sich klar, dass Sie mit Ihrem Anliegen im Grunde nur gewinnen können. Sollte es Ihnen nicht gelingen, Ihre Vorschläge in die Tat umzusetzen, weil Chef und Kollegen kategorisch mit »Nein, das haben wir schon immer so gemacht« antworten, wissen Sie zumindest, dass Sie nicht die kommenden Jahre oder gar Jahrzehnte auf dieser Arbeitsstelle verbringen wollen.

Extrinsische Motivation über Geld und andere äußere Anreize wird uns nicht dazu bringen, unser volles Potenzial auszuschöpfen und Spitzenleistungen zu erbringen. Als Zwischenfazit lässt sich festhalten:

Motivation ist nicht käuflich!

Vor allem Menschen, die über relativ wenig Einkommen verfügen, sind oft der Meinung, dass sie motivierter und glücklicher bei der Arbeit wären, wenn Sie mehr Geld zur Verfügung hätten. Doch stimmt das? Macht Geld glücklich? Dieser Frage gingen die beiden Wissenschaftler Daniel Kahneman und Angus Deaton nach. Sie wollten wissen, inwieweit das Jahreseinkommen mit dem subjektiven Gefühl des Glücksempfindens und der Zufriedenheit korreliert. Das überraschende Ergebnis: Bei einem Jahreseinkommen von ca. 60 000 Euro sind die Menschen am glücklichsten. Das ist in etwa die Summe, bei der man weiß, dass man sich einen guten Lebensstandard leisten kann und auf nichts verzichten muss. Wer weniger hat, kann sein subjektives Glücksempfinden tatsächlich steigern, wenn er einen besser dotierten Job bekommt. Jemand mit einem Jahreseinkommen von 80 000 bis 100 000 Euro hat zwar ein Drittel mehr auf dem Konto, ist aber nur unwesentlich glücklicher und zufriedener als der Kollege mit 60 000 Euro. Ab einem Jahreseinkommen von ca. 100 000 Euro lässt sich dann gar kein messbarer Einfluss mehr auf das subjektive Glücksempfinden feststellen, ein Effekt, der von Wissenschaftlern auch als »abnehmender Grenznutzen« bezeichnet wird.[12]

Die zweistelligen Millionenbeträge, die Fußballstars verdienen, dürften demnach keinen wesentlichen Einfluss auf ihr subjektives Glücksempfinden haben. Dass sich Cristiano Ronaldo, fünffacher Weltfußballer und fünffacher Champions-League-Sieger und einer der bestbezahlten Sportler aller Zeiten, dennoch beschwert, er verdiene zu wenig, spottet jeder Beschreibung – zumindest auf den ersten Blick. Ein Artikel in der BILD-Zeitung vom 19.12.2017 mit der Überschrift »Millionen-Neid auf Messi und Neymar« lässt das Thema jedoch in einem anderen Licht erscheinen: Ronaldo ist nämlich neidisch. Neidisch auf zwei andere Fußballgenies, die ihre Verträge 2017 neu gestalteten und mit geschätzten 40 Millionen (Messi) und 36 Millionen (Neymar) deut-

---

12 https://www.welt.de/wissenschaft/article9442999/Geld-macht-laut-US-Studie-tatsaechlich-gluecklich.html (eingesehen am 20.05.2020)

lich mehr verdienen als Ronaldo mit »lediglich« circa 32 Millionen im Jahr. Eigentlich, so müsste man denken, könnten diesen Profifußballern diese Unterschiede egal sein. Sie verdienen so viel, dass sowohl sie selbst als auch die nächsten Familiengenerationen abgesichert sind. Doch warum spielt das Geld bei einem Vereinswechsel dann doch eine so entscheidende Rolle? Die Antwort lautet: Es geht dabei nicht um den absoluten Wert des Geldes, sondern vielmehr um die damit verbundene Wertschätzung. Der Vergleich mit anderen und deren Einkommen wird zum Maß für die persönlich erlebte »Wert-Schätzung« und zu einem wichtigen Element des Selbstwertgefühls.

Dieses Prinzip lässt sich auch auf die Arbeitswelt übertragen: Für die Motivation eines Mitarbeiters ist nicht nur die absolute Höhe des Gehalts, sondern vor allem auch der soziale Vergleich von Bedeutung: Was verdienen die anderen? Dabei vergleichen wir, wenn auch nicht immer ganz realistisch, die Höhe der eigenen Bezahlung mit der von Kollegen in ähnlichen Positionen. Erhalten wir in etwa zehn Prozent weniger als der Durchschnitt der Vergleichsgruppe, werden wir signifikant unzufrieden und unsere Motivation wird entsprechend leiden.

Warum Toni Kroos zu Real Madrid wechselte

Erinnern Sie sich noch an die Fußball-WM 2014, als Deutschland Weltmeister wurde und Toni Kroos einer der besten Spieler des Turniers und Erfolgsgarant für den WM-Titel war? Umso größer war die Verwunderung, als Kroos direkt nach der WM von Bayern München zu Real Madrid wechselte und Bayern damit einen der wertvollsten Spieler der WM ziehen lassen musste. Den wahren Beweggrund für seinen Wechsel nannte Kroos sechs Monate später in einem Interview, das die Überschrift »Bei Real bekomme ich mehr Wertschätzung!« trug.[13] Auch wenn Kroos bei Real besser verdient als bei seinem vorherigen Arbeitgeber, gaben nicht

---

13 https://www.eurosport.de/fussball/la-liga/2018-2019/toni-kroos-kritsiert-in-seiner-dokumentation-die-zeit-beim-fc-bayern-munchen_sto7341663/story.shtml (eingesehen am 20.05.2020)

allein das Geld oder die sportliche Perspektive am Ende den Ausschlag
für Kroos' Abschied. Es war vor allem sein Gefühl, dass seine Leistung
bei den Bayern nicht ausreichend wertgeschätzt wurde. Während seiner
Zeit bei Bayern München wurden immer wieder neue Spieler verpflich-
tet, die auch Kroos' Position streitig machten. Ausschlaggebend für den
Wechselwillen war dann die mangelnde Bereitschaft des FC Bayern,
Kroos' Gehalt bei einer Vertragsverlängerung an das eines Philipp Lahm
oder Franck Ribéry anzupassen.

Was dieses Beispiel zeigt, gilt nicht nur im Sport, sondern ebenso in
der Arbeitswelt:

**Fairness, im Sinne gerechter Entlohnung im Vergleich zu anderen,
ist ein zutiefst verankertes menschliches Bedürfnis. Wird es nicht erfüllt,
wird mit hoher Wahrscheinlichkeit die Motivation sinken.**

Willenskraft: Motivation ist nur die halbe Miete!

Cristiano Ronaldos Neid auf (noch) besser verdienende Spitzenfußbal-
ler ist also, so absurd er den Nicht-Multimillionären dieser Welt auch
erscheinen mag, menschlich zum Teil nachvollziehbar. Dennoch können wir davon ausgehen, dass es nicht sein Kontostand ist, der ihn zu
den herausragenden Leistungen motiviert, die er erbringt. Was befä-
higt ihn dann dazu? Sir Alex Ferguson gerät ins Schwärmen, wenn er
über Cristiano Ronaldo spricht. Die Trainerlegende der englischen Pre-
mier League berichtet, dass er in seiner über 30-jährigen Trainerkarri-
ere nie einen professionelleren und disziplinierteren Spieler trainierte.
In den sechs Jahren ihrer Zusammenarbeit bei Manchester United war
Cristiano Ronaldo stets der Erste beim Training. Noch bevor der Rest
der Mannschaft auf dem Platz erschien, hatte er mindestens eine halbe
Stunde für sich allein an den unterschiedlichsten Dingen gearbeitet.
Nach dem Training, als alle anderen bereits unter der Dusche standen,
blieb er stets noch länger, um Freistöße zu üben und an anderen fuß-

ballerischen Feinheiten zu arbeiten. Gleiches gilt für andere Stars, die ihren Sport dominiert haben: Ob Steffi Graf, Dirk Nowitzki, Michael Schumacher oder Tiger Woods, allen eilte der Ruf voraus, härter und disziplinierter zu arbeiten als die Konkurrenz.

Trainerlegende Vince Lombardi, erfolgreichster Coach des amerikanischen Footballs, bestätigt, dass der Wille den alles entscheidenden Faktor für den Erfolg im Profisport darstellt: »Gewinnen heißt, dass du bereit bist, härter zu arbeiten und länger zu laufen als deine Konkurrenz!« Zur Motivation, im Sinne einer stimmigen Motivlage, muss noch etwas anderes hinzukommen, um die Dinge, die man sich vorgenommen hat, tatsächlich umzusetzen: die Willenskraft, in der Psychologie Volition genannt.

Motive liefern die Beweggründe, sprich das Warum. Willenskraft steht hingegen für Anstrengungsbereitschaft und Umsetzungskompetenz.

Volition beschreibt die Fähigkeit, Gedanken, Gefühle und Handlungen so zu steuern, dass man seine gefassten Vorsätze tatsächlich umsetzt und seinen inneren Schweinehund überwindet. Im Sport ist diese Fähigkeit in den Ausdauersportarten besonders gefragt. Hier kann man sich naturgemäß weniger spielerisch oder taktisch vom Gegner abheben. Beim Marathon, Radfahren oder Schwimmen spielen der Wille zum Sieg, die Selbstüberwindung und das persönliche Durchhaltevermögen die entscheidende Rolle. Dabei geht es in erster Linie um den Kampf gegen sich selbst und erst dann um den Kampf gegen die Konkurrenz. Das bestätigt auch der dreifache Triathlon-Ironman-Sieger Jan Frodeno: »Das Mentale ist krass. Wer seinen inneren Dialog bestimmt und sich nicht runterziehen lässt, wenn alles wehtut, ist meistens auch der, der durchkommt. Alle anderen sind auch fit. Aber am Ende bringt die Wettkampf-Sau das Ding nach Hause.«[14]

---

14 Jan Frodeno: SPORT BILD, Nr. 51 / 2019

Doch wie erreicht man, dass diese »Wettkampf-Sau« den inneren Schweinehund in die Schranken weist? Hier hilft ein Blick auf das Rubikon-Modell von Professor Heinz Heckhausen. Die Bezeichnung bezieht sich auf den Fluss Rubikon, den einst Julius Cäsar mit seinen Legionen überschritt, in vollem Bewusstsein, dass er damit in Rom einen Bürgerkrieg auslöste. »Die Würfel sind gefallen!« soll Cäsar gesagt haben und meinte damit, dass er sich nach einer langen Phase des Abwägens entschloss, den Rubikon zu überwinden. Damit wurde eine Tatsache geschaffen, und es gab kein Zurück mehr. Das Erstaunliche daran: Mit dem geistigen »Die Würfel sind gefallen« ändert sich schlagartig das Denken: Der Wunsch wird zum Willen! Darauf basiert das Rubikon-Modell als Handlungsmodell. Es unterteilt den Prozess von der Zielsetzung bis zur Zielerreichung in vier Phasen und liefert einen strategischen Ansatz, wie man die Umsetzung von Zielen angeht und seine Willenskraft stärkt. Die Inhalte und Charakteristika der einzelnen Phasen unterscheiden sich wie folgt:

– **Abwägephase:** In dieser Phase spielt man lediglich mit dem Gedanken, ob man ein Ziel tatsächlich in Angriff nehmen soll oder nicht. Man springt gedanklich hin und her, wägt mögliche Vor- und Nachteile ab, malt sich Konsequenzen aus, die die Erreichung eines solchen Ziels mit sich bringen würde, ohne sich sicher zu sein, ob man sich tatsächlich auf den Weg macht. Der Geist ist noch unentschlossen und labil, er springt zwischen gegensätzlichen Argumenten hin und her. Gedankenspiele wie »Soll ich oder soll ich nicht?«, »Was bringt mir das letztlich?« oder »Ist es mir das wirklich wert?« kennzeichnen diese Phase des Abwägens.

– **Planungsphase:** Mit der Entscheidung im Sinne von »Die Würfel sind gefallen!« beginnt die Planung. Der mentale Fokus ist jetzt weg von »Soll ich oder soll ich nicht?« und richtet sich von nun an ausschließlich auf die Umsetzung, also auf: »Wie erreiche ich das Ziel?« Das Motiv wird zum Vorsatz. Informationen des Abwägens, die unter Umständen nochmals Zweifel an dem Ziel aufkeimen lassen könnten, verlieren ihre Wirkung und werden automatisch ausgeblendet. Dieser Mechanismus im Gehirn verhindert, dass ein einmal gefasstes Ziel wieder infrage gestellt wird. Darin liegt der entscheidende Faktor.

– **Handlungsphase:** In der Handlungsphase werden die geplanten Schritte zur Zielerreichung systematisch abgearbeitet. Das Ziel wird justiert und im Auge behalten, gleichzeitig sollte man jedoch bereit sein, mögliche auftretende Schwierigkeiten zu akzeptieren. Sich zu Beginn bewusst zu machen, dass der Weg zum Ziel nur in den seltensten Fällen geradlinig und reibungslos verläuft, erhöht die Bereitschaft, mit möglichen Rückschlägen konstruktiv umzugehen und sich nicht entmutigen zu lassen.

– **Bewertungsphase:** Nach Erreichung bzw. Nichterreichung des Ziels sollte eine Bewertung, sprich eine Erfolgskontrolle, durchgeführt werden. Hier führt man sich vor Augen, was gut oder weniger gut gelaufen ist, was man unter Umständen gelernt hat und was man beim nächsten Mal besser machen könnte. Die damit zusammenhängenden Fragen haben nicht unbedingt und unmittelbar mit dem Ergebnis zu tun, spielen aber eine wichtige Rolle für den persönlichen Lern- und Entwicklungsprozess.

Das Rubikon-Modell macht deutlich, dass ein Motiv noch lange kein Grund ist zu handeln. Wiederkehrende Neujahrsvorsätze sind beispielsweise Motive, die in den allerwenigsten Fällen zum Erfolg führen. Erst wenn aus dem Motiv ein vorsätzliches Handeln geworden ist – wenn man seinen persönlichen Rubikon überschreitet – kann die Willenskraft entstehen, die zur Erreichung des Zieles nötig ist. Doch was genau verbirgt sich hinter der Willenskraft, die für die Umsetzung von Zielen so ausschlaggebend ist?

Eine Studie aus dem Jahr 2015 unter Leitung von Professor Waldemar Pelz, Leiter des Instituts für Management-Innovation an der Technischen Hochschule Mittelhessen, untersuchte anhand einer Befragung von 14 337 Führungskräften, was die besonders Erfolgreichen von den weniger Erfolgreichen unterscheidet. Willenskraft und Umsetzungskompetenz basieren demnach auf fünf Erfolgsfaktoren, die als Schlüsselkompetenzen für die Umsetzung von Zielen angesehen werden können:

- **Sinnhaftigkeit:** Inwieweit erkennt eine Person die Sinnhaftigkeit hinter ihrer Tätigkeit, die wiederum einen maßgeblichen Einfluss auf die Selbstdisziplin und das Durchhaltevermögen hat? Inwieweit steht das Ziel im Einklang mit den eigenen Werten?
- **Selbstvertrauen:** Inwieweit ist eine Person überzeugt, aufgrund eigener Stärken und Kompetenzen das gesetzte Ziel tatsächlich zu erreichen?
- **Problemlösekompetenz:** Inwieweit schafft es eine Person, mögliche auftretende Probleme und Risiken zu antizipieren, das heißt vorausschauend zu handeln? Wie gut ist die Problemlösekompetenz bei auftretenden Schwierigkeiten?
- **Emotionsmanagement:** Inwieweit ist eine Person fähig, die eigenen Emotionen zu kontrollieren, mit Stress umzugehen und eine positive Stimmung aufrechtzuerhalten, vor allem in Phasen, in denen es schwierig und belastend wird?
- **Aufmerksamkeitssteuerung und Fokussierung:** Inwieweit ist eine Person in der Lage, sich konsequent und beharrlich auf das Ziel zu fokussieren, ohne sich dabei ablenken zu lassen?

Diese fünf Erfolgsfaktoren sind grundlegend und dienen als Orientierung für die Entwicklung von Willenskraft und Umsetzungsstärke. Daneben konnten Studien belegen, dass Menschen mit einer ausgeprägten Willenskraft über eine höhere Stressresistenz verfügen, bessere Beziehungen haben und seltener an psychischen Belastungen leiden.[15]

---

15 Wie stark sind die fünf Schlüsselkompetenzen bei Ihnen ausgeprägt? Eine Antwort gibt Ihnen der Test unter: https://pelz.fuehrungskompetenzen. net/www/form/ident/UK-kurzform (eingesehen am 20.05.2020)

Wie uns Selbstdisziplin zum Erfolg führt

Unsere Umsetzungskompetenz hängt also von unserer Bereitschaft ab, unseren persönlichen Rubikon zu überschreiten. Hinzu kommen Eigenschaften, die sich auch unter dem Begriff »Selbstdisziplin« zusammenfassen lassen. Welchen großen Einfluss die Selbstdisziplin auf unser Leben hat, bewies der legendäre Marshmallow-Test, den der US-amerikanische Psychologe Walter Mischel bereits in den 1960er-Jahren mit über 600 Kindern an der Stanford University durchgeführt hat. Ziel des ursprünglichen Tests war es, herauszufinden, wie vierjährige Kinder mit Versuchungen umgehen. Dazu wurden die Kinder einzeln in einen Raum geführt, in dem sich ein Tisch befand, auf dem ein Marshmallow lag. Eine Erzieherin erklärte den Kindern: »Wenn ihr das Marshmallow essen wollt, drückt bitte vorher auf die Klingel. Wenn ihr aber warten könnt, bis ich zurückkomme, bekommt ihr nicht nur das eine, sondern zwei Marshmallows.« Dann verließ sie den Raum, und die Forscher beobachteten die Kinder, ohne dass diese das bemerken konnten. Etwa ein Drittel der Kinder schaffte es tatsächlich, sich zu beherrschen, um sich dadurch ein zweites Marshmallow zu verdienen. Das Mittel der Wahl, um der Versuchung zu widerstehen, war Ablenkung. Die Kinder schauten weg, sangen, schnitten Grimassen, zeichneten mit den Händen irgendwelche Formen in die Luft oder lenkten sich anderweitig spielerisch ab. Die übrigen Kinder konnten der süßen Versuchung nicht widerstehen.[16]

Der weitere Verlauf der Studie kam in Gang, weil einige der getesteten Kinder in derselben Schulklasse waren wie Walter Mischels Tochter. Bei einer Unterhaltung mit ihr fiel Mischel auf, dass gerade diejenigen ihrer Klassenkameraden in der Schule Probleme hatten, die beim Test ihren Appetit nicht zügeln konnten. Nach zehn Jahren befragte Mischel die getesteten Kinder sowie deren Eltern und Lehrer noch

---

16 Eine Neuauflage des Tests sehen Sie hier: https://www.youtube.com/watch?v=yjsazg4ryNE (eingesehen am 20.05.2020)

einmal und kam zu dem eindeutigen Ergebnis: Wer schon als Kind über Selbstdisziplin verfügt, hat im späteren Leben nachweislich mehr Erfolg!

Selbstdisziplin ist die Basis für Erfolg, Gesundheit und funktionierende Beziehungen.

Mischels Marshmallow-Test, auf dessen Grundlage eine ganze Reihe weiterer Studien mit ähnlichen Ergebnissen durchgeführt wurden, lässt jedoch eine Frage offen: Ist diese Tugend angeboren oder das Produkt von Erziehung? Dazu gibt es relativ wenige Forschungsergebnisse. Aus der kriminalistischen Forschung zur Persönlichkeitsstruktur von Straftätern weiß man zwar, dass es eine genetische Disposition für Impulsivität oder, anders formuliert, für einen Mangel an Selbstkontrolle gibt. Wie stark diese Veranlagung jedoch im Leben zum Ausdruck kommt, hängt wiederum davon ab, wie man erzogen wird und was die Eltern vorleben.

Wenn Kinder von ihren Eltern lernen, dass man auch mal dranbleiben muss, wenn es schwierig wird, und nicht gleich beim ersten Auftreten von Unlust aufgeben, sondern Dinge auch gegen innere Widerstände zu Ende bringen soll, dann übernehmen sie diese Haltung unbewusst. Unter Psychologen herrscht Einigkeit, dass es der Entwicklung der Willenskraft guttut, auch mal Phasen von Unlust und Frust zu durchleben und eine Sache auch gegen innere Widerstände zu Ende zu bringen. Zudem ist unstrittig: Willenskraft lässt sich durch Training definitiv verbessern!

Die Begriffe »Willenskraft« und »Selbstdisziplin« werden oft synonym gebraucht. Willenskraft bezieht sich in der Regel eher auf die längerfristige Umsetzung von Vorsätzen, wogegen Selbstdisziplin eher bei der Überwindung der täglichen Anforderungen zum Tragen kommt. Mit Letzterer hat sich der Sozialpsychologe Roy F. Baumeister in seinen Forschungen beschäftigt. In seinem im Jahr 2012 erschienenen Bestseller »Die Macht der Disziplin« beschreibt er einige skurril anmutende, jedoch sehr aussagekräftige Experimente.[17] So führte er z.b. Versuchsgruppen in einen Raum, in dem sich zweierlei Speisen befanden: ofenfrische, duftende Plätzchen und Radieschen, garniert mit Salat. Eine Gruppe durfte sich aussuchen, was sie essen wollte – die meisten entschieden sich natürlich für die leckeren Plätzchen –, während die Mitglieder der anderen Gruppe nur Radieschen essen durften, obwohl ihnen wegen der duftenden Plätzchen sprichwörtlich das Wasser im Mund zusammenlief. Anschließend ließ Baumeister die Probanden beider Gruppen ein Puzzle zusammensetzen, das allerdings unlösbar war, und stoppte die Zeit, bis jeder Einzelne aufgab. Die Radieschen-Esser, die vorher ihren Appetit auf Plätzchen mit Willenskraft hatten unterdrücken müssen, gaben im Schnitt bereits nach acht Minuten auf. Dagegen hielten die Mitglieder der Plätzchengruppe im Schnitt zwanzig Minuten durch. Er führte noch weitere Experimente durch, die alle denselben Schluss nahelegen:

Selbstdisziplin kann man sich vorstellen wie einen Muskel: Je mehr wir sie einsetzen müssen, desto eher ermüdet sie!

Mit anderen Worten: Die Energie, die wir zum Unterdrücken von Impulsen benutzen – etwa um einer Verlockung zu widerstehen oder auch dem Drang, in den sozialen Medien mal kurz nach dem Neuesten zu sehen –, entspringt demselben Reservoir, das wir benötigen, um intellektuell anspruchsvolle Aufgaben, wie rechnen, analysieren oder abstrahieren, zu verrichten.

Wenn die »Muskelkraft« der Selbstdisziplin nachlässt, weil wir diese zu viel einsetzen (müssen), zieht dies das Nachlassen unserer geistigen Fähigkeiten nach sich.

---

17 Roy Baumeister: Die Macht der Disziplin. Frankfur a.M.: Campus Verlag, 2012

Gleichzeitig schwindet mit der Selbstdisziplin auch unsere Selbstkontrolle. Baumeister spricht in diesem Kontext von »Selbsterschöpfung« und meint damit das nachlassende Vermögen, Gedanken, Emotionen und Verhalten zu regulieren.

Wollen wir unser Gehirn optimal nutzen, müssen wir sensibel werden für diese Zusammenhänge und deren Tragweite verstehen. Baumeister fand heraus, dass wir Menschen ganze drei bis vier Stunden am Tag damit beschäftigt sind, Impulse, Wünsche oder sonstige Ablenkungen zu unterdrücken. Ein Drittel unserer Wachzeit sind wir demnach mit der Ausübung von Selbstregulation beschäftigt. Dafür benötigen wir eine Menge Energie. Selbsterschöpfung sorgt außerdem für das Einsetzen von Entscheidungsmüdigkeit. Denn eine bewusste Entscheidung zu fällen, also Pro und Kontra abzuwägen und Alternativen durchzuspielen, ist anstrengend. Für das Gehirn macht es dabei keinen Unterschied, ob wir Entscheidungen von enormer Tragweite zu fällen haben oder ob wir entscheiden, auf einen Nachtisch zu verzichten. Wichtige Entscheidungen sollten wir daher nur treffen, wenn wir uns ausgeruht fühlen. Das gilt natürlich nicht zuletzt für die unwiderrufliche Entscheidung, unseren persönlichen Rubikon zu überschreiten und große Vorhaben in Angriff zu nehmen.

12 Tipps für mehr Selbstdisziplin

Seine Selbstdisziplin zu trainieren heißt, sich selbst Regeln zu geben. Machen Sie sich zunächst einmal bewusst, wohin es führen kann, wenn Sie Ihre Selbstdisziplin nicht entwickeln: Sie werden Ihre Ziele nicht erreichen, Sie werden das befriedigende Gefühl nicht kennenlernen, etwas geschafft zu haben, für das man an seine Grenzen gehen musste, und Sie lassen Chancen liegen, Selbstvertrauen und mentale Stärke aufzubauen. Wie beim körperlichen Training gilt auch beim Training der Selbstdisziplin der Grundsatz: Kraft wächst am Widerstand!

Die folgenden Tipps verstehen sich als allgemeine Leitlinien für den Umgang mit der Ressource Selbstdisziplin:

1. Strukturieren Sie Ihren Tag!

Eine gute Struktur, ein guter Überblick, wie der Tag aussehen und was erledigt werden soll, gibt Klarheit und Ruhe. Setzen Sie sich Prioritäten entsprechend der bekannten Eisenhower-Matrix, also indem Sie alle anstehenden Aufgaben nach Wichtigkeit und Dringlichkeit sortieren (mehr dazu im nächsten Kapitel). Nehmen Sie sich nicht zu viel vor und planen Sie Pausen ein. Ihr »Selbstdisziplin-Muskel« benötigt diese Pausen, um sich zu erholen. Haken Sie abgearbeitete Aufgaben ab und machen Sie sich bewusst, wie viel Sie schon geschafft haben.

2. Eat the frog!

Essen Sie den Frosch zuerst. Das bedeutet, dass Sie unangenehme Dinge nach Möglichkeit gleich am Anfang des Tages hinter sich bringen. Am Morgen ist die Selbstdisziplin und Selbstüberwindung naturgemäß am höchsten und sie nimmt im Laufe des Tages nach und nach ab. Das Gefühl, etwas Unangenehmes erledigt zu haben, schüttet zudem positive Emotionen aus, die der Selbstdisziplin guttun.

3. Treffen Sie wichtige Entscheidungen immer morgens!

Entscheidungen von besonderer Wichtigkeit und Tragweite sollte man nie im ermüdeten Zustand treffen. Die beste Zeit ist morgens, wenn man nach einer geruhsamen Nacht frisch und ausgeruht ist und das Gehirn die Möglichkeit hatte, die Entscheidung zu überschlafen.

4. Verbannen Sie Verlockungen!

Jedes einzelne Unterdrücken eines Impulses kostet mentale Energie, egal, ob es sich um den Verzicht auf den Keks beim Meeting, den kurzen

Blick aufs Handy oder sonstige Versuchungen handelt. Verbannen Sie daher mögliche Ablenkungsquellen konsequent aus Ihrer Umgebung.

5. Stellen Sie sich auf Hindernisse ein!

Hindernisse lassen sich leichter überwinden, wenn man sich im Vorfeld mental auf die Möglichkeit eines Auftretens einstellt. Wer bereits weiß, wie er reagieren wird, sollte der Fall X eintreten, ist besser gewappnet als der, der sich allzu optimistisch und sorglos auf den Weg macht. Der Trick dabei: Das Gehirn ist bereits auf einen möglichen Worst Case programmiert und kann im Ernstfall direkt auf diese vorausgeplante Handlungsoption zugreifen – und gerät somit nicht in einen emotionalen Ausnahmezustand wie der, der völlig unvorbereitet in die Falle tappt.

6. Arbeiten Sie mit »Wenn, dann!«-Plänen!

Die Chancen für die Umsetzung von Vorsätzen lassen sich durch sogenannte »Wenn-Dann!«-Pläne deutlich erhöhen. Dabei geht es um die konkrete Festlegung von Rahmenbedingungen, unter denen man arbeitet. Wer z. B. den Rahmen absteckt, indem er sagt, er werde täglich von 10 Uhr morgens bis zum 12-Uhr-Glockenklang der Kirchturmuhr lernen, dessen Chancen stehen für die Umsetzung deutlich besser, als bei dem, der mit der Einstellung »Mal sehen, wann ich lerne« morgens in den Tag geht.

7. Arbeiten Sie nach der Salami-Technik!

Große Aufgaben können beim Anblick ein regelrechtes Ohnmachtsgefühl, im Sinne von »Wie soll ich das jemals schaffen?« auslösen. Ein gutes Mittel dagegen stellt die Salami-Technik dar. Wie man bei einer Salami Scheibe für Scheibe abschneidet, teilt man auch die Gesamtaufgabe in entsprechende Teilabschnitte ein, die man einen nach dem anderen abarbeitet. So wirken Sie dem »Fluchtreflex« entgegen, der sich gern einstellt, wenn man den gesamten Berg an Arbeit vor sich sieht.

8. Achten Sie auf ausreichend Schlaf!

Schlafmangel reduziert nicht nur die Konzentration und macht schlechte Laune, sondern er setzt auch die Selbstdisziplin herab. Achten Sie daher auf regelmäßigen, ausreichenden und gesunden Schlaf. Auch der Powernap, früher bekannt als Mittagsschlaf, sollte nicht fehlen, da er die Selbstdisziplin-Ressourcen für den Nachmittag nochmals deutlich erhöht. Im folgenden Kapitel zum Thema »Konzentration« erfahren Sie mehr über die Macht des Mittagsschlafs.

9. Genießen Sie Alkohol in Maßen!

Alkohol senkt die Selbstdisziplin, und das zum Teil dramatisch. Das weiß jeder, der mal bei einer Party zu viel davon getrunken hat. Nach dem zweiten oder dritten Glas Nein zu sagen, fällt ungleich schwerer, als dem Alkohol von Anfang an zu entsagen.

10. Erkennen Sie die Wirkungen von Stress auf die Selbstdisziplin!

Unter Stress reagieren wir emotional und sind im Autopilotmodus unterwegs. Unsere Fähigkeit zur Selbstreflexion ist reduziert, wir reagieren schnell über. Auch unsere Selbstdisziplin leidet dann. Daher ist es wichtig, seine individuellen Verhaltensmuster unter Stress zu kennen und einen Weg zu finden, zurück in einen entspannten Zustand zu gelangen. Im Kapitel »Stressmanagement« erfahren Sie mehr darüber. Am schnellsten und effektivsten können Sie Stress über ein paar tiefe Atemzüge oder eine kurze Achtsamkeitsmeditation in den Griff bekommen (mehr dazu im Kapitel »Mentale Balance«). Sie erlangen damit unmittelbar die Kontrolle über sich selbst und damit auch über Ihre Selbstdisziplin zurück.

11. Nehmen Sie positive Dinge wahr und freuen Sie sich!

Negative Emotionen rauben uns Selbstdisziplin, positive Emotionen hingegen stärken sie. Ein Lob vom Chef, ein gutes Feedback vom Kunden oder auch nur ein nettes Lächeln von einem unbekannten Menschen im Aufzug erfreuen uns und bringen uns in eine gute Stimmung. Seien Sie daher offen für solche kleinen Stimmungsaufheller während des Tages und nehmen Sie diese, wann immer es geht, bewusst wahr.

12. Durchschauen Sie den »Ich kann nicht mehr!«-Trick Ihres Gehirns!

Jeder kommt mal an seine Belastungsgrenze. Dann fordert die innere Stimme, einfach aufzugeben: »Ich kann nicht mehr!« Diese Einflüsterungen des inneren Schweinehunds sind jedoch lediglich eine Schutzmaßnahme des Gehirns und zeigen noch lange nicht die echte Leistungsgrenze auf. Sparsam und schonend mit seiner Energie zu haushalten, stellt ein Grundgesetz der Evolution dar, daher ist unser Gehirn stets bemüht, uns vorzeitig zur Aufgabe zu animieren, obwohl in Wahrheit noch eine ganze Menge Ressourcen vorhanden sind. Machen Sie sich diesen Mechanismus bewusst. Wenn Sie diesen Trick des Gehirns durchschauen, fällt es Ihnen leichter, sich selbst zu überwinden und Ihre Belastungsgrenze zu erweitern.

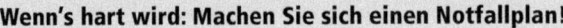

Wenn's hart wird: Machen Sie sich einen Notfallplan!

Sollten Sie kurz davor sein, aufzugeben, helfen Ihnen die folgenden Tricks dranzubleiben:

- Gewinnen Sie Abstand! Stehen Sie auf, wenn Sie sitzen, oder gehen Sie ein paar Schritte weg von Ihrer Ausgangsposition.
- Nehmen Sie eine starke Körperhaltung ein: Kopf hoch! Brust raus!
- Atmen Sie langsam und tief, und zählen Sie rückwärts von zehn bis eins. So kommen Sie schnell in einen Zustand, in dem Sie wieder Herr und nicht Sklave Ihrer Emotionen sind.
- Gehen Sie kurz in sich und fragen Sie sich: Warum mache ich das hier? Was bringt es mir? Was ist der Sinn, der sich dahinter verbirgt?
- Stellen Sie sich vor, wie Sie sich fühlen werden, wenn Sie die Aufgabe zu Ende gebracht haben!
- Stellen Sie sich vor, wie es wäre, wenn Sie aufgeben würden. Wie würden Sie sich dann fühlen?
- Schauen Sie jetzt wieder nach vorn und überlegen Sie ganz genau, wie viel Arbeit Sie noch vor sich haben. Machen Sie sich einen Plan oder eine Skizze, um die noch zu erledigenden Aufgaben visuell darzustellen.

Das Geheimnis des Erfolgs sind intrinsische Motivation und eine stimmige Motiv-lage, die Flow ermöglichen, aber auch Disziplin und Willenskraft, um Ziele auch dann weiterzuverfolgen, wenn es mal schwierig wird.

»Aufgegeben wird nur ein Brief!«
THOMAS MUSTER nach seinem Autounfall 1989 in Miami, nachdem ihm die Ärzte keine Hoffnung mehr machten, seine Karriere fortsetzen zu können. Muster gewann danach 44 Turniere und wurde am 12.02.1996 das erste Mal die Nummer 1 der Weltrangliste. (Biografie: Aufschlag – mein Leben, mein Erfolg)

»Mein Tagesablauf: trainieren, essen, trainieren, schlafen, trainieren.«
DIRK NOWITZKI (BAHN-mobil, 08/2014)

»Disziplin, Willenskraft, Präzision – das sind die Gründe für meinen Erfolg!«
MICHAEL SCHUMACHER (SPIEGEL, 04/2005)

»Daran denke ich überhaupt nicht. Ich stehe dafür nicht jeden Tag auf dem Trainingsplatz, spiele deswegen nicht Tennis. Ich spiele Tennis, weil ich es liebe.«
RAFAEL NADAL nach seinem 19. Grand Slam Titel bei den US Open 2019 auf die Frage, ob es sein Ziel ist, mit Roger Federer gleichzuziehen, der derzeit 20 Grand-Slam-Titel hält. (BILD, 09.09.2019)

»Mich treibt der Wille an, Herausforderungen anzunehmen. Die Lust auf Neues ebenso wie die Freude, sich zu verbessern. Um große Leistungen zu schaffen, muss man mit Disziplin an die Sache gehen. Ich habe immer Spaß daran, mich weiterzuentwickeln.«
BRITTA HEIDEMANN, Olympiasiegerin und Weltmeisterin im Fechten (BILD am Sonntag, 05.08.2012)

»Die Zeit finde ich immer. Denn mein Job ist Fußballprofi. Dafür lebe und arbeite ich. Mein Beruf endet nicht, wenn ich die Säbener Straße verlasse. Ich mache mir immer Gedanken, was ich noch verbessern kann, wo ich Kleinigkeiten umstellen kann, um den entscheidenden Tick besser, den einen Schritt schneller zu werden. Damit beschäftige ich mich jeden Tag.« ROBERT LEWANDOWSKI auf die Frage, ob er noch genügend Zeit finde, im zu Hause eigens eingerichteten Fitnessraum zu trainieren, obwohl seine Frau schwanger ist. (Sport BILD, 04/2017)

»Uns macht aus, was wir beständig tun. Vortrefflichkeit ist keine Handlung, sondern eine Angewohnheit!« ARISTOTELES

Konzentration

Die Arbeitswelt ist in den letzten beiden Jahrzehnten deutlich belastender und anstrengender geworden. Der Begriff der »Arbeitsverdichtung« steht sinnbildlich für das Zeitalter der Digitalisierung und dafür, dass sämtliche Prozesse rund um den Faktor Arbeit an Fahrt aufgenommen haben. Alles muss schneller gehen, Tempo und Zeitdruck bestimmen den Tag. Es scheint, als würde die Zeit schneller verfliegen als noch in der Generation unserer Großeltern. Doch ist die Übertragung des olympischen Gedankens »höher, schneller, weiter« in die moderne Arbeitswelt wirklich von Vorteil? Lässt sich mit dieser Maxime tatsächlich mehr erreichen? Das folgende Kapitel stellt die Grundlagen für die Organisation wirksamer Rahmenbedingungen für gehirn-gerechtes Arbeiten vor und liefert eine Anleitung, wie Sie ein Optimum aus Ihrem Arbeitstag herausholen, Zeit sparen und effizient mit Ihrer Energie haushalten. Zudem lernen Sie, wie Sie Ihre geistige Fitness trainieren und Ihre Konzentration steigern!

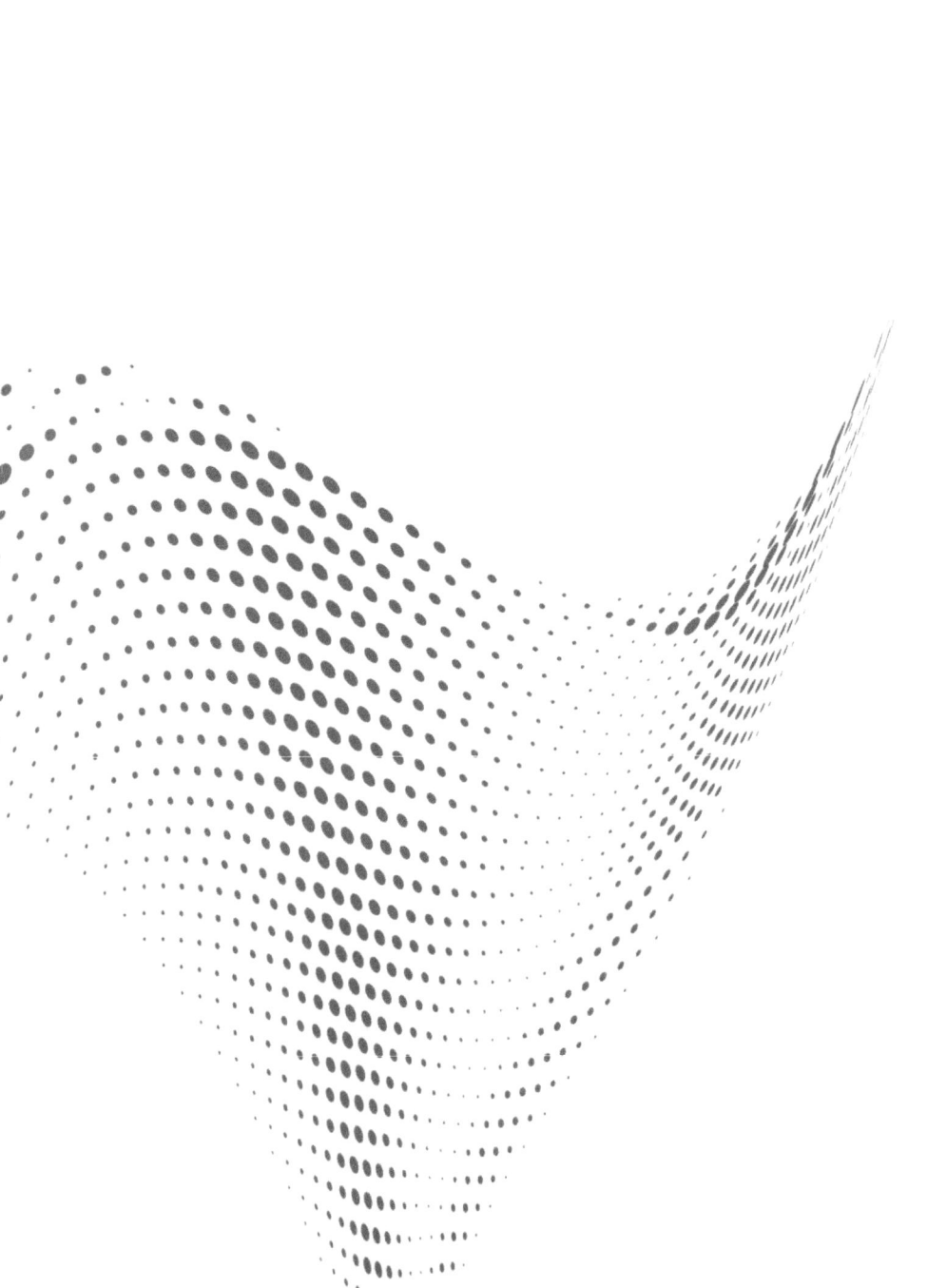

Die Fallstricke der digitalisierten Arbeitswelt

Sportler managen Energie, nicht Zeit! Auf diese einfache Formel lässt sich der Unterschied der Herangehensweise an den Faktor Leistung zwischen dem Spitzensport und der Arbeitswelt reduzieren. Würde ein Sportler seine Arbeit, sprich sein tägliches Training, in ähnlicher Weise gestalten wie viele Kopfarbeiter in der digitalisierten Arbeitswelt, würde er neben einem rasanten Rückgang seiner Leistungsfähigkeit gleichzeitig wichtige Grundlagen gefährden, die unabdingbar sind für den Erfolg: Motivation, Leidenschaft und Spielfreude. Langfristig würden Sportler Gefahr laufen, derselben Symptomatik zu verfallen, die heute in der Arbeitswelt weit verbreitet ist: dem Gefühl der chronischen Überlastung, des ständigen Getriebenseins mit dem subjektiven Empfinden, permanent unter Zeit- und Leistungsdruck zu stehen.

Jim Loehr und Tony Schwartz widmen in ihrem Buch »Die Disziplin des Erfolgs« unter der Überschrift »Nicht Zeit, sondern Energie ist unsere wichtigste Ressource« diesem Thema ein ganzes Kapitel.[1] Sie stellen die Paradigmen der Arbeitsweisen des Sports und der Arbeitswelt gegenüber und machen deutlich, dass effektives Arbeiten bei Weitem leichter, erfolgreicher und ressourcenschonender ist, wenn man die Herangehensweise nach den biologischen und neurobiologischen Gesetzmäßigkeiten ausrichtet, so wie Sportler dies tun. Diese Unterscheidung zwischen Energie- und Zeitmanagement dient als übergeordnete Richtschnur, an der sich der Kopfarbeiter der digitalisierten Arbeitswelt orientieren kann, will er optimal mit seinen Energien und Ressourcen haushalten.

Die folgende Abbildung ist angelehnt an die Darstellung von Loehr und Schwartz und stellt die beiden Paradigmen gegenüber:

---

1 Schwartz /Loehr: Die Disziplin des Erfolges. München: Econ, 2003

Abb. 5: Zeit- vs. Energiemanagement
Im Unterschied zum Berufsleben steuern Sportler ihre Leistung durch systematisches Energiemanagement und nicht über Zeitmanagement.

	Kopfarbeiter	Sportler
Prinzip	Zeitmanagement	Energiemanagement
Steuerung	Linear (»Viel bringt viel!«)	Welle (Wechsel von Belastung und Erholung)
Gehirn	Verstand (eindimensional)	ganzheitlich (intuitiv / instinktiv)
Methodik	subjektive Arbeitsmethoden	wissenschaftlich fundiertes Vorgehen
Einstellung	»Leistung strengt an!«	»Leistung macht Spaß!«
Ressourcen	vorzeitiger Verschleiß	regelmäßige Erneuerung

Doch bevor man sich auf den Weg macht, seine Leistung am Schreibtisch mehr über Energie- als über Zeitmanagement zu organisieren, ist es sinnvoll sich der Fallstricke der digitalen Arbeitswelt bewusst zu werden.

Fallstrick Nr. 1: Information Overload

Noch vor nicht allzu langer Zeit schrieb man einen Brief und hatte einige Tage Zeit, bis die Antwort kam. Eine geradezu romantische Erinnerung an eine prähistorische Arbeitswelt. Heute gehen Forscher davon aus, dass derzeit pro Tag weit mehr als 70 Milliarden WhatsApp-Nachrichten und um die 300 Milliarden E-Mails durch das weltweite digitale Datennetz schwirren. Computer und Smartphones, gefüttert mit unzähligen Daten aus Dutzenden von Kanälen wie Facebook, Instagram, Twitter und Co., sorgen für eine permanente Nachrichtenflut, die unsere Aufmerksamkeit unentwegt beansprucht.

Die Anzahl der Informationen, mit denen unser Gehirn gleichzeitig arbeiten kann, ist stark begrenzt. Bereits im 17. Jahrhundert entdeckte der englische Arzt und Philosoph John Locke das sogenannte »Sieben-Phänomen«. Er fand heraus, dass Menschen, die aufgefordert wurden, sich aus einer großen Anzahl von Gegenständen möglichst viele zu merken, im Durchschnitt sieben Dinge im Kopf behalten konnten. George A. Miller bestätigte dies 1956 in seinem berühmten Artikel »The magical number seven«. Demnach ist unser Arbeitsgedächtnis so angelegt, dass es gleichzeitig nur sieben plus/minus zwei Informationseinheiten verarbeiten kann, ähnlich einem Jongleur, der maximal sieben Bälle gleichzeitig in der Luft halten kann. Neuere Forschungsdaten kommen zu dem Schluss, dass es sogar nur vier bis fünf Informationseinheiten sind, die wir zur gleichen Zeit mit hoher Konzentration verarbeiten können, z. B. vier Aspekte zu einem Thema, vier Spieler einer Fußballmannschaft, die man beobachtet, oder vier Passagen in einem Text, mit denen man arbeitet.

Wie wichtig es ist, einen Information Overload zu vermeiden und sich nur mit einer Handvoll Informationen gleichzeitig zu beschäftigen, zeigt die »Perceptual Load Theory« der Professorin für kognitive Neurowissenschaften Nilli Lavie. Lavie untersuchte Belastbarkeit und Wahrnehmung des Gehirns und kam zu dem Schluss, dass konzentriertes Arbeiten vor allem dann möglich ist, wenn die Anzahl der Informationseinheiten gerade so groß ist, dass sie das Arbeitsgedächtnis optimal ausfüllt. In diesem Fall verschmilzt unsere Konzentration mit dem gegenwärtigen Tun. Wir geraten in Flow! Für die Wahrnehmung möglicher Ablenkungen stehen im Flow schlicht keine Kapazitäten mehr zur Verfügung. Ob nun sieben oder doch eher vier Informationen, fest steht, dass die Natur für geistige Arbeit eine Grenze vorgibt:

Optimaler Fokus und bestmögliche Nutzung unserer Konzentrationsfähigkeit ist nur dann möglich, wenn wir unser Gehirn nur mit einer Handvoll Informationen füttern.

Zu dieser quantitativen Begrenzung gesellt sich ein qualitativer Faktor, der die Informationsverarbeitung ebenfalls beeinflusst. Das Gehirn benötigt nämlich neben der überschaubaren Anzahl an Informationen auch ausreichend Zeit, um dies zu verarbeiten. Experten sprechen von Verarbeitungstiefe. Um Neues zu lernen, Zusammenhänge herzustellen, Bedeutungen zu verstehen, Neues mit bereits Bekanntem zu verknüpfen etc. braucht unser Gehirn ausreichend Zeit, und an diesem ureigenen Takt hat sich seit Hunderttausenden von Jahren nichts verändert. Der Quantensprung ins digitale Zeitalter wird hier zum Fallstrick für die moderne Arbeitswelt:

Information Overload, das heißt ein Zuviel an gleichzeitig auf uns einprasselnde Informationen, ist kontraproduktiv für die Arbeitsweise unseres Gehirns.

Wie soll der Mensch sein Potenzial optimal nutzen, wenn ihn digitale Daten überfluten und gleichzeitig die innere Ruhe für eine angemessene Verarbeitungstiefe rauben? Hinzu kommt: Überschreiten die einströmenden Informationen eine bestimmte Anzahl, ist das Gehirn nicht mehr in der Lage, Wichtiges von Unwichtigem zu unterscheiden. Es wird überstrapaziert, mit der Folge, dass sich die Qualität der Filterung zum Teil drastisch reduziert, was wiederum dazu führt, dass wir nicht mehr effektiv und produktiv arbeiten können.

Doch die digitale Welt verändert nicht nur unser Arbeits-, sondern auch unser Privatleben massiv. Die meisten würden erschrecken, wenn sie mal für nur eine Woche zusammenaddieren würden, wie viel Zeit sie privat mit den digitalen Verführern verbringen.

Im Jahr 2018 sollen das im Schnitt sage und schreibe mehr als drei Stunden pro Tag gewesen sein, über 20 Stunden pro Woche – Zeit, die uns für das »echte« Leben fehlt. Das entspricht einer Verdreifachung innerhalb der letzten 10 Jahre und erklärt, weshalb wir heute rund ein Drittel weniger Zeit mit Freunden und Bekannten verbringen als vor Beginn des digitalen Zeitalters.

Eng verwandt mit dem Information Overload ist der sogenannte Choice Overload. So wie wir durch ein Zuviel an Informationen nicht klüger werden, werden wir durch eine zu große Auswahl auch nicht entscheidungsfreudiger, im Gegenteil: Unser Gehirn reagiert auf Informations- und Reizüberflutung äußerst sensibel und schaltet sich im Extremfall sogar ab, wie die Psychologin Sheena Iyengar mit ihrem berühmten Marmeladen-Experiment belegen konnte: Sie ließ in Supermärkten Probiertische aufstellen, mal mit nur sechs, mal mit 24 verschiedenen Marmeladensorten. Dabei stellte sich heraus, dass die größere Auswahl zwar mehr Kunden zum Probieren animierte, doch bei der Kaufentscheidung verhielt es sich genau umgekehrt. Bei den 24 Sorten kauften nur zwei Prozent der Kunden, die von den Marmeladen gekostet hatten, ein Glas Marmelade, bei einer Auswahl von nur sechs Sorten kauften hingegen zwölf Prozent. Jeder kennt dieses

Sich-nicht-entscheiden-Können aus dem Alltag. Nicht zuletzt ist das Internet mit seinen schier unerschöpflichen Möglichkeiten Mutter dieses Phänomens, das Psychologen auch als »Tyrannei der Auswahl« bezeichnen. Haben wir uns dann endlich zu einer Entscheidung durchgerungen, kommen wir nicht selten ins Grübeln, ob es die richtige war. Das macht uns manchmal sogar unglücklicher, als wir vor dem Kauf waren. Denn wer sich für das eine entschieden hat, kann das andere meist nicht mehr haben.

WINNIG INSIDE / Training

So vermeiden Sie Information Overload!

1. Sorgen Sie für ein freies Blickfeld!
Zu viele Gegenstände im Blickfeld sind der natürliche Feind der Konzentration. Daher sollten sich an Ihrem Arbeitsplatz nur die Dinge befinden, die Sie tatsächlich für Ihre aktuelle Arbeit benötigen.

2. Geben Sie jedem Ding seinen festen Platz!
Ordnen Sie in Ihrer Arbeitsumgebung jedem Gegenstand einen festen Platz zu. Diese Ordnung in der äußeren sorgt auch für Klarheit und Struktur in der inneren Welt.

3. Legen Sie sich »Krimskrams«-Schachteln zu!
Alles Unnötige, von dem man nicht weiß, wann bzw. ob man es überhaupt noch mal benötigt, z. B. Pfandmarken, Ladekabel, Magnete, Nähzeug, Pflaster / Medikamente etc., sollte in einer Box oder einer Schublade verschwinden und nicht an Orten verstaut sein, die ins Blickfeld fallen.

4. Bekommen Sie die E-Mail-Flut in den Griff!
Entwickeln Sie ein Ablagesystem, damit gelesene und ggf. bereits bearbeitete Mails nicht dauerhaft im Posteingang bleiben. Rufen Sie Ihre E-Mails nur zu festgelegten Zeiten ab (keine Pop-up-Benachrichtigungen!) und bearbeiten (oder löschen) Sie diese dann möglichst sofort.

5. Seien Sie altmodisch!
Nutzen Sie eine Armbanduhr, lesen Sie die Zeitung nicht digital oder stellen Sie sich einen echten Wecker ans Bett. So verhindern Sie, ständig mit dem Smartphone in Kontakt zu kommen, und reduzieren damit auch die Gefahr, ständig mit (für Sie unwichtigen) Informationen konfrontiert zu werden.

Fallstrick Nr. 2: Permanente Ablenkung

In unserem Gehirn regieren archaische, völlig autonome und nicht von unserem Willen beeinflussbare Automatismen, die nur ein einziges, übergeordnetes Ziel verfolgen: unser Überleben zu sichern! Diese autonomen Programme reagieren vor allem auf Reize visueller und akustischer Natur. Für den Steinzeitmenschen bedeuteten solche Reize zuallererst eines: Gefahr! Ein ungewohntes Geräusch, ein verdächtiges Rascheln im Gebüsch, die Silhouette eines Raubtiers im Augenwinkel, all das ließ unsere Urahnen instinktiv aufschrecken. Adrenalin schoss ins Blut, sie bündelten ihre Konzentration auf den möglichen Gefahrenherd und waren innerhalb von Millisekunden kampf- oder fluchtbereit. Die Tatsache, dass wir bei externer Ablenkung gedanklich automatisch unsere aktuellen Tätigkeiten unterbrechen»müssen«, ist also ein Relikt der Natur, das einst überlebenswichtig war, heute jedoch unsere Konzentration gefährdet. Selbst wenn wir wollten, wir können gar nicht anders, als jedes Mal hinzuhören oder hinzuschauen, wenn sich in unserer Umgebung irgendetwas ereignet. Jedes E-Mail-Ploppen, jeder Summton einer SMS, jedes Aufleuchten des Bildschirms, jeder Kollege, der unsere Tür passiert, lässt uns instinktiv aufschrecken und unsere aktuelle Konzentration wird damit unterbrochen.

Ablenkungen unterbrechen unsere Konzentration, setzen uns unter Stress und tragen dazu bei, dass unsere Produktivität sinkt.

Experten gehen davon aus, dass in deutschen Unternehmen ca. ein Drittel der Arbeitszeit dadurch verloren geht, dass die Mitarbeiter durch irgendetwas abgelenkt werden. Der Schaden, der durch diese durch Ablenkungen verursachte Unproduktivität entsteht, geht in die Milliarden. Die Forscherin Gloria Merk hat herausgefunden, dass sich in typischen Unternehmen, wie beispielsweise Unternehmensberatungen, durchschnittlich alle elf Minuten eine Unterbrechung ereignet. Knapp zwei Drittel aller Arbeitsvorgänge können deshalb nicht am Stück zu Ende gebracht werden. Zudem wirken sich die permanenten Unterbrechungen entsprechend auf den Stress- und Energielevel der Mitarbeiter aus. Denn nicht nur die Tatsache, dass man durch die Ablenkung aus dem geistigen Fluss gerissen wird, sorgt für Stress; es kostet obendrein unverhältnismäßig viel Energie, bis man nach Ende der Ablenkung wieder so konzentriert ist wie zuvor. Solch ein »mentales Comeback« kann bis zu 25 Minuten in Anspruch nehmen. Der moderne Kopfarbeiter fühlt sich da oft wie ein moderner Sisyphos, der der griechischen Mythologie zufolge als Strafe einen schweren Felsblock mühevoll einen Berg hinaufwälzen, doch immer wieder von vorne beginnen musste, weil dieser kurz vor Erreichen des Gipfels immer wieder ins Tal zurückrollte.

»Self Check«

Selbstreflexion: Ablenkung

- Wie oft werden Sie durchschnittlich pro Tag angerufen?
- Ploppen eingehende E-Mails auf und wenn ja, wie oft passiert dies im Schnitt am Tag?
- Wie oft kommen Kollegen oder andere Menschen zu Ihnen und unterbrechen Sie in Ihrer Arbeit?
- Wie oft greifen Sie von sich aus zum Handy, z. B. um auf die Uhr oder den Wetterbericht zu sehen oder um zu prüfen, ob es neue Nachrichten bei Facebook, WhatsApp und Co. gibt?

Wieso sich unser Gehirn so gerne ablenken lässt, beschreibt der amerikanische Neurobiologe Daniel Levitin in seinem Buch »The Organized Mind«.[2] Dabei geht es nicht allein darum – wie bereits beschrieben –, mögliche Gefahren rechtzeitig wahrzunehmen – ebenso wichtig war es für unsere Vorfahren, bloß keine soziale, ökonomische oder sexuelle Gelegenheit zu verpassen. So erklärt sich unsere latent vorhandene, unbewusste Bereitschaft, uns gerne ablenken zu lassen. Jedes »Pling«, jedes Surren unseres Smartphones verweist auf eine eingehende Nachricht, die unmittelbar unsere Neugier entfacht und zu einem kurzen Dopaminausstoß führt. Wie bei einem Raucher, der es nicht schafft auf seine Zigarette nach dem Essen zu verzichten, tun wir uns ebenso schwer, dem Impuls, sofort nachzusehen, wer uns da geschrieben hat, nicht zu folgen. Dieses innere Verlangen zu unterdrücken, stellt eine immense Anforderung für unsere Selbstdisziplin dar.

Wer permanent damit konfrontiert ist, Ablenkungen zu unterdrücken, benötigt dafür viel Selbstdisziplin, die sich nach und nach erschöpft.

Der Gehirnforscher Gerhard Roth geht sogar noch einen Schritt weiter und spricht angesichts der fortwährenden Stimulation unseres Gehirns durch externe Reize von einer Gefahr, die man ansonsten nur aus dem Drogenmilieu kennt. Er spricht von »Sensationseeking« einer Sucht nach ständig neuen Informationen. Die naturgegebene Neugierde ist jedoch nicht das einzige Hindernis, das unserer Konzentration entgegensteht. Mittlerweile werden Apps gezielt so konstruiert, dass sie den Nutzer regelrecht süchtig machen. »Handy-Apps sind so programmiert, dass man sie ständig nutzen will. Es wirkt wie Verhaltenskokain«, sagt der US-amerikanische Software-Entwickler Aza Raskin, seines Zeichens Mitbegründer des Center of Human Technology.[3]

---

2 Daniel Levitin: The organized mind. New York: Penguin, 2014
3 BILD am Sonntag; 23.09.2028, S. 31

Spannend ist in diesem Zusammenhang eine Studie der McCombs School of Business in Texas aus dem Jahr 2017. Anhand von 800 Probanden fanden Forscher heraus, dass Smartphones die Konzentration sogar dann beeinträchtigen, wenn sie ausgeschaltet sind oder sich im Flugmodus befinden. Studenten, die ihr Handy zu Hause gelassen hatten, schnitten bei Tests signifikant besser ab als diejenigen, die ihr Handy ausgeschaltet in der Tasche neben sich hatten. Wurde das bereits deaktivierte Handy ganz entfernt, hatte das eine positive Auswirkung auf die Konzentration.[4] Offenbar reicht bereits die unbewusste Erwartungshaltung, wer einem nach der erneuten Inbetriebnahme des Handys eine Nachricht geschrieben haben könnte, aus, um die Konzentrationsfähigkeit zu beeinträchtigen.

WINNIG INSIDE / Training

So schützen Sie sich vor permanenter Ablenkung!

1. Blockieren Sie Websites!
Mithilfe bestimmter Apps lassen sich gezielt Websites blockieren. Die App Freedom sperrt beispielsweise ausgewählte Websites für einen festgelegten Zeitraum, ebenso die Browserprogramme LeechBlock (für Firefox) und Stayfocused (für Google Chrome).

2. Lassen Sie die Finger vom Handy!
Die App Forest unterstützt Sie dabei, dem Drang, ständig aufs Handy zu schauen, längere Zeit zu widerstehen. Solange das Handy nicht benutzt wird, lässt die App nach und nach Bäume auf dem Display wachsen, die sich im Laufe der Zeit zu einem Wald verdichten – ein schöner Anblick als Lohn für die sich auferlegte Handy-Abstinenz!

---

4 https://www.aerztezeitung.de/Medizin/Selbst-ausgeschaltete-Smartphones-lenken-ab-305910.html (eingesehen am 20.05.2020)

3. Nehmen Sie Ihr Handy aus Ihrem Blickfeld!

Allein die Tatsache, dass eine Nachricht eintreffen könnte, aktiviert eine unbewusste Erwartungshaltung, die die Konzentration schmälert. Bewahren Sie Ihr Handy außerhalb Ihres Blickfelds auf, schalten Sie es aus und deaktivieren Sie die Push-Nachrichten.

4. Suchen Sie sich einen Rückzugsort!

Für wichtige Arbeiten sollten Sie einen besonderen Rückzugsort haben, an dem Ruhe und ablenkungsfreies Arbeiten garantiert sind, z. B. ein freies Besprechungszimmer oder ein ungenutztes Büro. Sollte kein Rückzugsort vorhanden sein, hängen Sie ein »Bitte nicht stören!«-Schild an die Tür. Schalten Sie Ihr Handy und Programme wie Skype in den »Do not disturb«-Modus um. Benutzen Sie bei Bedarf Ohrstöpsel und setzen Sie Ihre Kollegen in Kenntnis, dass Sie nicht gestört werden wollen.

5. Kommen Sie früher oder gehen Sie später!

Am ungestörtesten lässt es sich arbeiten, wenn die meisten Kollegen noch nicht im Büro oder schon wieder weg sind bzw. wenn nur wenig Betrieb herrscht. Nutzen Sie diese ablenkungsfreien Zeiten, indem Sie entweder früher kommen oder später gehen.

6. Legen Sie sich einen Notizzettel bereit!

Während Sie arbeiten, sollten Sie stets einen Notizzettel neben sich haben. Wenn Ihnen plötzlich einfällt, wen Sie noch anrufen oder was Sie noch erledigen müssen, notieren Sie es einfach. Gleiches gilt für kreative Geistesblitze. Wenn Sie Ihre Einfälle sofort festhalten, entlasten Sie Ihr Gehirn und können sich schnell wieder auf das aktuelle Thema konzentrieren.

7. Teilen Sie Ihrem Umfeld mit, auf welchem Kanal Sie erreichbar sind!

Bestimmen Sie für sich einen Hauptkommunikationsweg, etwa E-Mail, WhatsApp, Facebook, SMS oder Voicemail, und teilen Sie Ihrem Umfeld mit, dass Sie bevorzugt über diesen Kanal kommunizieren. Damit sparen Sie Zeit und Energie, weil sie die anderen Kanäle vernachlässigen können.

8. Entrümpeln Sie regelmäßig Ihre Bildschirme!

Zu viele Apps verleiten uns zur Ablenkung. Gruppieren Sie Ihre Apps daher nach Kategorien und behalten Sie nur diejenigen griffbereit, die Sie ständig (mindestens einmal in der Woche) nutzen.

⇨

9. Legen Sie Dateien gleich am richtigen Ort ab!
Gewöhnen Sie sich an, Dateien sofort an der richtigen Stelle abzulegen, anstatt diese vorher noch in einer gesonderten Ablage zwischenzuspeichern. Auch wenn das etwas mehr Zeit benötigen mag, so verhindern Sie die Gefahr, dass Sie irgendwann im Dschungel der zwischengespeicherten Dateien den Überblick verlieren.

10. Beenden Sie Dinge!
Unser Gehirn liebt Ordnung und schätzt das »Prinzip der Vollendung«. Versuchen Sie daher stets, einzelne Arbeitsschritte abzuschließen, im Kleinen, z. B. bevor Sie eine Pause machen, oder im Großen, indem Sie vor dem Feierabend eine Aufgabe komplett erledigen. Damit reduzieren Sie auch das Risiko, Arbeit gedanklich mit nach Hause zu nehmen.

Fallstrick Nr. 3: Mythos Multitasking

Sicher haben Sie es auch schon des Öfteren mit Multitasking versucht: Wir denken, dass wir durch Multitasking – durch das parallele Abarbeiten von Aufgaben – unsere Produktivität erhöhen und schneller sind, weil wir über die Techniken verfügen, die das ermöglichen. Wir können, während wir telefonieren, E-Mails lesen oder einem Kollegen zuhören, während wir im Internet surfen. Doch leider ist Multitasking ein moderner Mythos. Unser Gehirn ist nicht für Multitasking gemacht!

Das Gehirn ist nicht in der Lage, seine Konzentration so zu verteilen, dass zwei geistige Tätigkeiten mit gleicher Qualität erledigt werden können.

Zumeist leiden beide Aufgaben unter der geteilten Aufmerksamkeit. Sie können das leicht im Selbstversuch überprüfen: Versuchen Sie einmal, einer anderen Person aufmerksam zuzuhören, während Sie eine E-Mail schreiben, einen Film verfolgen oder im Internet recherchieren. Schnell werden Sie feststellen, dass diese geistige Doppelbelastung nicht nur erfolglos bleibt, sondern auch Ihre Gefühlslage unmittelbar beeinträchtigt. Sie können regelrecht zusehen, wie schnell Unruhe, Nervosität und Stress in Ihnen aufsteigen.

Der folgende Selbstversuch entlarvt die Schwäche des Multitaskings. Führen Sie die beiden Aufgaben nacheinander durch und stoppen Sie dabei jeweils die benötigte Zeit:

1. Beginnen Sie mit dem A des Alphabets und schreiben Sie daneben die Zahl 1, darunter dann B und daneben die Zahl 2, C und 3 und so weiter, bis Sie 26 Buchstaben des Alphabets und die Zahlen 1 bis 26 nebeneinander in zwei Spalten vor sich haben.
2. Erledigen Sie nun dieselbe Aufgabe noch einmal, aber nach einem anderen Schema: Schreiben Sie zunächst durchgängig alle Buchstaben von A bis Z von oben nach unten in einem Guss und anschließend die Zahlen 1 bis 26 daneben.

In der zweiten Runde erzielen Sie zwar dasselbe Ergebnis – allerdings in rund der Hälfte der Zeit! Die erste Variante ist nicht nur langsamer, sondern zudem mental auch deutlich anspruchsvoller. Warum ist das so?

Die Wirtschaftswissenschaftlerin Sophie Leroy, die an der Universität von Washington bei Seattle die Auswirkungen des Multitaskings untersucht, bezeichnet dieses Phänomen als »Aufmerksamkeitsrückstand«. Sie meint damit, dass ein gewisser Teil der Aufmerksamkeit noch bei der eben beendeten Tätigkeit »zurückbleibt«, also im Beispiel des Tests noch kurz beim Buchstaben verharrt, während man sich gedanklich schon mit der nächsten Zahl beschäftigt. Genau das macht das Multitasking so mühsam und anstrengend.

Nicht zuletzt steigt mit dem Multitasking auch die Fehleranfälligkeit. Wer einen Text schreibt und mal nebenbei kurz eine WhatsApp-Nachricht liest, läuft Gefahr, anschließend bei Wiederaufnahme des Schreibens ein Wort zu vergessen oder in der Zeile zu verrutschen. Dieses Beispiel mag harmlos sein, doch es gibt Tätigkeiten und Bereiche, in denen solche Fehler lebensgefährlich sein können. Man denke an einen Fluglotsen, der eine falsche Entscheidung trifft, an eine Krankenschwester, die Medikamente vertauscht, oder an das tragische Zugunglück von Bad Aibling im Jahr 2016, bei dem einem Mitarbeiter im Stellwerk, der nebenbei am Handy spielte, beim Stellen einer Weiche ein verhängnisvoller Fehler unterlief, der zwölf Menschen das Leben kostete.

WINNIG INSIDE / Training

So gehen Sie mit der Gefahr des Multitaskings um!

1. Nutzen Sie intelligente Apps!
Die Apps Wunderlist und Evernote oder auch das Standardprogramm Notes eignen sich bestens, um smarte To-do-Listen zu erstellen, die den Vorteil haben, dass sie sich automatisch synchronisieren, egal ob man an PC, Tablet oder Handy arbeitet. Mithilfe solcher Listen fällt es leichter, der Versuchung des Multitaskings zu widerstehen und die Aufgaben step by step abzuarbeiten.

2. Setzen Sie sich Deadlines!
Das sogenannte Parkinsonsche Gesetz besagt, dass sich Arbeit so lange ausdehnt, wie Zeit zur Verfügung steht. Mit anderen Worten: Je mehr Zeit wir uns für eine Tätigkeit einräumen, desto mehr neigen wir dazu, zu trödeln und parallel noch andere, nicht selten überflüssige Dinge in Angriff zu nehmen. Deshalb ist es sinnvoll, sich ambitionierte Deadlines vorzugeben und alles daranzusetzen, in diesen Zeitfenstern fertig zu werden.

3. Trainieren Sie Monotasking!
Sie können Ihre Konzentrationsfähigkeit trainieren wie einen Muskel! Stellen Sie Ihren Timer auf eine bestimmte Zeitspanne ein, z. B. auf 25 Minuten, und arbeiten Sie dann mit höchster Konzentration so lange, bis das Signal ertönt. Machen Sie eine Pause von fünf Minuten und beginnen das nächste Intervall. Nehmen Sie sich zu Beginn fünf Intervalle vor und experimentieren Sie ein wenig mit dem Verhältnis von Arbeits- und Pausenzeiten. Wie beim Lauftraining werden Sie schon nach kurzer Zeit merken, wie schnell sich Ihre Konzentrationsfähigkeit verbessert.

4. Arbeiten Sie mit Achtsamkeit!

Achtsam zu sein, den Fokus ganz auf eine Sache zu legen, ist das Gegenteil von Multitasking. Machen Sie sich den Leitsatz buddhistischer Achtsamkeit zu Ihrer Grundregel Nummer 1: »Ich tue alles ganz langsam, ruhig und gelassen, konzentriert und fokussiert, eines nach dem anderen, in genau der Zeit, die es braucht!«

5. Lernen Sie wieder, mit sich allein zu sein!

Viele Menschen empfinden Nichtstun, Alleinsein oder Langeweile als unangenehm. Dabei ist Stille, das Mit-sich-selbst-Sein, das Nachdenken, Reflektieren oder Sinnieren über sich und die Welt essenziell für uns Menschen. Nicht selten dient das Internet mit seinen unendlichen Verlockungen der Flucht vor sich selbst. Reservieren Sie daher gezielt digitalfreie Zeiten in Ihrer Wochenplanung.

Fallstrick Nr. 4: Zeitmangel durch Zeitsparen

Was das Phänomen Zeit anbelangt, so leben wir zweifellos mit einem Paradoxon: Obwohl die letzten Jahrzehnte maßgeblich geprägt waren von zeitsparenden Erfindungen, die eigentlich dazu führen sollten, uns das Leben zu erleichtern und uns mehr Freizeit zu schenken, ist genau das Gegenteil eingetreten. E-Mail statt Brief, ICE statt Bummelzug, Fast Food statt Selbstkochen – je mehr Zeit wir sparen, desto weniger Zeit scheinen wir zu haben. Wie kann das sein?

Wissenschaftler erklären dieses Phänomen wie folgt: Je mehr Zeit der Mensch spart, desto mehr steht ihm für andere Aktivitäten zur Verfügung. Eigentlich. Gleichzeitig ist aber – nicht zuletzt durch das Internet – die Anzahl der Möglichkeiten, für die wir die eingesparte Zeit verwenden können, inflationär gestiegen. Allein die Websites mit Millionen von Angeboten und die zahlreichen Nachrichten über WhatsApp, Facebook und Co. sind Zeitfresser ungeahnten Ausmaßes. Nicht umsonst sprechen Soziologen daher von einer »Multioptionsgesellschaft«:

Wir haben unendlich viele Möglichkeiten, unsere eingesparte Zeit zu reinvestieren. Damit steigt auch der innere Drang, alles, was geht, mitzunehmen und zu erleben, was wiederum das Gefühl erzeugt, keine Zeit zu haben!

»Nur nichts verpassen!« und »Wenn's geht, alles sofort!« – diese Mentalität ist verantwortlich dafür, dass der Zeitdruck zusätzlich steigt, obwohl wir eigentlich mehr freie Zeit haben müssten als jede Generation vor uns. Nicht zuletzt aufgrund dieser Entwicklung ist die Arbeitswelt davon überzeugt, dass Leistung und Erfolg nicht ohne Zeitmanagement zu erreichen sind. Doch mittlerweile wird Zeitmanagement zunehmend kritisch gesehen. Der Zeitforscher Karlheinz Geißler bringt es auf den Punkt: »Detaillierte Zeitkalender bei der Arbeit erhöhen den Druck und sind oft kontraproduktiv. Genauso gaukeln Zeitmanagement-Ratgeber oft vor, man könne sein ganzes Leben durchplanen und managen. Das sind moderne Märchenerzählungen.«[5] Der Wissenschaftsjournalist Stefan Klein setzt sich in seinem Buch »Zeit: Der Stoff, aus dem das Leben ist« ebenfalls kritisch mit diesem Thema auseinander. Er berichtet, dass Organisationspsychologen, die Zeitmanagement in deutschen Unternehmen untersuchten, zu dem vernichtenden Schluss kamen, Zeitmanagement sei schlicht und einfach nutzlos.[6] Zudem spielt übergeordnet noch ein tiefer wurzelnder Aspekt eine zentrale Rolle, inwieweit wir uns unter Zeitdruck fühlen. Entscheidend ist, inwieweit wir selbst in der Lage sind, selbstbestimmt unseren Tag zu strukturieren und zu organisieren, d. h. ob wir uns mehr als Herr oder Sklave unserer Zeit fühlen.

---

5 https://www.spiegel.de/lebenundlernen/job/interview-zum-zeitmanagement-karriere-machen-die-flexiblen-nicht-die-puenktlichen-a-299325.html (eingesehen am 20.05.2020)
6 Stefan Klein: Zeit – de Stoff aus dem das Leben ist. Frankfurt am Main: Fischer Taschenbuch, 2008

Tipp zum Umgang mit Zeit – die Eisenhower-Matrix

Zeitmanagement bringt also nichts? Nun, Sie sollten es damit auf jeden Fall nicht übertreiben. Besser als klassisches Zeitmanagement ist die Kunst, die richtigen Prioritäten zu setzen und in seinem ureigenen Rhythmus zu arbeiten. Hier kann Ihnen die berühmte Eisenhower-Matrix helfen, die vom namensgebenden US-Präsidenten Dwight D. Eisenhower erfunden wurde und ebenso einfach ist wie effektiv. Anstehende To-dos werden dabei anhand der Kriterien Wichtigkeit und Dringlichkeit innerhalb einer Vier-Felder-Matrix eingeordnet:

A dringend und wichtig	B nicht dringend, aber wichtig
C dringend, aber nicht wichtig	D (Papierkorb) weder dringend noch wichtig

- **Kategorie A:** Aufgaben, die wichtig und dringend sind, haben Priorität und sollten sofort angegangen werden.
- **Kategorie B:** Aufgaben, die nicht dringend, aber wichtig sind, sollten Sie sich auf Termin legen.
- **Kategorie C:** Unwichtige Aufgaben, die jedoch dringend sind, sollten Sie wenn möglich delegieren.
- **Kategorie D:** Unwichtige und nicht dringende Aufgaben sollten Sie vergessen.

Das Zusammenspiel von Belastung und Erholung

Der Flow-Zustand mag der ideale Arbeitszustand sein, den wir möglichst oft erreichen sollten. Doch selbst unter optimalen Bedingungen sind dem konzentrierten Arbeiten natürliche Grenzen gesetzt: Der Mensch ist keine Maschine, die rund um die Uhr arbeiten kann.

Menschliche Leistung, ob körperlich oder geistig, ist nie ein konstant lineares Geschehen, sondern folgt einem spezifischen Auf und Ab, das sich durch einen wellenförmigen Verlauf auszeichnet. Leistung basiert auf einem ureigenen Rhythmus von Belastung und Erholung. Am eindrucksvollsten wird dieses Prinzip an der Arbeitsweise des Herzens sichtbar. Einer Kontraktion, in der der Herzmuskel durch ein kraftvolles Zusammenziehen das Blut in den Kreislauf treibt, folgt eine Phase der Entspannung, in der sich der faustgroße, elastische Herzmuskel weitet, damit frisches, aus der Lunge kommendes, mit Sauerstoff angereichertes Blut einströmen kann. Ist der Hohlmuskel wieder mit Blut gefüllt, erfolgt die nächste Kontraktion. In diesem Zusammenspiel von Belastung und Erholung arbeitet das Herz etwa nur zu einem Drittel der Zeit aktiv und erholt sich zu zwei Dritteln der Zeit.

Eines der fundamentalsten Trainingsprinzipien im Sport besagt, dass es nur unter der Berücksichtigung des typischen Wechselspiels zwischen Belastung und Erholung möglich ist, Leistung dauerhaft zu steigern bzw. zu erhalten. Wer im Fitnessstudio seine Muskeln trainiert oder sich auf einen 10-Kilometer-Lauf vorbereitet, dessen Leistungszuwachs stellt sich nicht während des Trainings ein. Im Gegenteil: Das Training ermüdet und powert aus, der Leistungszuwachs entsteht erst nach der Belastung in der sich anschließenden Erholungsphase. Die Kunst der Trainingssteuerung besteht demnach darin, die zeitliche Abfolge von Belastung im Training und der sich anschließenden Regeneration so zu steuern und aufeinander abzustimmen, dass sich damit auf lange Sicht systematisch eine Leistungssteigerung ergeben kann. Sind die Regenerationspausen zwischen den Trainingseinheiten zu kurz, kann sich der Organismus nicht ausreichend erholen. Die Folge sind nicht aufgefüllte »Akkus« und dadurch eine suboptimale Leistung bei der nächsten Trainingseinheit. Längerfristig können zu kurze Regenerationszeiten zu chronischer Erschöpfung führen. Ist die Pause zwischen den Trainingseinheiten hingegen zu lang, verpufft der Trainingseffekt und es kann sich auf Dauer keine Leistungssteigerung entwickeln.

Der systematische Wechsel von Belastung und Erholung stellt ein entscheidendes Grundprinzip für das Management von Leistung dar.

Sven Hannawalds Burnout

Gerade im Leistungssport kann die Missachtung des systematischen Zusammenspiels von Belastung und Erholung drastische Konsequenzen nach sich ziehen. Man spricht zunächst vom »Übertraining«, einem Krankheitsbild, das letztendlich auf zu geringe Erholungs- und Regenerationspausen zurückzuführen ist. Typische Anzeichen sind häufige Infektionen, da das Immunsystem chronisch geschwächt ist, Muskel- und Gelenkbeschwerden, Müdigkeit und Antriebslosigkeit, schlechte Stimmung und Gereiztheit etc. Über längere Zeit kann das Übertrainings-Syndrom unter bestimmten Umständen sogar in ein Burnout-Syndrom münden. Einer der wenigen, der sich offen und unverblümt zum Thema Burnout geoutet hat, ist der Skispringer Sven Hannawald. In seinem Buch »Mein Höhenflug, mein Absturz, meine Landung, mein Leben«[7] beschreibt Hannawald, der im Jahr 2002 als erster Skispringer überhaupt alle vier Wettbewerbe der Vierschanzen-Tournee gewinnen konnte, schonungslos offen seine Erfahrungen mit dem Burnout-Syndrom. Auf die Frage wie sich der Beginn des Burnouts geäußert hat, antwortet er: »Ich hatte so eine komische Unruhe. Gleichzeitig war ich immer müde. Es war ein Teufelskreislauf: Durch die Unruhe konnte ich mir nicht die Ruhe gönnen, die ich gebraucht hätte. Ich musste meinen Körper erst überfordern, um im Anschluss überhaupt Ruhe zulassen zu können. Mein Körper sendete mir bereits Signale – Muskelkater, Erschöpfungsgefühle –, dass ich mich ausruhen sollte. Aber diese innere Unruhe hat mich angetrieben, immer weiterzumachen.« Im Rückblick beschreibt Hannawald, dass es vor allem sein übergroßer Ehrgeiz und sein Perfektionismus waren, die ihn in die Burnoutfalle getrieben haben, was letztendlich zum vorzeitigen Ende seiner Karriere führte. Als wichtigstes Credo seiner Erfahrungen rät er heute in seinen Vorträgen,

---

7 Sven Hannawald: Mein Höhenflug, mein Absturz, meine Landung, mein Leben. München: Zabert Sandmann, 2013

*wie wichtig es ist, seine Grenzen zu kennen, Berufs- und Privatleben
strikt zu trennen und sich im Klaren darüber zu sein, wie man seine
Akkus regelmäßig auflädt.*

Das Prinzip des systematischen Zusammenspiels von Belastung und
Erholung gilt für jede Art von Leistung, egal ob es sich um körperliche
oder geistige Tätigkeiten handelt. Auf der Suche nach dem optimalen
Rhythmus sollten wir uns an der Natur orientieren: Sie gibt uns den
grundlegenden Tagesrhythmus vor, der auch circadianer Rhythmus
(circa = »ungefähr« oder »um … herum«; dian / dies = »Tag«) genannt
wird. In ihm sind sämtliche Lebensprozesse, sowohl die physiologi-
schen als auch die geistigen, zyklisch eingebunden. Mehr über die innere Uhr erfahren Sie im Abschnitt »Chronobiologie«. An dieser Stelle
ist entscheidend, dass es neben dem circadianen (Tages-)Rhythmus
auch sogenannte ultradiane Rhythmen gibt, die eine entscheidende
Rolle für unsere geistige Leistungskraft spielen. Als ultradian (ultra =
»jenseits«; dian / dies = »Tag«) bezeichnet man prinzipiell Rhythmen,
die kürzer sind als ein Tag.

Innerhalb von 24 Stunden durchlaufen wir 12 bis 16 derartige Rhythmen, die in der Wissenschaft als BRACs (Basic Rest Activity Cycles)
bezeichnet werden. Diese Aktivitäts- oder Leistungszyklen verlaufen
allerdings nicht konstant und linear wie ein Uhrwerk, sondern können
sich Tagesform, Zielsetzung oder Erwartungen entsprechend anpassen.
Eine Periode kann unter Umständen nur 30 Minuten oder bis zu zwei
Stunden andauern. Im Durchschnitt sind es aber ca. 90 Minuten, weshalb im weiteren Verlauf von 90-minütigen Zyklen gesprochen wird.

**Unsere Leistungsfähigkeit spielt sich generell in ungefähr 90-minütigen
Zyklen ab, denen eine anschließende Erholungsphase folgt.**

Während einer Aktivitätsphase von rund 90 Minuten fällt es uns
leicht, unsere Aufmerksamkeit zu fokussieren und unsere Konzentration aufrechtzuerhalten. Wir fühlen uns kraftvoll und energiegeladen,
sind kreativ und geistreich, selbstbewusst und entscheidungsfreudig.

Studien zeigen, dass wir in solchen 90-minütigen Aktivitätszyklen das Potenzial unseres Gehirns bestmöglich nutzen. Neigt sich ein Aktivitätszyklus jedoch langsam seinem Ende, so lässt unsere geistige Energie nach, was sich unmittelbar bemerkbar macht: Unsere Gedanken schweifen ab, unsere Schaffensfreude lässt nach, wir müssen uns mehr und mehr zur Konzentration zwingen, Anzeichen mentaler Erschöpfung machen sich breit.

Der Übergang von einer Aktivitäts- in eine Regenerationsphase, also das Gefühl, dass die Kräfte langsam nachlassen und dass es Zeit wird für eine Pause, kann sich auf unterschiedliche Art bemerkbar machen. Typische Anzeichen für diesen als »Alltags-Trance« bezeichneten Zustand sind beispielsweise ein leerer Blick, Gähnen, Schwerfälligkeit, das Bedürfnis, sich zu strecken oder zu räkeln, Verspannungen im Nacken oder Rücken, der Drang, zur Toilette zu müssen, gedankenverlorenes Herumspielen mit Gegenständen, Tagträumen und vieles mehr. Mit diesem unwillkürlichen Herunterfahren der mentalen Leistungsfähigkeit verfolgt unser Gehirn zunächst einmal ein Ziel: Erholung! Nach 90 Minuten auf Vollgas ist es wie ein überhitzter Motor, der abkühlen muss, damit er keinen Schaden nimmt. In der Pause, sozusagen beim Boxenstopp, werden dann entsprechende Wartungs- und Instandhaltungsarbeiten erledigt. Es werden Zellen erneuert, Zellstrukturen repariert, verbrauchte Enzyme und Botenstoffe ausgetauscht, kurz: Das Gehirn bereitet sich auf die nächste Etappe vor. Gleichzeitig dient die Alltags-Trance der Verarbeitung geistig-seelischer Prozesse und ist somit ein wichtiges Instrument für die Aufrechterhaltung unserer psychischen Stabilität.

Ein zentrales Prinzip zur Leistungssteuerung im Sport stellt das Prinzip der lohnenden Pause dar. Der Kern dieses Prinzips besagt, dass sich im ersten Teil der Pause ein überproportional hoher Regenerations- und Erholungseffekt einstellt. Dieser Effekt der lohnenden Pause lässt sich sehr gut an einem 400-Meter-Hürden-Läufer veranschaulichen, der diese Strecke in unter 50 Sekunden zurücklegt. Nach dem Zieleinlauf ist er total ausgepumpt, das heißt in einem Sauerstoffdefizit, weil diese Belastung extrem anstrengend war und nahezu sämtliche Sauerstoffvorräte des Körpers verbraucht hat. Das erklärt, dass sich die 400-Meter-Hürden-Sprinter nach dem Zieleinlauf mit den Armen auf den Knien aufstützen oder sich sogar auf den Rücken legen, um so ihre Atmung schnell zu beruhigen und damit wieder Sauerstoff in den Körper einströmen zu lassen. Beim Anblick dieser völlig ausgepowerten Athleten könnte man denken, dass sie am selben Tag nicht noch einmal in der Lage wären, diese Leistung zu wiederholen, und wenn, dann bestimmt in einer deutlich langsameren Zeit. Doch dies trifft nicht zu, das Gegenteil ist der Fall: Ein gut trainierter 400-Meter-Sprinter schafft es nach einer kurzen Pause von fünf oder zehn Minuten ohne Probleme, dieselbe Strecke nochmals, nochmals und nochmals zu laufen, und zwar immer in einer ähnlichen Zeit.

Das Prinzip der lohnenden Pause besagt, dass der größte Erholungseffekt unmittelbar in den ersten Minuten der Pause stattfindet.

An diesem Beispiel lässt sich das Grundprinzip der lohnenden Pause gut veranschaulichen, denn entscheidend für die Erholung ist das erste Intervall der Pausenzeit. Ob der Sprinter 5 bis 10 Minuten oder 20 bis 30 Minuten Pause macht, macht keinen großen Unterschied. Der entscheidende Erholungseffekt findet unmittelbar zu Beginn der Pause in den ersten Minuten statt. Im Sport, vor allem im Ausdauersport, gilt, dass sich der Körper im ersten Drittel der Pause zu etwa zwei Dritteln erholt. Übertragen auf die Erholung der mentalen Leistungsfähigkeit im beruflichen Alltag lässt sich die Faustregel aufstellen, dass man nach einem Leistungsintervall von 90 bis 120 Minuten eine Pause von etwa 10 bis 15 Minuten benötigt, damit sich das Gehirn erholen und auf die nächste Etappe vorbereiten kann. Generell zu vielen Kurzpausen während eines Arbeitstags rät auch der Arbeitspsychologe und Pausenforscher Johannes Wendsche von der Bundesanstalt für Arbeitsschutz und Arbeitsmedizin (BAuA) in Dresden. Er wertete insgesamt 129 Studien aus, die zum Thema Pausen zwischen 1990 und 2014 durchgeführt wurden, und kommt zu dem Schluss: »Der Erholungseffekt einer Pause ist am Anfang am größten und flacht dann ab.

Deshalb sollte man die rasche Wirkung von kurzen Pausen häufig am Tag nutzen.«[8]

Pausen haben jedoch nicht nur eine regenerative Funktion. Das Gehirn benötigt die Pausen auch, um die in der vorausgegangenen Aktivitätsphase erbrachten Leistungen zu verarbeiten, zu ordnen, abzugleichen, zu vernetzen und schließlich entsprechend abzuspeichern. Man könnte auch sagen: Das Gehirn benötigt Pausen, um sich selbst aufzuräumen. Insofern ist unser Gehirn in einer vermeintlichen Pause alles andere als passiv, es schaltet lediglich auf ein anderes Betriebssystem um. Neurowissenschaftler können in diesem vermeintlichen »Pausen-Modus« mittels Magnetresonanztomografen einen erhöhten Sauerstoff- und Energieverbrauch nachweisen, und zwar vorzugsweise in Arealen, die während der Aktivitätsphase nicht gearbeitet haben. Experten vermuten, dass sich das Gehirn in diesem Modus Erlebtes und Gelerntes im wahrsten Sinne des Wortes noch einmal durch den Kopf gehen lässt und entsprechende neuronale Verbindungen neu organisiert. Empirische Studien von Lernforschern bestätigen zweifelsfrei, dass bei der regelmäßigen und systematischen Anwendung von Pausen der Lerneffekt signifikant steigt.

Das ultradiane Stress-Syndrom

Der entscheidende Tipp zu diesem Thema lässt sich in einem Satz zusammenfassen:

Planen Sie regelmäßige Pausen ein!

Klingt einfach – und dennoch neigen viele Menschen dazu, Pausen ausfallen zu lassen, weil sie dafür (vermeintlich) keine Zeit haben. Wie

---

8 WELT am Sonntag, Nr. 33, S. 19, 18.08.2019

hoch der Preis ist, den man dafür zahlt, beschrieben die beiden Forscher Ernest Rossi und David Nimmons in ihrem Buch »20 Minuten Pause«. Beim Verzicht auf die neurobiologisch so wichtigen Pausen droht das ultradiane Stress-Syndrom, das sich in vier Stadien aufbaut:

Stadium 1: »Mach mal Pause!«-Signale

Die Alltags-Trance setzt ein, die Konzentration lässt nach, und man muss sich zwingen, bei der Sache zu bleiben. Leider verkennt gerade die typisch deutsche Leistungsmentalität diesen Ruf nach Pause, sieht ihn gar als Schwäche an. Die biologischen Gesetzmäßigkeiten werden ignoriert, stattdessen wird, als vermeintliche Demonstration von Leistungswille und Durchhaltevermögen, weitergearbeitet.

Stadium 2: Workers High

Dem Runners High beim Marathonlauf – einem plötzlichen Energieschub etwa bei Kilometer 30 – entspricht bei geistiger Arbeit ein Phänomen, das man als »Workers High« bezeichnen könnte. Beide »Highs« haben gemein, dass man vorher einen toten Punkt überwunden hat und die berühmte »zweite Luft« bekommt. Doch Vorsicht! Der Mechanismus, der auf der Ausschüttung von Stresshormonen basiert, ist nur für Ausnahmesituationen gedacht. So konnten unsere Vorfahren, auch wenn sie ausgepowert waren, bei einer akuten Gefahr noch einmal alles geben, um sich zu retten. Ein pausenloses Workers High ist hingegen alles andere als produktiv. Dennoch setzen wir uns, oft mit frühkindlich verinnerlichten Einstellungen wie »die Zähne zusammenzubeißen«, permanent unter Druck und treiben uns zur Dauerleistung an. Die Arbeit ist dann meist begleitet von innerer Unruhe, Hektik und Unkonzentriertheit. Das Problem dabei: Man gewöhnt sich an diesen Zustand und empfindet ihn als Normalität.

Stadium 3: Fehleranfälligkeit

Am Ende des Workers High steht der Punkt, an dem die Produktion der aufputschenden Stresshormone aufgezehrt ist. Körper und Geist lechzen nach Erholung, doch die vermeintlichen Umstände und die innere Einstellung lassen keine Pause zu. Nun wird es kritisch: Die Gehirnleistung lässt nach, die Fehleranfälligkeit steigt. Es kann zu Fehlinterpretation komplexer Zusammenhänge kommen, das Urteilungsvermögen ist eingeschränkt. Nicht umsonst gehen die schlimmsten Unfälle der letzten Jahrzehnte – die Reaktorunfälle von Harrisburg (1979) und Tschernobyl (1986) oder der Tankerunfall der Exxon Valdez (1989) – nicht auf technisches, sondern eindeutig auf menschliches Versagen zurück. Sie alle ereigneten sich nachts, während eines natürlichen Leistungstiefs.

Stadium 4: Burnout

Werden die Ruhe- und Erholungsbedürfnisse von Körper und Geist über einen längeren Zeitraum ignoriert, gerät die Energiebilanz des Organismus aus dem Gleichgewicht. Ein chronisches Erschöpfungssyndrom, auch als Burnout bekannt, kann die Folge sein.

Chronobiologie: So tickt unsere innere Uhr

Im Kleinen prägen die ultradianen Rhythmen, das Wechselspiel von Belastung und Erholung, unseren Tag. Eingebettet sind diese, wie bereits erwähnt, in die circadiane Rhythmik – den Tagesrhythmus, den uns unsere innere Uhr vorgibt. Alle Menschen sind, unabhängig von Rasse, Herkunft oder Geschlecht, von Natur aus im Prinzip gleich konstruiert. Dennoch gibt es individuelle Unterschiede wie Größe, Statur, Haut- oder Haarfarbe. Gleiches gilt auch für die sogenannte innere Uhr: Sie ist zwar im Grundsatz bei allen gleich, dennoch tickt sie bei jedem in einem individuellen Takt. Diesen Takt zu erkennen und das Bewusstsein für seine innere Uhr zu schärfen, stellt eine zentrale

Grundlage für ein kluges Management seiner Leistungskraft dar. Die Chronobiologie befasst sich mit den zeitlich-rhythmischen Abläufen und der Systematik unterschiedlicher Zyklen. Sie ist die Wissenschaft der inneren Uhr, die längst den Beweis erbracht hat:

Wer im Einklang mit seiner inneren Uhr lebt, verfügt über mehr Energie, ist ausgeglichener, altert langsamer und ist nachweislich gesünder.

Eine etwa stecknadelkopfgroße Master-Uhr im Gehirn mit dem netten Namen »suprachiasmatischer Nucleus« steuert unsere innere Uhr. Sie arbeitet wie der Dirigent eines Orchesters und ist der zentrale Taktgeber für die Steuerung und Koordinierung sämtlicher biologischer Funktionen, die sie höchst präzise zeitlich aufeinander abstimmt. Die innere Uhr fungiert somit wie ein biologischer Taktfahrplan für die einzelnen Biosysteme und Funktionseinheiten unseres Körpers. Nicht zuletzt ist sie auch für die Unterscheidung zwischen Morgen- und Abendtypen verantwortlich.

Morgentypen, sogenannte Lerchen, und Abendtypen, sogenannte Eulen, haben voneinander abweichende Energiezyklen, sie leben gewissermaßen in unterschiedlichen Zeitzonen:

- **Lerchen** wachen früh auf, kommen schnell aus dem Bett, sind in der Regel sofort energiegeladen, voller Tatendrang und gut gelaunt. Sie benötigen keine lange Anlaufzeit und kommen schnell auf Touren. Sie haben ein erstes Leistungshoch am frühen Vormittag, dem meist ein zweites am Nachmittag folgt. Bei Lerchen ist die Verteilung der Hochs und Tiefs in der Regel ziemlich gleichmäßig. Abends sind sie relativ früh müde und gehen in etwa immer zur gleichen Zeit ins Bett.
- **Eulen** weisen ein konträres Muster auf. Sie tun sich eher schwer mit dem morgendlichen Aufstehen, brauchen länger, um in Schwung zu kommen, sind morgens nicht unbedingt gut gelaunt und haben ihr Leistungshoch nicht in der ersten, sondern meist in der zweiten Tageshälfte. Möglicherweise folgt dem Hoch in der

zweiten Tageshälfte noch ein weiteres gegen Abend und unter Umständen sogar noch ein drittes nicht selten erst kurz vor Mitternacht. Es ist keine Seltenheit, dass Eulen bis tief in die Nacht arbeiten und erst weit nach Mitternacht zu Bett gehen.

Eine ausgeprägte Lerche kann um fünf Uhr aufstehen und sofort ihre Steuererklärung machen, wogegen für eine extreme Eule ein Uhr nachts der richtige Zeitpunkt dafür sein kann. Ca. 20 Prozent der Bevölkerung gehören extremen Chronotypen an. Man kann sich leicht vorstellen, dass es gar nicht so einfach ist, wenn zwei unterschiedliche Chronotypen zusammenleben oder -arbeiten, vor allem wenn die Typen jeweils stark ausgeprägt sind. Zusammenfassend lässt sich sagen:

Wer den Verlauf seiner täglichen Energiekurve und die entsprechenden Phasen für erhöhte und reduzierte Energie kennt, arbeitet nachweislich leichter und produktiver.

Gleichzeitig schont ein Leben im Einklang mit der inneren Uhr die Energiereserven, was sich wiederum positiv auf psychisches Gleichgewicht, Gesundheit und Wohlbefinden auswirkt.

WINNIG INSIDE / Training

So ermitteln Sie Ihre persönliche Tages-Energiekurve

Tragen Sie über einen Zeitraum von wenigstens einer (besser zwei) Wochen alle 30 Minuten zu der angegebenen Uhrzeit Ihren Energielevel entsprechend der Zuordnung der Zahlen 1 bis 7 ein. Schon nach einer Woche werden Sie einen guten Überblick über Ihre persönlichen Leistungshochs und -tiefs haben. Alternativ zu den 30-minütigen Einträgen können Sie auch einstündige Abstände wählen, wobei das Ergebnis bei 30 Minuten natürlich präziser ist.

Aktivitätsskala:

- höchste Leistungsbereitschaft, motiviert und optimistisch
- hellwach, gute Konzentration
- wach, weder besonders leistungsbereit, aber auch nicht müde
- leichte Müdigkeit
- müde
- starke Müdigkeit
- schläfrig

Abb. 6: Die 24-Stunden-Leistungskurve
Das Arbeiten im Einklang mit unserer Chronobiologie steigert die Effektivität
und schont Ressourcen

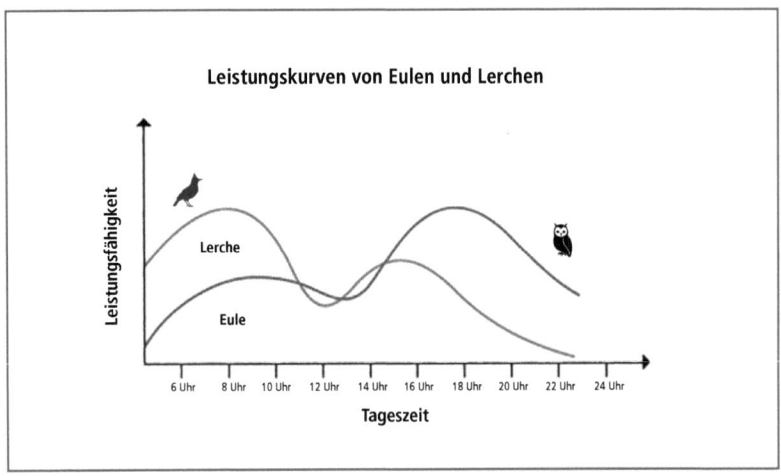

Leistungskurven von Eulen und Lerchen

Mit den Ergebnissen aus der Berechnung Ihrer persönlichen Energiekurve sind Sie nun in der Lage, die Zeitfenster mit naturgemäß hoher
und niedriger Energie entsprechend intelligent zu füllen. Selbstma-
nagement-Kompetenz zu entwickeln bedeutet, seine Energien gezielt
so einzusetzen, dass man geistig anspruchsvolle Tätigkeiten, das heißt

Anforderungen, für die man seine volle Konzentration und mentale Kraft benötigt, wie z. B. eine schwierige Kalkulation, die Planung eines komplexen Projekts, das Verfassen eines wichtigen Manuskripts oder das Lernen für eine Prüfung, gezielt in ein Leistungshoch legt. Das erste Leistungshoch des Tages ist das wichtigste und effektivste und sollte deshalb ausschließlich für die wichtigsten Aufgaben an diesem Tag genutzt werden. Nach einem erholsamen Schlaf, aus dem man im Idealfall von selbst, also ohne einen Wecker aufgewacht ist, ist das Gehirn ausgeruht und leistungsbereit und noch nicht von während des Tages auftretenden Stressereignissen belastet.

Diese Primetime ist nicht nur ideal für geistig anspruchsvolle Aufgaben, sondern auch für kreative Prozesse. Dinge neu zu denken, innovative und anders geartete Denkansätze zu verfolgen, vorauszudenken und mögliche Folgen abzuschätzen oder sich über komplexe Zusammenhänge einen Überblick zu verschaffen, sind Beispiele für Tätigkeiten, die unbedingt in der Primetime des Tages liegen sollten. Geistig weniger anspruchsvolle Aufgaben, wie z. B. das Ablegen von Post, die Beantwortung von E-Mails oder das Führen von Telefonaten, sind hingegen Tätigkeiten, die problemlos in der Phase eines Leistungstiefs erfolgen können. Die systematische und bewusste Anpassung seiner Arbeitsinhalte an die Energiezyklen stellt die Basis eines effektiven Energiemanagements dar.

Die Kraft des Mittagsschlafs

Was hat das Thema Schlaf in einem Kapitel über Konzentration zu suchen? Ganz einfach: Wer hochkonzentriert arbeiten und viel leisten möchte, braucht nicht nur regemäßig Pausen, sondern schaltet im Idealfall im Laufe des Tages auch mal ganz ab – der gute alte Mittagsschlaf lässt grüßen. Forscher des Max-Planck-Instituts haben bereits Mitte der 1960er-Jahre nachweisen können, dass der Mittagsschlaf in der Natur des Menschen liegt. Im bayerischen Andechs richteten die Schlafforscher den mittlerweile zur Berühmtheit gewordenen Andechser Bunker ein, in dem Versuchspersonen mehrere Wochen in einer Umwelt lebten, die völlig frei von den Einflüssen der Außenwelt war, ohne Medien wie Radio oder Fernseher, ohne Tageslicht und natürlich ohne Uhr. Was die Forscher interessierte: Wann und wie lange schlafen Menschen unter diesen Bedingungen, wenn ihnen weder Uhren noch Tageslicht den Lebensrhythmus diktieren? Bereits nach wenigen Tagen kam es zu einem Phänomen, das die Forscher in Erstaunen versetzte: Fast alle Versuchsteilnehmer hielten Mittagschlaf![9]

Wenn der Mensch auf seine innere Uhr hört, schläft er nicht einmal, sondern zweimal am Tag, das zweite Mal vorwiegend in der Zeit zwischen 13 und 15 Uhr.

Eine wissenschaftliche Aufwertung des Mittagschlafs ist in anderen Kulturkreisen überflüssig, denn dort ist das mittägliche Nickerchen fest in der Kultur des Alltags verankert. Die Japaner nennen den kurzen Tagschlaf »Inemuri«, was nicht nur Kurzschlaf, sondern auch »schlafend präsent sein« bedeutet. In Japan nimmt daher keiner Anstoß daran, wenn jemand während einer Konferenz oder eines Meetings den Kopf auf den Tisch legt und vor sich hin döst. In China, mittlerweile eine der stärksten Wirtschaftsnationen der Welt, heißt der Mittagschlaf »Xeu-Xi« und ist sogar als Grundrecht in der Verfassung verankert. Doch man muss nicht so weit in die Ferne schweifen, um die Kultur des Mittagsschlafs zu erforschen. »Siesta«, so heißt die Mittagsruhe in Spanien und südamerikanischen Ländern. Der Begriff geht auf »sexta hora« zurück, auf die sechste Stunde, die in der Zeitrechnung der Antike in die brennend heiße Mittagshitze fiel und die Menschen zu einer Pause, nach Möglichkeit an einem schattig-kühlen Plätzchen, animierte. Auch bei den meisten Naturvölkern ist zu beobachten, dass

---

9 https://www.br.de/radio/bayern2/sendungen/bayerisches-feuilleton/andechser-schlaflabor-chronobiologie100.html (eingesehen am 20.05.2020)

sie mit einer mittäglichen Ruhepause den Tag in zwei Hälften unterteilen.

In Deutschland begann mit Beginn der Industrialisierung die Tradition des Mittagschlafs nach und nach zu schwinden. Fortan gab nicht mehr die Natur, sondern die Maschine den Lebenstakt vor. Mittlerweile ist es jedoch unumstritten, dass Menschen, die ein 15- bis 20-minütiges Mittagsschläfchen halten, in der zweiten Tageshälfte wesentlich produktiver und leistungsfähiger sind als Kollegen, die darauf verzichten (müssen). Der Mittagsschlaf erlebt derzeit eine Renaissance, allerdings unter anderem Namen: Powernap, Kurz- oder Energieschlaf sind neuzeitliche Begriffe für diese vergessene Tradition der mittäglichen Erholung.

Im Profisport, wo in der Regel vormittags und nachmittags trainiert wird, ist die obligatorische Mittagspause fester Bestandteil des Tagesplans. »In seinem Trainingsplan haben Nickerchen eine entscheidende Rolle gespielt!«, erklärte z. B. Chris Carmichael, Trainer des ehemaligen Radprofis Lance Armstrong, im Bicycle Magazine. »Ein Nickerchen regeneriert zwar nicht genauso wie der Schlaf einer ganzen Nacht, aber es schärft die Aufmerksamkeit eines Athleten für den Rest des Tages.«[10] Auch der Schlafmediziner Professor Jürgen Zulley bestätigt die reaktivierende Kraft des Mittagschlafs. In seinen Studien konnte er nachweisen, dass sich die Leistungsfähigkeit am Nachmittag durch einen kurzen Mittagschlaf um bis zu 35 Prozent steigern lässt.

Doch regelmäßiger Mittagschlaf hat nicht nur leistungssteigernde Wirkung für den Nachmittag, er hat auch nachweislich einen positiven Effekt auf die allgemeine Gesundheit. Eine sechsjährige griechische Studie mit über 2000 Teilnehmern konnte zeigen, dass regelmäßiger Mittagschlaf das Herzinfarktrisiko um über 30 Prozent sinken lässt und

---

10 Carmichael, in Bycycling: www.bicycling.com/training-nutrition/nutrition-weight-loss/make-tomorrow-better-day

damit einen ähnlich günstigen präventiven Effekt hat wie regelmäßiges Ausdauertraining.[11] Sara Mednick, renommierte amerikanische Schlafforscherin und Dozentin an der University of California in San Diego, hat in einer großen Studie mit dem bezeichnenden Titel »A nap is as good as a night« eine ganze Reihe von Argumenten gesammelt, welche Vorteile regelmäßiger Mittagschlaf mit sich bringe, allesamt wissenschaftlich bestens belegt. Diese hat sie in ihrem Buch »Take a nap! Change your life!« zusammengefasst. Die wichtigsten davon sind:[12]

- Konzentration und Reaktion steigen am Nachmittag signifikant.
- Gedächtnis und Kreativität verbessern sich.
- Motorik und allgemeine Koordination verbessern sich.
- Das Abnehmen wird unterstützt, weil sich der Appetit auf Süßes und Salziges reduziert.
- Die Ausschüttung von Serotonin und anderen Botenstoffen hebt die Stimmung.
- Alterungsprozesse werden verzögert, regelmäßiger Mittagsschlaf hält länger jung.
- Stress wird reduziert.
- Ein regelmäßiger Mittagsschlaf verbessert das Sexualleben.

Nicht nur, dass ein Powernap solch erstaunliche Wirkungen nach sich zieht, ein weiterer Vorteil ist, dass wir dafür nur sehr wenig Zeit investieren müssen:

Für einen Powernap reichen schon 10 bis 15 Minuten aus. Keinesfalls sollte er länger als 30 Minuten dauern.

---

11 https://www.spiegel.de/wissenschaft/mensch/gesunde-siesta-mittagsschlaf-verlaengert-das-leben-a-466072.html (eingesehen am 20.05.2020)
12 Sara Medick: Take a nap, change your life. New York: workman publishing, 2007

Ähnlich wie beim Prinzip der lohnenden Pause tritt der größte Erholungseffekt bereits in den ersten Minuten ein, der Einschlafprozess ist also das eigentliche Geheimnis des Powernaps. In den ersten Minuten kommt es zu einer Art Grobreinigung des Gehirns und einem vorübergehenden Herunterfahren der erhitzten mentalen und körperlichen Betriebssysteme. Wie bei einem Computer, dessen Programme nach einem Neustart wieder deutlich schneller und präziser laufen, reagiert auch der menschliche Organismus mit einer Zunahme von Energie und Leistungsfähigkeit, wenn er in der Mittagszeit die Möglichkeit bekommt, entsprechend nachzutanken. Übersteigt der Powernap jedoch die 30-Minuten-Marke, fällt der Kreislauf in den Keller und man findet sich in einer Tiefschlafphase wieder, nach der es während des Tages unter Umständen bis zu einer Stunde dauern kann, bis man wieder frisch und gewohnt leistungsfähig ist.

Man sollte ohnehin gar nicht schlafen, ein entspanntes Dösen reicht! Sich zurückzuziehen und dafür zu sorgen, dass man ungestört ist, wenn man in sich geht, ist ausreichend. Einfach die Augen zu schließen und innerlich abzuschalten, kann wahre Wunder bewirken. Einleiten kann man dieses »Relaxen« auch mit entspannender Musik oder einer kleinen Meditation.

Anleitung zum Powernap

Die beste Uhrzeit dafür ist zwischen 13 und 14 Uhr, und zwar *nach* dem Essen. Sie brauchen dafür nur zehn bis 15 Minuten.

- Schließen Sie die Bürotür, deaktivieren Sie das Telefon und störende Signaltöne von PC und Handy. Sorgen Sie dafür, dass Sie nicht von Kollegen abgelenkt werden. Besorgen Sie sich unter Umständen Ohrstöpsel.
- Lockern Sie Ihre Kleidung und ziehen Sie die Schuhe aus.
- Bürostuhl-Position: Wenn Sie einen Bürostuhl mit einer Rückenlehne haben, dann lehnen Sie sich an und lassen Sie sich tief in den Stuhl fallen. Strecken Sie die Beine aus und legen Sie sie auf dem Tisch ab. Legen oder stützen Sie den Kopf ab.
- Kopf-in-den-Arm-Position: Legen Sie Ihren Kopf bequem auf die angewinkelten Arme auf dem Schreibtisch ab.
- Wichtig: Schalten Sie bei dem Schläfchen auch geistig ab. Absolutes Tabu während des Naps ist Grübeln.
- Tipp, um rechtzeitig aufzuwachen: Stellen Sie sich den Timer Ihres Handys, am besten wählen Sie einen ruhigen Weckton mit angenehmem Klang oder eine schöne Melodie.

Hochkonzentriert arbeiten – in der digitalisierten Arbeitswelt scheint das oft nahezu unmöglich. Doch wer die Fallstricke kennt, kann sie vermeiden. Wer außerdem regelmäßig Pausen macht und nach seiner inneren Uhr lebt, schafft beste Voraussetzungen für Konzentration und Flow.

»Gestern im Finale ergabst du dich Ben Johnson nach 72 oder 75 Metern. Anstatt deinen unwiderstehlichen Willen zu behalten, schautest Du auf die Seite. Nicht der Zielstrich, sondern Ben wurde Dein Ziel.«
SRI CHINMOI, Meditationslehrer und Mentaltrainer von Carl Lewis, nach dem verlorenen Olympiafinale 1988 in Seoul. (SPORTS 1995, S. 104)

»Man kann nicht zur gleichen Zeit die Blätter sammeln und nach Ästen Ausschau halten.«
YOKA DAISHI, Verfasser der Shoduka (übersetzt »Gesang über die Klarheit des Hier und Jetzt«), einer der bedeutendsten buddhistischen Schriften.

»Die Information verbraucht die Aufmerksamkeit ihrer Empfänger. Deshalb schafft ein Reichtum an Information eine Armut an Aufmerksamkeit.«
Wirtschaftsnobelpreisträger HERBERT SIMON, 1977. Mit diesem Zitat verwies er auf den Umstand, dass das Gehirn nur eine Handvoll Informationen gleichzeitig verarbeiten kann und dass ein Zuviel an Informationen die Fähigkeit zur Konzentration beeinträchtigt.

»Ich nehme dann nichts mehr um mich wahr, nicht die Zuschauer, nicht die Gegner, einfach nichts. Denn sonst schwimmst du mit angezogener Handbremse.«
PAUL BIEDERMANN auf die Frage, wie sich die Konzentration auf dem Startblock unmittelbar in den Sekunden vor dem Startschuss anfühlt. (STERN gesund leben, 01/2001)

»Ich soll nicht auf die vielen äußeren Einflüsse hören. Meine eigenen Überzeugungen sind wichtig.«

Boxer WLADIMIR KLITSCHKO über den Ratschlag seines Freundes Anthony Joshua, der ihm auf die Vorbereitung des Kampfes gegen Andy Ruiz riet, die gesamte Woche vor dem Kampf auf digitale Medien zu verzichten. (BILD, 07.12.2019)

»Mittlerweile kommt man in die Umkleide, und alle 15 Spieler schauen erstmal auf die eigenen Highlights auf Instagram. Das ist schon bitter, wo wir da hingekommen sind.«

DIRK NOWITZKI

Gewinnermentalität

Sowohl der Sport als auch das Berufsleben zeigen, dass es nicht die Talentiertesten oder Begabtesten, die mit dem höchsten IQ oder den besten Zeugnissen sind, die es nach oben schaffen, sondern diejenigen, die sich durch eine besondere innere Einstellung auszeichnen. Eine solche Einstellung, auch Gewinner- oder Siegermentalität genannt, beinhaltet ganz bestimmte Faktoren, die für jedermann erlernbar und trainierbar sind. Dabei bedeutet Gewinnermentalität nicht, andere zu besiegen, sondern sein eigenes Potenzial so gut wie möglich auszuschöpfen. Dazu bedarf es vor allem des systematischen Aufbaus von Selbstvertrauen, einer Sichtweise, nach der Aufgaben als Herausforderung verstanden werden, eines konstruktiv-positiven Umgangs mit Fehlern sowie der nachhaltigen Entwicklung von Resilienz. Darunter versteht man eine besondere innere Widerstandsfähigkeit, eine Stehaufmännchen-Mentalität, mit der sich Niederlagen, Enttäuschungen und Schicksalsschläge nicht nur verarbeiten lassen, sondern zugleich als Wegbereiter für persönliches Wachstum angesehen werden.

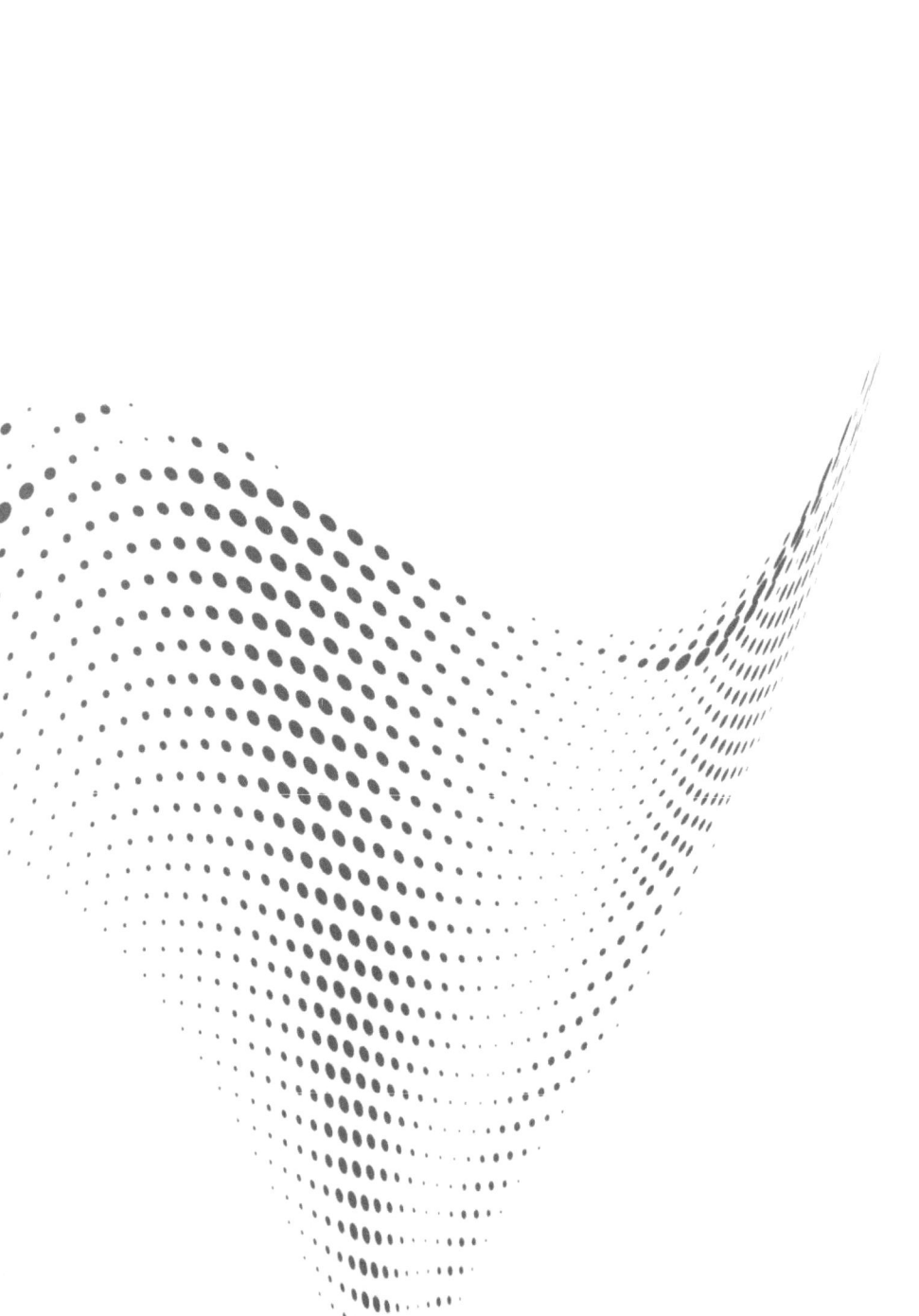

Das Konzept der Selbstwirksamkeit

»Ich denke, ich bin der schnellste Mensch der Welt! Wer soll mich schlagen, wenn ich meine Leistung bringe?«[1] Diese sehr selbstbewusste Aussage stammt von Usain Bolt, mehrfacher Olympiasieger, Weltmeister und Weltrekordhalter im 100-Meter-Sprint. Erfolgreiche Athleten wie er verfügen über eine ganz besondere innere Einstellung, die es erst möglich macht, die mit viel Schweiß und Fleiß erworbenen Fähigkeiten in einen messbaren Erfolg umzumünzen. Sportler, die sich durch Gewinnermentalität auszeichnen, sind mit einem ganz besonderen Selbstvertrauen ausgestattet. »Der Glaube versetzt Berge!«, sagt der Volksmund. Präziser müsste es heißen, dass es der Glaube an sich selbst ist, der nicht Berge, sondern die eigenen Leistungsgrenzen immer weiter nach oben verschiebt.

Der Glaube an die eigenen Stärken sowie ein hohes Maß an Zuversicht spielen eine entscheidende Rolle für den Erfolg, sowohl im Sport als auch im Berufsleben. »Um eine persönliche Bestleistung zu erreichen, muss man sich selbst beibringen, mit einer Intensität zu glauben, die jede logische Rechtfertigung hinter sich lässt. Ohne diesen irrationalen Optimismus wird niemand zum Spitzensportler. Kein Sportler hat je sein Potenzial realisiert, wenn es ihm nicht gelungen ist, sein Denken von allen Zweifeln zu befreien«, ist die Erfahrung von Trainerlegende Arsène Wenger, der von 1996 bis 2018 als Cheftrainer beim FC Arsenal arbeitete und berühmt dafür war, junge Talente, wie z. B. Thierry Henry oder Patrick Viera, zu Weltstars zu formen.[2] Eine der zentralen Säulen, auf denen diese besondere Mentalität beruht, wird in der Psychologie als Selbstwirksamkeit bezeichnet, ein Begriff, der durchaus wörtlich zu nehmen ist.

---

1 https://www.bild.de/sport/mehr-sport/mich-kann-niemand-schlagen-9351606.bild.html (eingesehen am 20.05.2020)
2 Arsène Wenger in Syed Matthew: Was heißt schon Talent? München: Riemann, 2010, S. 197

Hinter der Aussage »Ich werde selbst wirksam!« verbirgt sich die Überzeugung, dass es in der eigenen Macht liegt, eine Aufgabe erfolgreich zu meistern. Wer tief in seinem Inneren davon überzeugt ist, das abgesteckte Ziel zu erreichen bzw. seine Leistung abzurufen, wenn's zählt, dessen Erfolgsquote liegt ungleich höher als die desjenigen, der mit Selbstzweifeln und einem Gefühl der Unsicherheit an den Start geht. Selbstwirksamkeit ist demnach der Ausdruck eines tiefen Vertrauens in sich selbst. Es ist Selbstvertrauen in Reinkultur, es ist die Stimme im Hinterkopf, die einem einflüstert, dass man es schaffen kann.

Das Konzept der Selbstwirksamkeit stammt aus der sozial-kognitiven Lerntheorie und geht auf Albert Bandura zurück. Der Professor für Psychologie lehrt bis heute an der Stanford University und gilt als einer der weltweit führenden Psychologen. Er prägte den Begriff und konnte bereits in den 1970er-Jahren den großen Einfluss der Selbstwirksamkeit auf den Erfolg belegen. Laut Bandura hat der Grad der Selbstwirksamkeit die höchste Aussagekraft darüber, wie gut oder weniger gut eine Leistung ausfallen wird. Die Quintessenz der sogenannten Selbstwirksamkeitserwartung lautet:

Es reicht nicht aus, über entsprechende Fähigkeiten zu verfügen. Der Schlüssel zum Erfolg liegt in der Überzeugung, dass man seine Fähigkeiten dann, wenn es wirklich zählt, abrufen kann.

Im Gegensatz dazu stehen Menschen, die sich eher als Spielball der Umstände (»Alles ist Schicksal!«) sehen und der Überzeugung sind, dass sie mit ihrem eigenen Wirken nur wenig Einfluss auf ihr Leben und die Umstände haben. Eine hohe Selbstwirksamkeit setzt wiederum Faktoren frei, die massiven Einfluss auf die Leistung haben: Je größer die Selbstwirksamkeit, desto höher sind Anstrengungsbereitschaft und Beharrlichkeit und demnach auch die Wahrscheinlichkeit, Hindernisse und Schwierigkeiten zu überwinden. Eine ausgeprägte Selbstwirksamkeit erhöht auch die Bereitschaft, sich länger mit Aufgaben, vor allem wenn diese schwierig erscheinen, auseinanderzusetzen. Psychologen und Pädagogen sehen in der Selbstwirksamkeit die entscheidende Grundlage für schulischen, universitären und beruflichen Erfolg. Der Intelligenzquotient einer Person ist hingegen nachweislich weit weniger bedeutend als vielfach angenommen. Das ist eine gute Nachricht, denn die Wissenschaft kann mittlerweile zweifelsfrei belegen, dass die Selbstwirksamkeit – im Unterschied zum IQ – keine feste Konstante der Persönlichkeit ist, sondern ein variables Konstrukt, dass sich durch Training und Erfahrung systematisch entwickeln lässt.[3]

Stellt man die Frage, aus welchen Quellen sich Selbstwirksamkeit speist, stößt man auf drei zentrale Bereiche:

1. **Erfahrung:** Sie ist die wichtigste Quelle und besagt: Erlebte Erfolge steigern die Selbstwirksamkeit.
2. **Lernen am Modell:** In diesem Fall erwirbt man die Erfahrung nicht selbst, sondern durch Beobachtung von jemandem, dem etwas gelingt. So entsteht die subjektive Überzeugung: »Wenn der das schafft, dann kann ich das auch schaffen!«
3. **Soziales Lernen:** Hier geht es um das Lernen mithilfe von Menschen, die einen unterstützen. Zu spüren, dass einem nahestehende Personen eine Menge zutrauen und einen fördern, hat einen positiven Effekt auf die eigene Selbstwirksamkeit.

Diese drei Faktoren tragen maßgeblich dazu bei, dass Menschen eine hohe Selbstwirksamkeit entwickeln, dass sie also an das, was sie können, tatsächlich glauben und sich ihrer Stärken und Fähigkeiten bewusst sind.

---

3 Einen Test zur Bestimmung Ihrer Selbstwirksamkeit finden Sie hier: http://userpage.fu-berlin.de/~gesund/skalen/Allgemeine_Selbstwirksamkeit/allgemeine_selbstwirksamkeit.htm

Selbstwirksamkeit trainieren

Doch wie lässt sich Selbstwirksamkeit trainieren? Im Sport spricht man in diesem Kontext vom sogenannten Prognosetraining, ein von Professor Hans Eberspächer geprägter Begriff. Ziel des Prognosetrainings ist es, den Ernstfall zu simulieren. Daher ist es im Sport an der Tagesordnung, systematisch wettkampfähnliche und mental anspruchsvolle Situationen herzustellen. Prinzipiell unterscheidet sich der Wettkampf vom Training in drei Punkten: der sich im Vorfeld aufbauenden Erwartungshaltung, der fehlenden Möglichkeit der Wiederholung, und den Konsequenzen der erbrachten Leistung. Diese Merkmale zeichnen nicht nur sportliche Wettkämpfe aus, sondern zeigen sich auch bei diversen beruflichen Herausforderungen: Eine Prüfung, ein Vortrag oder ein Verkaufsgespräch entsprechen in ihrem psychischen Anforderungsprofil durchaus einer sportlichen Wettkampfsituation. Wie ein Elfmeterschütze hat man in solchen Situationen oft nur eine einzige Chance, die es zu nutzen gilt. Oft sind dies sogar diese einmaligen Gelegenheiten, die einer Karriere den entscheidenden Kick geben.

Der Kerngedanke des Prognosetrainings besteht darin, dass man sich ein konkretes Ziel setzt und versucht, dieses zu erreichen, um im Anschluss Erfolg oder Misserfolg zu bewerten. Die Kunst dabei ist, Anforderungen und Konsequenzen so zu verbinden, dass sie den Sportler tatsächlich unter Druck setzen und bei ihm eine entsprechende Anspannung hervorrufen. Im Tennis könnte eine solche Anforderung beispielsweise darin bestehen, dass man von 20 zugespielten Bällen möglichst viele in einen Zielkorridor zu treffen hat. Beim Schwimmen könnte es darum gehen, auf einer Strecke zehnmal hintereinander unter einer bestimmten Zeitmarke zu bleiben, beim Fußball, es mit zwei Mann weniger zu schaffen, für einen Zeitraum nicht mehr als eine bestimmte Anzahl Torschüsse zuzulassen. Wichtig ist, dass die Athleten vorher selbst eine Prognose für die anstehende Aufgabe abgeben. Im Anschluss wird dann die Trainingsform durchgeführt und das Ergebnis entsprechend analysiert. Welche Gründe haben zum Gelingen bzw. zum Scheitern geführt? So lässt sich leicht feststellen, ob die Prognose realistisch oder unrealistisch war bzw. woran es gelegen hat, dass man erfolgreich war oder auch nicht. Durch diese vier Schritte – Zielsetzung, Ausführung, Überprüfung und Analyse – lernt der Sportler, mit selbst gesteckten Zielen und psychischen Belastungen entsprechend umzugehen, und wird so bereits im Training mit Erfolg oder Misserfolg konfrontiert. Verstärken lässt sich dieser Effekt durch die Hinzunahme von Sanktionen im Falle eines Misserfolgs. Selbst wenn es im Training nur darum geht, dass Verlierer zur »Strafe« zehn Liegestützen machen, die Verlierermannschaft die Trainingsutensilien aufräumt oder der Gewinner zum Essen eingeladen wird, erhöht dies die Anspannung und den psychischen Druck.

Die Grundidee des Prognosetrainings, die sich auch sehr gut auf Situationen und Herausforderungen in anderen Lebensbereichen übertragen lässt, lautet also:

Selbstvertrauen und Selbstwirksamkeit bauen sich vornehmlich nur dann auf, wenn man Herausforderungen bewältigt, bei denen es wirklich um etwas geht.

Vor allem wenn Sie sich auf Prüfungen, Präsentationen oder vergleichbare Herausforderungen vorbereiten, bei denen Sie »nur einen Schuss« haben, der sitzen muss, ist es sinnvoll, nicht nur die Inhalte zu lernen, sondern gleichzeitig auch die psychische Beanspruchung zu trainieren. Im Sport würde man von einem »wettkampfnahen« Training sprechen. Sie simulieren die Anforderungssituation so gut wie möglich und üben im Vorfeld so nah wie möglich an den tatsächlichen Stressbedingungen. Vor allem bei Prüfungsängsten kann sich diese Form des Übens als heilsames Mittel erweisen.

Drei Tipps für »wettkampfnahes Training« vor einer Prüfung

Wenn Sie sich auf eine Prüfung oder eine prüfungsähnliche Situation vorbereiten möchten, helfen Ihnen die beiden folgenden Tipps:

1. Üben Sie unter verschärften Bedingungen!
Wer Versagensängsten vorbeugen möchte, tut gut daran, die Prüfungssituation im Vorfeld so gut wie möglich nachzuahmen. Wer ein Referat halten muss, sollte dies einige Male vor Freunden tun. Wer eine mündliche Prüfung vor sich hat, sollte sich die Fragen von einer aus Freunden zusammengesetzten »Prüfungskommission« stellen lassen. Auch das Üben vor einer laufenden Kamera kann helfen, sich an die Prüfungssituation zu gewöhnen und Ängste zu lindern.

2. Üben Sie in Echtzeit!
Bei der Prüfungsvorbereitung sollte man auch die »Echtzeit« berücksichtigen: Die Generalprobe sollte zur gleichen Uhrzeit und im gleichen zeitlichen Rahmen absolviert werden wie die eigentliche Prüfung. Das ermöglicht eine gute Standortbestimmung und hilft, mentalen Stress zu reduzieren.

3. Setzen Sie sich selbst Sanktionen!
Nutzen Sie »sozialen Druck«, indem Sie sich freiwillig zu einer Sanktion verpflichten, die eintritt, wenn Ihre Performance in der simulierten Prüfungssituation nicht so ausfällt, wie Sie sich das vorgestellt haben. Indem Sie andere Menschen miteinbeziehen, z.B. indem Sie diese auf einen Kaffee einladen, wenn Ihr Vortrag in der Probe noch nicht so läuft wie erhofft, erhöht dies nicht nur die Bereitschaft Ihrer Freunde oder Kollegen, Sie zu unterstützen, gleichzeitig erhöht es den Druck bei Ihnen, weil es tatsächlich um etwas geht.

Flexibles und statisches Selbstbild

Dass Selbstwirksamkeit einen enormen Einfluss auf unseren Erfolg hat, das bestätigt auch die Forscherin Carol Dweck in ihren jüngsten Arbeiten. Die amerikanische Psychologieprofessorin, eine der weltweit führenden Experten auf dem Gebiet der Motivations- und Entwicklungspsychologie, geht in ihrem Buch »Selbstbild – Wie unser Denken Erfolge oder Niederlagen bewirkt« der Frage nach, welche Einstellung besonders erfolgreiche Menschen auszeichnet. Sie untersuchte unter anderem Spitzensportler, Musikvirtuosen und Elitestudenten und belegte, dass für den Erfolg nicht nur Talent, sondern vielmehr das eigene Selbstbild – in dem sich auch die Selbstwirksamkeit widerspiegelt – ausschlaggebend ist.

Carol Dweck prägte in diesem Kontext den Begriff des flexiblen und statischen Selbstbilds, der ursprünglich auf ein Experiment von ihr aus dem Jahr 1978 zurückgeht: Sie wollte herausfinden, was 330 Fünft- und Sechstklässler über ihre persönliche Intelligenz dachten und wie sich diese Selbsteinschätzung auf die Leistung der Schüler auswirkte. Als statisch bezeichnete Dweck das Selbstbild derjenigen, die von sich glaubten, ihre Intelligenz sei angeboren und wie in Stein gemeißelt, als flexibel hingegen das Selbstbild derer, die der Überzeugung waren, man könne seine Leistungsfähigkeit permanent verbessern, wenn man nur bereit ist, sich genügend anzustrengen und zu lernen. Der Test lief wie folgt ab: Die Schüler sollten zwölf Aufgaben lösen, von denen die ersten acht relativ einfach, die darauffolgenden vier aber ungemein schwer waren. Während des Lösens der Aufgaben kristallisierten sich zwei Gruppen heraus, die sich in der Herangehensweise deutlich unterschieden. Die Gruppe mit einem statischen Selbstbild, die glaubte, Intelligenz sei eine unveränderbare genetische Mitgift, beschreibt Dweck wie folgt: »Das vielleicht Erstaunlichste an dieser Gruppe war, wie schnell sie ihre Fähigkeiten herabsetzten und ihrer Intelligenz die Schuld an den Misserfolgen gaben: ›Wahrscheinlich bin ich nicht besonders schlau.‹; ›Ich hatte nie ein gutes Gedächtnis.‹; ›Bei solchen Sachen bin ich nicht gut.‹«[4] Die Schüler der Gruppe mit dem flexiblen Selbstbild hingegen traten ganz anders auf und kamen auch

---

4 Carol Dweck in Syed Matthew: Was heißt schon Talent? München: Riemann, 2010, S. 146

zu deutlich besseren Ergebnissen. Dazu die Forscherin: »Zu unserer Überraschung gaben sie nichts und niemandem die Schuld. Sie suchten nicht nach Gründen für ihren Misserfolg. Im Grunde schienen sie die Situation nicht einmal als Misserfolg zu betrachten [...]. Entsprechend ihrer optimistischen Einstellung behielten oder verbesserten die meisten dieser Schüler (mehr als 80 %) ihre effizienten Strategien auch bei schwierigen Problemen, ein Viertel der Gruppe wurde sogar noch besser. Sie entwickelten aus eigener Kraft neue und geschicktere Strategien im Umgang mit neuen und schwierigeren Aufgaben, von denen wir angenommen hatten, sie würden ihre Fähigkeiten übersteigen.«[5]

Statisches Selbstbild		Flexibles Selbstbild
... sind angeboren und unveränderbar.	Fähigkeiten	... können durch Training und Übung verbessert werden.
... werden nicht angenommen, da sie Defizite aufdecken könnten.	Herausforderungen	... werden gesucht, weil man daran wachsen kann.
... wird vermieden, weil man es ohnehin nicht schafft.	Anstrengung	... ist wichtig und essenziell für den Erfolg.
... wird persönlich genommen und verursacht Abwehrhaltung.	Kritik	... wird begrüßt, weil man daraus lernen kann.
... wirken demotivierend und führen schnell zur Aufgabe.	Rückschläge	... wirken motivierend und führen zur Einstellung »Jetzt erst recht!«.

(Unterscheidungsmerkmale zwischen statischem und flexiblem Selbstbild in Anlehnung an Dweck)

---

5 Carol Dweck in Syed Matthew: Was heißt schon Talent? München: Riemann, 2010, S. 146

In die gleiche Richtung wie Carol Dweck gehen auch die Forschungs-
arbeiten von Angela Duckworth. In ihrem Buch »GRIT: Die neue Formel zum Erfolg« beschreibt sie die Ergebnisse ihrer Forschungsarbei-
ten zu der Frage, welcher Zutaten es für Erfolg bedarf. Dabei weist sie
eindrucksvoll nach, dass es vor allem der sogenannte »Grit« (englisch
für Hartnäckigkeit) ist, der elementar für Erfolg, egal in welchem Bereich, ist. Tugenden wie dranbleiben, einen langen Atem haben oder
sich nicht beirren lassen, spielen eine wichtigere Rolle für die Karriere
als der IQ, Talent oder eine außergewöhnliche Begabung. Zusammenfassend definiert sie vier verschiedene psychologische Teilaspekte, die
das Fundament für »Grit« bilden: Erstens: Interesse und Leidenschaft,
d. h. man muss für seine Sache brennen. Zweitens: Sinn, d. h. es muss
eine entsprechende Sinnhaftigkeit vorhanden sein, mit der man sich
identifiziert und die den persönlichen Werten entspricht. Drittens:
Lernbereitschaft, d.h. der Drang, seine Kompetenzen ständig zu erweitern und Neues zu lernen. Viertens: Zuversicht, d.h. dass man sich
von Rückschlägen und Misserfolgen nicht aufhalten lässt und überzeugt ist, das Ziel aus eigener Kraft erreichen zu können.[6]

Wenn es um die Frage geht, inwieweit Talent oder Einstellung über
den Erfolg entscheiden, darf ein weiterer Name nicht fehlen: Dr. Anders Ericsson. Der an der amerikanischen Florida State University
unterrichtende Psychologe gilt bis heute als einer der weltweit führenden Forscher, wenn es um die Frage geht, wie Spitzenleistungen
entstehen – unabhängig ob in Sport, Musik, Medizin oder Wissenschaft. Ericsson untersuchte Sportler, Musiker, Krankenschwestern,
Schachspieler, Offiziere, Wissenschaftler, Dartspieler, Ärzte, um nur
einige Beispiele zu nennen, und kam immer wieder zu denselben Ergebnissen, die er im »Cambridge Handbook for Expertise and Expert
Performance« veröffentlichte.[7] Seine Kernaussage lautet: Ganz egal,

---

6 Weitere Infos auf www.angeladuckworth.com
7 K. Anders Ericsson et al.: Cambridge Handbook for Expertise and Expert
Performance. Chelsea USA: Sheridan Books, 2006

um welches Gebiet es sich handelt, es benötigt im Schnitt 10 Jahre mit jeweils ca. 1000 Stunden Übung/Jahr, um zum Spitzenkönner zu werden. Dabei verweist Ericsson immer wieder darauf, dass es nicht darauf ankommt, wie talentiert jemand in seinem Bereich ist. Er berichtet, dass es Talentierte zu Beginn möglicherweise leichter haben und schnellere Fortschritte machen, dass die weniger Talentierten jedoch später aufholen. Auch der IQ spielt keine leistungslimitierende Rolle. Im Schach beispielsweise ist ein guter IQ zu Beginn durchaus von Vorteil, doch dieser vermeintliche Vorzug verliert sich mit zunehmenden Jahren. Es gibt Schachspieler mit einem IQ von unter 100, die dennoch in die Weltspitze vorstoßen.[8]

Neben der Zeit verweist Ericsson auf einen weiteren Erfolgsfaktor, der sich durch sämtliche Karrieren von Topstars zieht: Konzentration, Intensität und Lernbereitschaft. Es reicht nicht aus, nur stundenlang an den Saiten seiner Violine zu zupfen oder planlos auf einen Tennisball zu dreschen, um es zum Spitzenkönner zu schaffen. Grundvoraussetzung ist der Drang zu lernen, sich zu verbessern und dauerhaft weiterzuentwickeln. Dazu nochmals Ericsson in einem 2009 auf Focus Online unter dem Titel »Jeder kann Weltklasse sein!« erschienenen Interview: »Wichtig ist nicht die reine Zahl der Stunden, sondern die Intensität, mit der ich mich der Tätigkeit widme. Die besten Violinenspieler investierten fast die Hälfte der Übungsstunden in konzentriertes Einzeltraining. Sie machten etwas, was Hobbymusiker nie tun würden: Für sich allein immer wieder die Griffe zu üben, die sie noch nicht beherrschten. Sie haben hart daran gearbeitet, ihre Grenzen auszuweiten. Wer dagegen macht, was er schon kann, arbeitet nicht besser, sondern nur mechanischer. Menschen können dreimal pro Woche Golf spielen und trotzdem 30 Jahre auf dem gleichen Leistungsstand bleiben.«[9]

---

8 Eine beeindruckende Dokumentation dazu, wie Training zur Perfektion führt, können Sie in der Dokumentation über Cristiano Ronaldo »Tested to the Limit« sehen: https://www.youtube.com/watch?v=4achmhzLNoY
9 https://www.focus.de/wissen/mensch/psychologie/tid-13912/

»Lobe immer die Einstellung, niemals das Talent!«

Dass die persönliche Einstellung und das Selbstbild für den Erfolg immer wichtiger sind als das Talent bestätigt auch Tennistrainer-Guru Nick Bollettieri. Durch seine Hände gingen Hunderte hochtalentierter Jugendlicher, von denen es am Ende nur sehr wenige an die Weltspitze schafften. In seiner Tennisakademie in Florida arbeitete er mit insgesamt zehn Nummer-eins-Spielerinnen und -Spielern, unter ihnen Monica Seles und Andre Agassi. Im Jahr 1987 standen in Wimbledon sage und schreibe 37 Spieler aus der Bollettieri-Akademie im Hauptfeld. Bollettieri, der selbst kein Tennisspieler, sondern Kampfpilot war, forderte von seinen Schülern bedingungslosen Einsatz und eiserne Disziplin. Seinen Trainern schärfte er einen Grundsatz ein, der elementar für den Erfolg ist und sich mit Dwecks Studienergebnissen deckt: »Lobe immer die Einstellung, niemals das Talent!« Den Jugendlichen die Einstellung zu vermitteln, dass man mit Arbeit, Selbstdisziplin und Ehrgeiz alles erreichen kann, lautete seine Maxime, nach der in der Akademie gearbeitet wurde. Die Liste der (angeblichen) »Talente«, die von Natur aus mit einem enormen Ballgefühl, einer filigranen Technik oder überragenden athletischen Fähigkeiten ausgestattet waren, aber es aufgrund mangelnder Einstellung und Anstrengung nicht nach oben geschafft haben, ist tausendfach länger als die der Agassis oder Seles. In dem Buch »Was heißt schon Talent?« von Matthew Syed äußert sich Bollettieri wie folgt: »Wissen Sie, warum wir hier so erfolgreich sind? Weil hier kein einziges Kind ohne ein verändertes Selbstbild weggeht. Wenn sie ankommen, denken sie vielleicht, der Weg zum Erfolg sei eine Spazierfahrt, aber sie lernen schnell, dass man im Leben nichts erreicht, wenn man nicht hart arbeitet, enorme Disziplin an den Tag legt und die Verantwortung für sein Handeln übernimmt. Das ist es, was letztendlich die Besten vom Rest der Welt unterscheidet.«[10]

---

faehigkeiten-jeder-kann-weltklasse-werden_aid_388435.html (eingesehen am 20.05.2020)

10 Nick Bollettieri in Syed Matthew: Was heißt schon Talent? München: Riemann, 2010, S. 158/159

Sich Stärken und Erfolge bewusst machen

Fällt es Ihnen leicht, auf Anhieb Ihre Stärken, Vorzüge und positiven Seiten zu benennen? Falls nein, ist das keineswegs ungewöhnlich. Denn in der Regel sind uns unsere Schwächen eher bewusst als unsere Stärken. Wissenschaftler gehen davon aus, dass sich negative Erlebnisse, die mit unseren Schwächen im Zusammenhang stehen, tiefer in unsere Erinnerung einbrennen und uns daher eher in den Sinn kommen als unsere Stärken.

Daneben spielt auch unsere Erziehung eine Rolle: Den meisten von uns wurde eingeimpft, bescheiden zu sein, sich nur nicht in den Vordergrund zu spielen und immer schön auf dem Boden zu bleiben. Für das Selbstvertrauen spielt es jedoch eine zentrale Rolle, sich seiner Stärken bewusst zu werden und diese weiter auszubauen.

»Self Check«

Meine Stärken

Was sind Ihre Stärken?
Nehmen Sie sich für diese Selbstreflexion ausreichend Zeit. Schreiben Sie unreflektiert und unkommentiert alles auf, was Ihnen zu dieser Frage spontan in den Sinn kommt, unabhängig, ob es sich um den privaten oder beruflichen Bereich handelt. »Ich bin diszipliniert!«, »Ich kann gut organisieren!«, »Ich habe gute Ideen!«, »Ich übernehme gerne Verantwortung!«, »Ich kann gut mit Zahlen umgehen!« sind nur ein paar Beispiele für eine solche Bestandsaufnahme. Sie werden schnell sehen, dass diese kleine Reise zu sich selbst Spaß macht und Sie dabei Seiten entdecken, die Ihnen schon lange nicht mehr bewusst waren.

Was schätzen andere an Ihnen?
Haben Sie keine Scheu, Familienmitglieder und Kollegen zu fragen, was sie an Ihnen schätzen. Überlegen Sie auch, wofür Sie von anderen Menschen Anerkennung bekommen haben oder gelobt worden sind oder weshalb Sie respektiert werden.

Welche Aufgaben fallen Ihnen besonders leicht? Was geht Ihnen leicht von der Hand?

Denken Sie bei dieser Frage auch zurück an Ihre größten Erfolge in der Vergangenheit: Welche Stärken waren es, die dazu geführt haben?

Erstellen Sie nun Ihr persönliches Stärkenprofil!

Nach Beendigung Ihrer Notizen schreiben Sie alle Stärken in Form von Schlagworten wie z. B. »Selbstdisziplin«, »Gute Ideen«, »Organisationstalent« etc. untereinander, zunächst ganz ungeordnet. Je mehr, desto besser – das dürfen schon ein paar Dutzend sein. Im Anschluss gewichten Sie diese entsprechend Ihrer Einschätzung nach Wichtigkeit. Wenn Sie z. B. der Meinung sind, dass Selbstdisziplin Ihre größte Stärke ist, dann sollte diese an Position 1 stehen. Ermitteln Sie so Ihre persönlichen Top 10!

Ähnlich wie es nicht leicht für uns ist, ad hoc unsere Stärken zu benennen, verhält es sich mit unseren Erfolgen. Sich Erfolge bewusst zu machen und diese auch als solche wahrzunehmen, stellt einen nicht zu unterschätzenden Faktor für die Entwicklung von Selbstvertrauen dar. Doch meist beschäftigen wir uns am Ende des Tages mit den Dingen, die nicht funktioniert haben. Mal ehrlich: Was bleibt Ihnen am Abend eher im Kopf? Die 10 Dinge, die am Tag super gelaufen sind, oder der eine Fauxpas beim Kunden, der Ihnen nie hätte passieren dürfen? Die Crux ist, dass wir von Natur aus so programmiert sind, uns stärker an Negatives als an Positives zu erinnern. Das mag einerseits verständlich sein, da wir so aus negativen Erfahrungen lernen und die richtigen Schlüsse ziehen können, damit sich eine Unzulänglichkeit nicht mehr wiederholt, doch ein übersteigerter Blick aufs Negative steht der Entwicklung von mentaler Stärke entgegen.

Wie es anders gehen kann, weiß z. B. Bart Conner, der 1984 bei den olympischen Spielen in Los Angeles die Goldmedaille im Kunstturnen gewann – und das, obwohl seine Chancen aufgrund einer schweren Verletzung ein Jahr zuvor zunächst denkbar schlecht standen. Niemand hatte ernsthaft damit gerechnet, dass Conner es überhaupt schaffen würde an den olympischen Spielen teilzunehmen, von der Chance zu gewinnen, ganz zu schweigen. Als er anschließend gefragt wurde, wie er das geschafft habe, verwies Conner auf seine Eltern und dankte ihnen. Sie seien jeden Abend an sein Bett gekommen und hätten ihn gefragt, was denn an diesem Tag sein größter Erfolg gewesen wäre. So schlief er jeden Abend in dem Bewusstsein ein, etwas erreicht zu haben, und wachte jeden Morgen in Erwartung eines neuen Erfolgserlebnisses auf. Eben diese Technik, den Blick – auch in schweren Zeiten – stets auf das Positive zu lenken, hatte ihm nach seiner schlimmen Verletzung zu seinem unglaublichen Comeback verholfen.

Hand aufs Herz: Sind Sie in der Lage spontan Ihre letzten 10 Erfolge zu benennen? Wahrscheinlich nicht, denn wir erinnern uns in der Regel eher an das, was nicht funktioniert hat. Um sein Selbstbewusstsein zu stärken, lohnt es sich, ein Erfolgstagebuch zu führen. Im Unterschied zu einem normalen Tagebuch, in dem man positive und negative Erlebnisse des Tages beschreibt, geht es bei einem Erfolgstagebuch ausschließlich darum, sich Leistungen, Erfolge und positive Erlebnisse des Tages bewusst zu machen. Dabei sind keineswegs seitenlange Einträge in bestem Deutsch und mit stilistischer Note gefragt, sondern es ist lediglich stichpunktartig, in kurzen Sätzen, Skizzen oder Mind Maps darzulegen, was an diesem Tag gut gelaufen ist, worüber Sie sich gefreut haben und worauf Sie stolz sind. Finden Sie Ihren ganz persönlichen Stil für Ihre Erfolgs-Doku. Damit steigern Sie nicht nur Ihre Stimmung und das Selbstvertrauen, Sie machen sich zudem immer wieder Ihre Stärken bewusst, lenken Ihren Blick auf das Positive im Leben und steigern dadurch nicht zuletzt auch Ihre Motivation. Nehmen Sie sich dafür im Idealfall jeden Abend ein paar Minuten Zeit, genießen Sie es, Ihre Erfolge Revue passieren zu lassen, seien Sie stolz auf sich und klopfen Sie sich innerlich auf die Schulter. Nicht immer wird es dabei um die ganz großen Triumphe gehen, etwa dass Sie »eine super Präsentation vorm Vorstand gehalten« haben. Denken Sie daher auch an die (vermeintlich) »kleinen« Dinge. Es kann durchaus auch als Erfolg verbucht werden, wenn Sie dem Kollegen aufmerksam und empathisch zugehört haben, als er Ihnen von seinen Problemen erzählt hat, und ihm gute Tipps gegeben haben, oder wenn Sie Ihr Kind geduldig auf den anstehenden Vokabeltest vorbereitet haben. Bereits nach wenigen Wochen werden Sie die Wirkung auf Ihr Selbstbewusstsein wahrnehmen.

»Self Check«

Selbstreflexion: Erfolgstagebuch

Lassen Sie sich von den folgenden Fragen anregen:

- Was ist Ihnen heute besonders gut gelungen?
- Welche Probleme haben Sie gelöst?
- Wo haben Sie dazugelernt?
- Mit wem haben Sie gut zusammengearbeitet?
- Wen haben Sie um Hilfe gebeten oder umgekehrt?
- Was hat Ihnen besonders Spaß gemacht?
- Worauf können Sie stolz sein?

Herausforderung oder Bedrohung?

»Wenn du Angst hast zu verlieren, kannst du nicht gewinnen!«, lautet ein Zitat von Björn Borg, fünfmaliger Wimbledonsieger und Tennislegende. Es macht einen Unterschied, ob ich mit der Einstellung in einen Wettkampf gehe, anzutreten, um zu gewinnen, oder anzutreten, um nicht zu verlieren. Ist ein Sportler erfüllt von »Hoffnung auf Erfolg«, so werden sich Vorfreude, positive Aufgeregtheit und Zuversicht in ihm breitmachen. Gleichzeitig wird er den anstehenden Wettkampf als Herausforderung empfinden, als willkommene Gelegenheit, sein Können unter Beweis zu stellen. Dem gegenüber stehen Athleten, die von »Angst vor Misserfolg« getrieben sind, das heißt von Selbstzweifeln,

Versagensängsten und Schwarzmalerei geplagt sind, und den Wettkampf eher als Bedrohung als als Herausforderung empfinden.

Menschen lassen sich also anhand der Ausrichtung ihrer Erwartungshaltung in Bezug auf anstehende Aufgaben in zwei Kategorien einordnen. Dieses Phänomen konnte der amerikanische Psychologe John William Atkinson bereits in den 1950er-Jahren belegen. In seinem sogenannten Risikowahl-Modell stellt er die beiden unterschiedlichen Motivationstypen wie folgt dar: Erfolgsmotivierte Personen der Kategorie »Hoffnung auf Erfolg« machen sich mit Optimismus und Zuversicht an eine Aufgabe. Sie sind in der Lage, die Anforderungen realistisch einzuschätzen. Sie empfinden Stolz und Freude, wenn sie eine Aufgabe gemeistert haben, und schreiben Erfolge ihren eigenen Fähigkeiten zu. Bei Misserfolgen geben sie in der Regel äußeren Umständen die Schuld, machen also externe Faktoren verantwortlich, anstatt an ihren eigenen Fähigkeiten zu zweifeln. »Der Test war extrem schwer. Damit konnte ich beim besten Willen nicht rechnen. Beim nächsten Mal bereite ich mich besser vor. Dann schaffe ich es auch.« wäre eine typische Aussage der Kategorie »Hoffnung auf Erfolg«. Auch wenn man eine solche Einstellung auf den ersten Blick als mangelnde Selbstkritik abtun könnte, dahinter verbirgt sich ein wichtiger psychologischer Bezug, nämlich: das eigene Selbstbewusstsein zu schützen. Boris Becker z. B. war ein Meister darin, äußere Umstände für Niederlagen verantwortlich zu machen: zu hart oder zu weich bespannte Schläger, Fehlentscheidungen des Schiedsrichters, ungünstige Witterungsverhältnisse oder die vom Trainer vorgegebene falsche Taktik – alles war schuld, nur nicht er selbst. Der Gefahr, dass das Selbstvertrauen ins Wanken gerät, wird mit solch einer Ursachenzuschreibung ein Riegel vorgeschoben, denn die Rahmenbedingungen, die heute zum Misserfolg geführt haben, sind beim nächsten Mal entweder nicht mehr vorhanden oder man kann sich dann besser darauf einstellen.

Bei misserfolgsmotivierten Personen der Kategorie »Angst vor Misserfolg« dominiert hingegen eine konträre Einstellung das Denken: Sie gehen von vornherein mit weniger Optimismus und einer weniger positiven Erwartungshaltung in den Wettkampf, vielmehr neigen sie zu Selbstzweifeln und Versagensängsten. Sie interpretieren den Wettkampf nicht als Herausforderung, sondern vielmehr als Bedrohung. Im Unterschied zu den Erfolgsmotivierten empfinden sie auch wenig Stolz oder Freude über einen Sieg oder ein gutes Ergebnis. Sie schreiben den Erfolg externen, nicht beeinflussbaren Ursachen zu, anstatt ihrem eigenen Können. »Der Gegner hatte heute einen schlechten Tag« oder »Ich habe einfach nur Glück gehabt« sind typische Aussagen, die man in der Regel von Angst-vor-Misserfolg-Getriebenen zu hören bekommt.

Wie entscheidend die persönliche Einstellung für die Erreichung von Zielen ist, beschreibt auch der Psychologieprofessor Tory Higgins von der Columbia University in seiner Theorie zur Selbstregulation zur Zielerreichung.[11] Er unterscheidet zwei Arten von mentalem Fokus:

- **Promotionsfokus:** Der sogenannte Promotionsfokus ist gekennzeichnet durch das Anstreben idealer und positiver Ergebnisse. Wer diesen Fokus hat, ist in der Regel frei von Versagensängsten und zuversichtlich, seine Ziele zu erreichen. Dabei wird auch ein gewisses Risiko für die Zielerreichung nicht gescheut und man ist bereit, neue und kreative Wege zu gehen. Sollten Probleme oder Rückschläge auftreten, werden diese als Lern- und Entwicklungschancen gewertet.
- **Präventionsfokus:** Anders ist es hingegen im sogenannten Präventionsfokus. Dieser ist gekennzeichnet durch die Vermeidung möglicher negativer Ergebnisse. Daher wird langsam und durchdacht gearbeitet, Risiken werden gescheut und es wird stets mit dem Schlimmsten gerechnet. Man hält sich an bewährte Vorgehensweisen, um Fehler zu vermeiden. Sicherheitsdenken und Pflichterfüllung stehen über allem.

---

11 Jens Förster: Unser Autopilot. München: DVA, 2012, S. 72 ff.

Keine Frage, in bestimmten Bereichen ist der Präventionsfokus unabdingbar, vor allem wenn es um das Thema Sicherheit geht, z. B. in einem Krankenhaus oder im Straßenverkehr. Doch die latente und oft unbewusste Einstellung »Bloß keine Fehler machen!« oder »Erst mal auf Nummer sicher gehen!« kann sich als echter Leistungskiller entpuppen und die Entwicklung mentaler Stärke untergraben. Sie erschwert das Vorankommen, zeigt einem nicht seine echten Grenzen und behindert die persönliche Weiterentwicklung. Mentale Stärke zeigt sich demnach darin, auf Anforderungen stets entsprechend flexibel und gelassen zu reagieren. Der innere Blick auf ein Hindernis hat entscheidenden Einfluss auf die Aktivierung innerer Ressourcen und die Kräfte, die in uns stecken. Daher gilt es, wann immer möglich, den Promotionsfokus zu aktivieren, da er der Motor für Persönlichkeitsentwicklung und den Aufbau mentaler Stärke darstellt.

Es macht mental einen Unterschied, ob man in den Wettkampf geht, um zu gewinnen oder um nicht zu verlieren.

Klinsmann, Kahn und Lehmann und die WM 2006

Geht man auf den Platz, um zu gewinnen oder um nicht zu verlieren? Wie wichtig dieser Unterschied ist, zeigte sich im Jahr 2004, als Jürgen Klinsmann im Gespann mit Jogi Löw sein Amt als Bundestrainer antrat. Eine seiner ersten Amtshandlungen bestand darin, den Kampf um die Nummer eins im deutschen Tor zu eröffnen, das bis dahin unangefochten von dem dreimaligen Welttorhüter Oliver Kahn gehütet wurde, der zudem noch Kapitän der Nationalmannschaft war. Für Kahn kam das völlig unerwartet, dass er sich auf einmal neu beweisen musste und sich urplötzlich in einer direkten Konkurrenzsituation mit Jens Lehmann wiederfand. Zudem war Klinsmanns Entscheidung für ihn nicht nachvollziehbar, hatte er doch fast im Alleingang das deutsche Team mit seinen herausragenden Leistungen bei der WM in Japan/Korea 2002 ins Finale gebracht. Die Auswirkungen dieses Zweikampfs auf Kahn sind beispielhaft dafür, inwieweit die mentale Einstellung die Leistung beeinflusst. Kahn tat sich sehr schwer mit der neuen Situation und sah die Krönung seines Lebenswerks bedroht – urplötzlich war er nicht mehr

»der Titan« und lief Gefahr, bei der WM 2006 im eigenen Land nicht zwischen den Pfosten zu stehen. Die Folge war ein vorher nie dagewesenes Absinken seiner Leistungskurve, sowohl in der Nationalmannschaft als auch bei seinem Club FC Bayern München. Im Gegensatz zu Lehmann, der eine echte Chance erhalten hatte und diese Herausforderung gerne annahm, war Kahn von nun an im Bedrohungsmodus unterwegs. Anders ausgedrückt: Bei Kahn ging es nur darum, was er verlieren konnte, wohingegen Lehmann nichts zu verlieren hatte und nur gewinnen konnte. Sehr ehrlich und offen beschreibt Kahn im Rückblick diese Zeit in seiner Autobiografie »ICH. Erfolg kommt von innen!«: »Es zeigte sich deutlich, welche Macht Gedanken haben können. Je länger ich mich damit beschäftigte, ob ich bei der WM als Nr. 1 abgelöst werden sollte, desto verkrampfter wurde ich. Meine Risikobereitschaft im Spiel senkte sich. Es ging nur noch darum, keine Fehler zu machen!«[12] Im Gegensatz dazu beschreibt Lehmann seine mentale Verfassung in derselben Zeit wie folgt: »Die harte Konkurrenz im Verein und mit Oliver Kahn und die WM waren für mich die emotionalste und lehrreichste Zeit meiner Karriere. Ich habe damals sogar mit dem Meditieren angefangen und mein ganzes Denken umgestellt. Statt mich zu quälen mit der Frage, ob mich Jürgen Klinsmann spielen lässt, habe ich mir immer wieder gesagt: Bleib ruhig, er wird dich spielen lassen. (…) Man bekommt wahrscheinlich eine Ausstrahlung, die auf andere wirkt und sie Vertrauen in einen bekommen lässt nach dem Motto: Der kann's.« (BILD, 06.06.2018)[13]

Kahns Schicksal veranschaulicht eine ungeschriebene Gesetzmäßigkeit, die in der Sportwelt immer wieder zu beobachten ist:

Einen Titel zu verteidigen ist ungleich schwerer, als diesen zum ersten Mal zu erringen!

---

12 Oliver Kahn: ICH – Erfolg kommt von innen. München: Riva Verlag 2008, S. 287
13 BILD Zeitung, 06.06.2018

Die Ursache hierfür liegt im Kopf, und zwar nur im Kopf! Mit dem Gefühl, ein Underdog zu sein, der nichts zu verlieren hat, spielt es sich erheblich leichter, als wenn es nichts zu gewinnen, sondern nur etwas zu verteidigen gibt. Die Geschichte des DFB-Pokals ist voll von Erfolgsgeschichten, in denen Underdogs Bundesligisten aus dem Rennen werfen, die gemessen am Marktwert, den Trainingsbedingungen und sonstigen Voraussetzungen »eigentlich« nicht die Spur einer Chance hätten haben dürfen. Ein Paradebeispiel sind auch die fünf Fußballweltmeisterschaften der Jahre 2002 bis 2018, in denen sage und schreibe viermal der jeweils amtierende Weltmeister bereits nach der Vorrunde den Nachhauseweg antreten musste – das unrühmliche Ausscheiden der deutschen Mannschaft bei der WM 2018 in Russland im letzten Gruppenspiel gegen Südkorea sollte selbst Fußballmuffeln noch in bester Erinnerung sein. Nur im Jahr 2006 überstand der amtierende Weltmeister Brasilien die Vorrunde dank extrem leichter Gegner, scheiterte dann aber ebenfalls vorzeitig im Viertelfinale. 2002 musste Frankreich, 2010 Italien, 2014 Spanien und 2018 Deutschland jeweils als amtierender Weltmeister die Heimreise bereits nach der Gruppenphase antreten. Selbst die größten Kritiker psychologischer Phänomene können dies nicht als Zufall abtun. Kommt zu dieser mental-emotionalen Gemengelage, in der es nichts zu gewinnen, aber viel zu verlieren gibt, noch eine Portion Selbstüberschätzung und Selbstherrlichkeit hinzu, dann ist die Wahrscheinlichkeit hoch, dass sich das eigentliche Leistungsvermögen nicht abrufen lässt.

Der Umgang mit dem Phänomen, Titel zu verteidigen bzw. Leistungen zu bestätigen, im Sinne von »Es gibt nichts zu gewinnen, aber viel zu verlieren!«, bedarf demnach einer besonderen Strategie, wobei der erste Schritt darin liegt, sich dieser psychologischen Besonderheit zunächst einmal bewusst zu werden. Ein Rezept, um nicht in diese Psychofalle zu tappen, liegt in der Unterscheidung zwischen Erfolgs- und Leistungs- bzw. Handlungszielen.

Erfolgsziele beziehen sich unmittelbar auf den Erfolg, auf die Erreichung des Ziels, sozusagen auf das Ankommen am Gipfel. Im Sport ist dies der Sieg oder eine bestimmte Platzierung; im Berufsleben der Abschluss eines Projekts, die Erreichung eines anvisierten Vertriebsergebnisses oder die messbare Steigerung eines bestimmten Prozesses. Doch meist lässt sich der Erfolg nie zu 100 % planen und zudem gibt es keine 100 %ige Sicherheit für die Zielerreichung. Eine Fußballmannschaft z. B. kann 90 Minuten drückend überlegen sein, 20 zu 2 Torschüsse haben, ein Eckenverhältnis von 12 zu 0 und 70 % Ballbesitz haben, und dennoch 0 zu 1 verlieren, weil die gegnerische Mannschaft ein einziges Mal vors Tor kommt und ein Tor macht. Auch beim Tennis oder Golf kann man haushoch in Führung liegen, doch wenn einen zum Ende eine Schwächephase befällt, nutzt es nichts, wenn man sich den Sieg als Ziel gesetzt hat. Weitaus intelligenter und effektiver ist es, sich mit der Frage zu beschäftigen, was zu tun ist bzw. welche einzelnen Schritte und Etappen nötig sind, um den Gipfel zu erreichen.

Dieses »Was muss ich tun, um das Ziel zu erreichen?« stellt den Kern der Leistungs- bzw. Handlungsziele dar. Es geht darum, die einzelnen Schritte, die nötig sind, um die Chancen auf den Erfolg zu maximieren, so präzise wie möglich zu planen und zu definieren. Im Fußball könnten solche Leistungs- oder Handlungsziele z. B. gelaufene Kilometer, angekommene Pässe, gewonnene Zweikämpfe, prozentualer Ballbesitz etc. sein. Im Berufsleben könnte die Erreichung des ausgegebenen Erfolgsziels, den Umsatz im Jahr X um zehn Prozent zu steigern, darin liegen, dass man pro Woche zwei Stunden mehr für Social Media Arbeit investiert, die Anzahl der Kundenbesuche um zwanzig Prozent erhöht oder sich andere Strategien zurechtlegt, die man konkret und messbar umsetzen kann.

Warum es prinzipiell intelligenter ist, Leistungs- bzw. Handlungsziele anzustreben, liegt auf der Hand: Darauf hat man unmittelbar Einfluss, sprich Kontrolle. Handlungsziele hat man im Unterschied zu den Erfolgszielen im wahrsten Sinne des Wortes in der Hand. Der Weg wird zum Ziel. Damit blendet man das Ergebnis aus und lenkt seine Konzentration auf das, was in jedem einzelnen Moment, in der jeweiligen Situation zu tun ist. Wer mit Leistungszielen arbeitet, entzieht so der unterschwelligen Gefahr der Unkonzentriertheit oder Überheblichkeit – aber auch der Nervosität und Versagensangst – von vornherein den Nährboden. Der Fokus liegt damit einzig und allein auf der Kontrolle des Hier und Jetzt. Damit wird der Weg zum Ziel und das Ergebnis die Folge der systematischen Abarbeitung der Leistungsziele.[14]

Denk-Disziplin: Die drei »C«s der Gewinnermentalität

Was konkret zeichnet nun eine Gewinnermentalität aus? Eine gute Übersicht ergibt sich aus dem englischen Begriff Hardiness, zu deutsch Widerstandsfähigkeit. Der Begriff bezeichnet eine bestimmte Lebenseinstellung, mit der Menschen hohe Belastungen und kritische Lebensumstände nachweislich gut meistern. Die drei folgenden »C«s, die zusammen das Fundament für Hardiness bilden, bringen auf den Punkt, worauf es bei der Entwicklung von Gewinnermentalität ankommt: Control, Challenge und Commitment. Entscheidend ist, sich bewusst zu machen, dass das Wie und das Was unseres Denkens auch immer etwas mit einer bewussten Entscheidung zu tun haben. Gewinnertypen zeichnen sich allesamt durch Gedankendisziplin und Psychohygiene aus. Dabei fällt der bewussten Gedankenkontrolle eine entscheidende Rolle zu. Wenn es stimmt, was die Wissenschaft herausgefunden hat, nämlich, dass wir pro Tag ca. 60 000 Gedanken denken, von denen jedoch ca. 85 Prozent eher negativer und unerwünschter Natur und 90 Prozent immer gleich sind, wird klar, dass in der gezielten Steuerung der Gedanken die zentrale Herausforderung der mentalen Arbeit liegt. Denn wissenschaftlich unbestritten ist auch: Nur positives, zuversichtliches und bejahendes Denken bringt uns voran und führt zu positiven und zielgerichteten Ergebnissen.

---

14 Einen exzellenten Vortrag zum Unterschied zwischen Leistungs- und Erfolgszielen von Basketball-Coach Brett Ledbetter sehen Sie hier: https://www.youtube.com/watch?v=q7a5TIzOmeQ (eingesehen am 20.05.2020)

Ein konstruktiv-positiver Umgang mit seinen Gedanken im Sinne von Psychohygiene ist vor allem immer dann gefragt, wenn es nicht so läuft, wie wir uns das wünschen, und sich Zweifel, Frust und Ängste in unser Denken einschleichen. Es ist leicht, negativen und schwächenden Gedanken nachzugeben und sich von diesen leiten zu lassen, und ungleich schwerer, den negativen Gedankenstrom entsprechend umzukehren. Doch genau dann zeigt sich, was mentale Stärke im Kern ausmacht: Disziplin und Konzentration!

Gedanken, die einem helfen, seine Ziele zu erreichen, erfordern stets eine bewusste Entscheidung und Fokussierung.

Oliver Kahn spricht in diesem Kontext von »Power Thinking«. Er meint damit die gezielte Beeinflussung des eigenen Bewusstseins, ohne dabei den Realitätssinn zu verlieren, und spricht von einem »Du schon, du jetzt nicht!« im Hinblick auf den Umgang mit seinen Gedanken. Durch diese systematisch-bewusste Gedankentrennung entsteht automatisch eine gewisse Distanz und das Gefühl, Herr und nicht Sklave im eigenen Haus zu sein. Wie sehr Psychologie und mentales Training mit jahrtausendealtem Wissen vor allem aus fernöstlichen Kulturen zusammenhängt, belegt Kahn, indem er in diesem Zusammenhang auf ein Zitat von Swami Sivananda verweist, einem führenden Yoga-Meister und spirituellen Lehrer, wenn es um Achtsamkeit und Gedankenarbeit geht. Spirituelle Lehrer wie Swami Sivananda, Autor des Buches »Die Macht der Gedanken«, legen Wert auf die Unterscheidung zwischen Gedanken und Wirklichkeit.[15] Wie man gedanklich mit einer Situation umgeht, kann man selbst entscheiden. »Es ist der Gedanke, der den Körper zum Handeln bestimmt: Hinter jeder Handlung steht ein Gedanke. Hegst du unheilsame Gedanken, so wird dein Handeln entsprechend sein. Lerne weise zu sein. Unterscheide. Überwache deine Gedanken genau. Erlaube keinen bösen Gedanken durch

---

15 Oliver Kahn: ICH – Erfolg kommt von innen. München: Riva Verlag 2008, S. 149–152

die Tore deiner geistigen Werkstatt einzudringen. Begeistere dich für die Selbstverwirklichung. Und du wirst das Ziel des Lebens erreichen.«

Abb. 7: Die 3 »Cs« der Gewinnermentalität
Das Entwicklung von Gewinnermentalität ist stets das Ergebnis einer bewussten Entscheidung, ähnlich dem Phänomen, ob Sie bei der Betrachtung des Bildes Ihren Fokus auf den Kelch oder die beiden Gesichter lenken

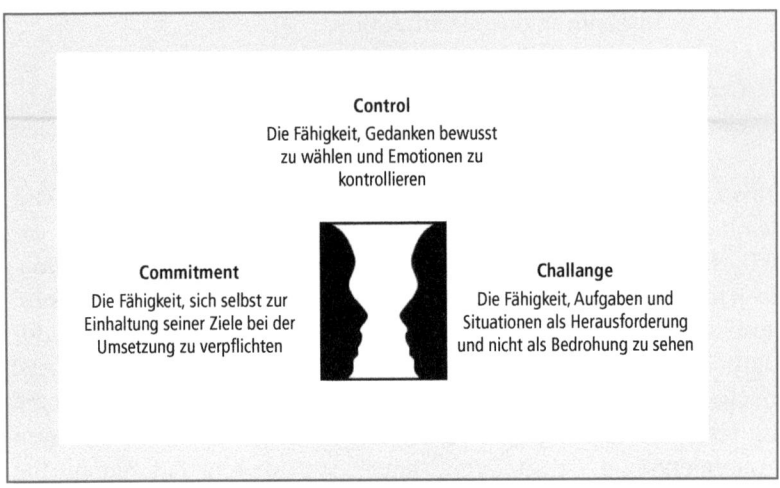

Neben dem »C« für Control (Kontrolle) spielt das zweite »C« für Challenge (Herausforderung) eine zentrale Rolle. Dabei geht es um die persönliche Einstellung, mit der man sich an die mentale Arbeit macht. Wie körperliche Kraft nur am Widerstand wächst, wächst mentale Kraft nur dann, wenn man bereit ist, seine mentale Komfortzone zu verlassen und dies als Herausforderung versteht. Mit der Einstellung, dass jede schwierige Situation ein Hindernis darstellt, das es zu überwinden gilt, um an Stärke zu gewinnen, ähnlich wie man im Fitnessstudio den Widerstand einer Hantel zu überwinden hat, damit sich ein Kraftzuwachs einstellen kann, arbeitet es sich leichter, als wenn man in jeder schwierigen Situation eine Bedrohung sieht. Zudem hilft der Gedanke, wie gut man sich fühlen wird, wenn man eine schwierige Situation durch entsprechendes »Power Thinking«, wie Kahn es nennt, überwunden haben wird. »Unsere Mängel sind unsere besten Lehrer.« schrieb Friedrich Nietzsche. Und genau in der Bearbeitung und Beseitigung dieser Mängel liegt die Quelle zur Entwicklung von Persönlichkeit und mentaler Stärke.

Das dritte »C« im Sinne von Commitment (Selbstverpflichtung) meint, sich der Einhaltung seiner Vorsätze und Selbstvereinbarungen wirklich verpflichtet zu fühlen. Dies wird in der Regel mal besser und mal wieder schlechter gelingen. Doch mit der Einstellung, auch an Tagen, an denen die mentale Disziplin etwas »schwächelt«, dennoch entsprechend sein Bestes zu geben, liegt man auf lange Sicht gut auf Kurs.

Siegreiche Niederlagen

»In meiner Karriere habe ich mehr als 9000-mal nicht getroffen. Ich habe fast 300 Spiele verloren. 26-mal habe ich den entscheidenden Wurf versiebt. In meinem Leben habe ich immer wieder versagt. Und genau deshalb bin ich so erfolgreich!«, berichtet Basketballlegende Michael Jordan. Was auf den ersten Blick wie ein Widerspruch klingt, entpuppt sich bei genauerer Betrachtung als eine der elementarsten Grundlagen auf dem Weg zur Spitzenleistung: Niederlagen nicht als Zeichen persönlicher Schwäche, sondern als wertvolle Feedbackgeber und Lernchancen zu begreifen.

Der Weg zum Olymp verläuft selten geradlinig und problemlos. Wer die Karriereleiter hinauf will, kommt nicht umhin, mit Niederlagen, Rückschlägen und Enttäuschungen umzugehen. Dazu passt die Aussage von Mark McCormack, dem Gründer der bis heute weltweit führenden Sportvermarktungsagentur IMG. In seinem Buch »Was Sie an der Harvard Business School nicht lernen« beschreibt er, dass es unter anderem seine persönliche Einstellung zu Fehlern war, die ihn zum weltweiten Branchenführer gemacht hat. McCormacks Meinung nach kann Erfolg langfristig nur dann entstehen, wenn man mindestens einmal am Tag »Mist gebaut« hat, einmal an einen Punkt gelangt ist, an dem man nicht weitergekommen ist, und einen Kollegen um Rat gefragt hat.[16]

Noch präziser benennt Oliver Kahn die Bedeutung der Niederlage für künftige Erfolge. In seiner bereits erwähnten Autobiografie schreibt er: »Im Scheitern liegt – mehr als im Gelingen – die Möglichkeit zu lernen. Das ist es, was mich daran interessiert. Das Scheitern als etwas Positives zu betrachten. Als ein Phänomen, bei dem es eigentlich ›nur‹ darum geht, sich neu zu sortieren, sich zu straffen, sich zu professionalisieren – und wieder loszulegen. Die größte Schwierigkeit liegt darin, die Mechanismen der Selbstsabotage, der Selbstaufgabe, der Selbstzerstörung zu durchbrechen. Wem das gelingt, der ist, einmal gescheitert, unendlich viel reicher, als jemand, dem diese Erfahrung fehlt.«[17] Wenn jemand glaubhaft für diese Art von Einstellung steht, dann Oliver Kahn. Ausgehend von der eben beschriebenen bitteren Niederlage gegen Jens Lehmann im Vorfeld der WM 2006 ist seine sich an die Fußball- anschließende berufliche Karriere eindrucksvoll und sucht seinesgleichen im Profifußball: abgeschlossenes Master-Studium für Business Administration, jahrelang ZDF-Experte und Kommentator, Werbeikone, erfolgreicher Unternehmer und ab 2021 Sportvorstand beim Branchenprimus FC Bayern München.

Die Einstellung, Niederlagen und Rückschläge als Hürden auf dem Weg zum Erfolg zu sehen, ist ein unverzichtbarer Schlüssel zur Entwicklung von Gewinnermentalität.

---

16 Mark McCormack: Was Sie an der Harvard Business School nicht lernen. München: Redline Verlag, 2019
17 Oliver Kahn: ICH – Erfolg kommt von innen. München: Riva Verlag 2008, S. 276

Während Spitzensportler Fehler, Rückschläge und Niederlagen als Lernchance sehen, ist in vielen deutschen Unternehmen das Gegenteil der Fall. In der »typisch deutschen« Unternehmenskultur sind Fehler nicht vorgesehen. In kaum einem anderen Land werden Fehler, Irrtümer und Misserfolge so unnachsichtig geahndet wie hierzulande. Die Mentalität des deutschen Michel ist darauf ausgerichtet, Fehler tunlichst zu vermeiden. Das ist auch nicht verwunderlich, denn bereits ab der ersten Klasse sind es die Fehler, nach denen man beurteilt und benotet wird. Klar, dass solch eine Pädagogik die Angst vor Fehlern schürt, die ein ganzes Leben prägen kann. Lernpsychologen sind sich längst einig, dass ein Unterricht, der vielmehr auf eigenständiges Ausprobieren und Experimentieren im Sinne von »Versuch und Irrtum« basiert, eine ganz andere Einstellung zu Fehlern hervorbringen würde als die systematische Suche nach Fehlern. In einer weltweiten Studie des Wirtschaftspsychologen Michael Frese über den Umgang mit Fehlern landete Deutschland unter 61 Ländern auf Platz 60.[18] Null Fehlertoleranz. Das spiegelt auch der mittlerweile international verbreitete Begriff der »German Angst« wider. Typisch für die Deutschen ist: zögern, zaudern und zweifeln – aus Angst vor Fehlern oder etwas falsch zu machen!

Um einen naheliegenden Einwand vorwegzunehmen: Ja, natürlich gibt es Branchen, in denen Vorsicht zum obersten Prinzip gehören muss, weil schon ein einziger Fehler zum Schlimmsten führen kann. Allen voran gilt das in Krankenhäusern und im Flugverkehr. In beiden Branchen geht es um Menschenleben, doch interessanterweise könnte die Einstellung zu Fehlern – und damit die Häufigkeit von tragischen Unfällen und gravierenden Missständen – nicht unterschiedlicher sein. Während sich die Flugsicherheit in den letzten Jahrzehnten nachweislich verbessert hat und das Flugzeug weltweit zum sichersten Ver-

---

18 https://www.welt.de/wirtschaft/bilanz/article178370014/ Unternehmensfuehrung-Deutschland-braucht-eine-neue-Fehlerkultur. html (eingesehen am 20.05.2020)

kehrsmittel aufgestiegen ist, liegt die Zahl der ärztlichen Behandlungsfehler auf Rekordhoch. Der juristische Nachweis eines Ärztefehlers ist
naturgemäß ein schwieriges Unterfangen, dennoch liegt die offizielle
Zahl in Deutschland bei ca. 2000 Fällen pro Jahr. Die Dunkelziffer
jedoch, also die Anzahl der vertuschten Fälle, dürfte ungleich höher
sein. Das Aktionsbündnis Patientensicherheit geht davon aus, dass sich
pro Jahr in deutschen Krankenhäusern ca. 40 000 Behandlungsfehler
ereignen, von denen rund 17 000 tödlich enden. Nun stelle man sich
mal vor, ebenso viele Menschen würden pro Jahr bei Inlandsflügen
ums Leben kommen. Undenkbar! Der Unterschied zwischen Luftfahrt
und Krankenhaus liegt in deren Fehlerkultur.

Während sich Krankenhäuser durch steile Hierarchien und einen
Mangel an Kommunikation auszeichnen, hat die Luftfahrt schon früh
gemerkt, worauf es ankommt, wenn es um das Thema Sicherheit geht.
So schreiben z.B. die Sicherheitsstandards im Flugverkehr vor, dass
der Pilot die Anweisung der Flugsicherung aus dem Tower zu wiederholen hat und dass Co-Pilot und Flugbegleiter verpflichtet sind,
auf Fehler hinzuweisen, sollten sie diese beim Piloten bemerken. In
der Kultur des Krankenhausalltags würden der Assistenzarzt oder die
Krankenschwester hingegen einiges riskieren, würden sie es wagen,
den Chefarzt bei der Operation auf Unzulänglichkeiten oder Fehler
aufmerksam zu machen.

Dieses Beispiel zeigt, dass die Unternehmenskultur – das heißt die
geistige Haltung und die ungeschriebenen Gesetzmäßigkeiten, wie die
Menschen miteinander umgehen, um ihre Aufgaben zu erledigen – einen entscheidenden Faktor darstellt. Eine negativ belegte Fehlerkultur
ist der Nährboden, auf dem sich Fehler und Missstände über Jahre
hinweg entwickeln, vertuscht werden und sich wie ein roter Faden
durchs Unternehmen ziehen. Das bestätigt Professor Torsten-Oliver
Salge, der an der RWTH Aachen zum Thema Fehlerkultur forscht. »In
Studien bringen 50 bis 70 % der Unternehmensmitarbeiter das Berichten von Fehlern mit negativen Emotionen in Verbindung. Sie fürchten
negative Reaktionen von Vorgesetzten oder Kollegen. Beim Bekennen

eigener Fehler könnte ihnen Nachlässigkeit vorgeworfen werden. Bei Hinweisen auf Fehler von anderen droht der Vorwurf der Unkollegialität. Deshalb wird oft das Verschweigen vorgezogen.«[19]

Das Klima der Angst unter Winterkorn

Wie ein Klima der Angst sogar einen Weltkonzern ins Wanken bringen kann, zeigt die Krise um den Dieselskandal bei Volkswagen. Ein Artikel auf SPIEGEL online im Juli 2017 mit der Überschrift »Die Arroganz der Macht« beschreibt den Charakter des für den Dieselskandal verantwortlich gemachten ehemaligen Vorstandsvorsitzenden Martin Winterkorn.[20] Darin wird dieser als detailbessener Qualitätsfanatiker beschrieben, dessen Kontroll- und Größenwahn selbst bei gestandenen Ingenieuren für ein Klima der Angst sorgte, in dem es keiner wagte zu widersprechen oder gar Kritik zu üben. Eine illustre Kostprobe, wie Winterkorn tickt und mit seinen Mitarbeitern umgegangen ist, ist in einem Amateurvideo auf Youtube zu sehen, das 2011 bei der Frankfurter Automobilmesse aufgenommen wurde und im Netz innerhalb kürzester Zeit zum Hit wurde.[21] Winterkorn testet darin ein Modell von Konkurrent Hyundai und stellt dabei zu seinem Entsetzen fest, dass die Höhenverstellung des Lenkrads nur dezent klickt, wenn diese einrastet, wogegen das gleiche Prozedere bei VW regelrecht »scheppert«. »Wir können's nicht, warum kann's der?« herrschte Winterkorn in seinem typisch arroganten Tonfall seine Mitarbeiter an, die dabei wie Schulbuben wirkten, die sich vom Lehrer einen Tadel abholen. Dazu passt die Bewertung des Schweizer Psychoanalytikers Theodor Itten, der sich mit der Persönlichkeitsstruktur von Topmanagern befasst. In

---

19 CERTO Magazin 01/2018: Torsten-Oliver Salge: »Fehlerkultur – Mut zum Scheitern«, S. 6

20 https://www.spiegel.de/wirtschaft/unternehmen/martin-winterkorn-wird-70-die-arroganz-der-macht-a-1149070.html (eingesehen am 20.05.2020)

21 https://www.youtube.com/watch?v=UMI-v6OqT_s (eingesehen am 20.05.2020)

dem besagten Artikel bei SPIEGEL online wird er wie folgt zitiert: »Wie es scheint, hatte Winterkorn vorwiegend Menschen um sich, die seine Meinungen und Entscheidungen abnickten. Das ist gefährlich, doch Topmanager achten selten darauf, Kritiker an ihrer Seite zu behalten. Manager haben durch ihre Erfolge das Gefühl, die Größten und Schlausten zu sein.«

Die gute Nachricht lautet jedoch: Die typische deutsche Fehlervermeidungsmentalität beginnt sich langsam zu verändern. So fand im Herbst 2012 in Berlin erstmals nach amerikanischem Vorbild die Messe Fail-Con statt. Dort treffen sich gescheiterte Unternehmer, tauschen sich über ihre Fehler aus, mit dem Ziel, voneinander zu lernen. Konfuzius, dem das folgende Zitat zugerechnet wird, würde sich freuen, denn: »Der Kluge lernt aus seinen Fehlern, der Klügere lernt aus den Fehlern der anderen.« Allein der Gedanke, dass man zu einer Veranstaltung fährt, bei der sich nur »Gescheiterte« treffen, um sich über ihre Fehler, Pleiten, Pech und Pannen auszutauschen, hat eine befreiende Wirkung, verbunden mit der Chance, Fehler aus einer neuen Distanz zu betrachten, sie nicht persönlich zu nehmen und dazuzulernen.

Für die mentale Gesundheit ist es wichtig, sich Fehler nicht zu sehr zu Herzen zu nehmen und sie als Lernchance zu verstehen.

Die Einstellung zu Fehlern, Misserfolgen und Rückschlägen lässt sich ändern. Der Frage, inwieweit die persönliche Einstellung im Umgang mit Niederlagen für den Erfolg relevant ist, ging der amerikanische Psychologe Martin Seligman bereits im Jahr 1986 nach. In einer Studie mit 94 Versicherungsvertretern der Metropolitan Life Insurance Company, die naturgemäß viel mit Niederlagen in Form von Zurückweisung und Ablehnung zu tun haben, wollte Seligman herausfinden, wie die Betroffenen mit dieser unschönen Tatsache umgingen. Dafür entwickelte Seligman einen Fragebogen namens Atributional Style Questionaire (ASQ), mit dem sich der Optimismusgrad, d. h. die Ausprägung der Gewinnermentalität, bestimmen ließ. Ergebnis: Die Vertreter mit den besten Werten verkauften im Schnitt 37 Prozent mehr

Policen als ihre Kollegen, die mit ihren Werten am Ende dieser ASQ-Skala standen. Vor allem im Umgang mit vermeintlichen Misserfolgen zeigte sich ein erheblicher Unterschied: Die besten Verkäufer nahmen Misserfolge nicht persönlich, ließen sich nicht verunsichern, sondern sahen sie als unumgängliche Begleiterscheinung ihrer Branche. Mit dieser Einstellung verkauften sie im Schnitt stets ein Drittel mehr Versicherungen als ihre Kollegen, die dazu neigten, den Nichtabschluss eines Vertrages als persönliche Niederlage zu sehen.

Seligman und seine Kollegen entwickelten daraufhin für letztere ein Trainingsprogramm zur Einstellungsveränderung, das darauf abzielte, den Optimismusgrad zu erhöhen und den Blickwinkel auf die unweigerlichen Misserfolge zu verändern, nach dem Motto: »Ich kann mir nichts vorwerfen. Ich habe mein Bestes gegeben. Der Kunde ist insgesamt noch unschlüssig, ob er solch eine Versicherung benötigt, bzw. er ist sich nicht sicher, ob er dafür monatlich solch eine Prämie bezahlen soll. Das liegt nicht an mir, sondern am Kunden. Beim nächsten Mal klappt es bestimmt besser.« Das Training dieser inneren Gelassenheit und die Veränderung der Perspektive wirkten sich nachhaltig auf den zukünftigen Erfolg aus. Die Versicherungsmakler, die daran gearbeitet hatten, Niederlagen nicht persönlich zu nehmen, und systematisch an ihrer Gewinnermentalität feilten, veränderten damit unbewusst auch ihre Ausstrahlung auf den Kunden, ihre Souveränität und Glaubwürdigkeit stiegen – ähnlich wie bei Jens Lehmann im beschriebenen Duell mit Oliver Kahn um die Nummer eins bei der WM 2006. Sie vermittelten damit nicht den Eindruck, um jeden Preis einen Abschluss erzielen zu müssen, und verkauften mit dieser neuen inneren Haltung nachweislich mehr Policen.

Tipps für den Umgang mit Fehlern

Fehler sind menschlich!

Niemand macht absichtlich Fehler. Sie passieren und gehören zur menschlichen Natur. Insofern ist es wichtig, diese Gesetzmäßigkeit zu akzeptieren. Doch meist denken wir, dass Fehler Folgen unserer Unzulänglichkeit oder gar unserer »Dummheit« sind, und versuchen, sie zu verschweigen oder zu vertuschen. Oft scheint es wichtiger, das Gesicht zu wahren, als einen Fehler zuzugeben. Mit einer solchen Mentalität läuft man nicht nur Gefahr, im Laufe der Zeit seine Selbstachtung zu verlieren, sondern vertut auch die Chance, selbstkritisch der wahren Fehlerursache auf den Grund zu gehen und daraus zu lernen.[22]

Fehler sind sinnvoll!

Oft sind es erst die Fehler, aus denen wir lernen, Aha-Erlebnisse ziehen und einen neuen Blick für die Dinge entwickeln. Insofern können Fehler durchaus nützlich sein, manchmal eröffnen sie sogar neue Perspektiven. Gehen Sie daher konstruktiv mit Fehlern um, und fragen Sie sich stets, was Sie daraus lernen können. Setzen Sie sich aktiv mit der Frage auseinander, was Sie tun können, damit sich der Fehler nicht mehr wiederholt, und entwickeln Sie eine Verbesserungsstrategie.

Fehler bedeuten Selbsterkenntnis!

Manchmal macht man immer wieder denselben Fehler – meist unter Stress und nicht bewusst, sondern immer in ähnlichen Situationen oder im gleichen mentalen Zustand. Die Ursache kann z. B. Zeitdruck sein, mangelnde Planung, Unkonzentriertheit oder Selbstüberschätzung. Stellen Sie sich einmal selbstkritisch auf den Prüfstand oder lassen sich von einem Kollegen helfen, Ihre »blinden Flecken« aufzudecken.

---

22 Wir alle machen mal einen Fehler – umso besser, wenn wir dann wissen, wie man sich richtig entschuldigt. Das Online-Portal der Zeitung »Die Welt« veröffentlichte dazu am 15. April 2016 einen 6-Punkte-Plan. Wer sich daran hält, hat gute Chancen, dass seine Entschuldigungen auch angenommen werden. Sie finden diese Tipps unter: https://www.welt.de/gesundheit/psychologie/article154375065/So-entschuldigen-Sie-sich-richtig.html (eingesehen am 20.05.2020)

Nehmen Sie Fehler mit Humor!
Wer über sich selbst lachen und Fehler, Unzulänglichkeiten oder andere Missge-
schicke mit Humor und Selbstironie nehmen kann, schlägt zwei Fliegen mit einer
Klappe: Zum einen verändert die Kunst, über sich selbst lachen zu können, automatisch die Perspektive, zum anderen sorgt der Humor für positive Emotionen, die
dem Ärger und Frust über sich selbst den Nährboden entziehen. Über den »Bock«,
den man geschossen hat, zu schmunzeln, kann helfen, ein solches Erlebnis neu zu
interpretieren und mögliche Schuldgefühle gar nicht erst entstehen zu lassen.

Geben Sie Fehler zu!
Nichts ist schlimmer als die Angst, dass ein Fehler, den man begangen hat und zu
vertuschen versucht, doch irgendwie ans Tageslicht kommen könnte. Sich mit solchen
Ängsten und Selbstvorwürfen herumzuschlagen drückt aufs Gemüt und ist Gift für
die Schaffensfreude. Jeder kennt die befreiende Wirkung, wenn man etwas Bela-
stendes erst einmal ausgesprochen und zugegeben hat. In den allerwenigsten Fällen
sind die Konsequenzen so schlimm, wie man sie sich vorgestellt hat. In der Regel
reißen einem Chef oder Kollegen nicht den Kopf ab, sondern sehen im Eingestehen
eines Fehlers sogar Rückgrat und Stärke. Nicht selten geht damit ein Zugewinn an
Sympathie einher.

Resilienz: Die Stehaufmännchen-Mentalität

»Ich habe mir verboten aufzugeben. Ich habe immer gedacht, in mir
ist noch etwas, das darauf wartet, herauszukommen.«[23] Dieses Zitat
stammt vom Zehnkampf-Europameister Arthur Abele nach seinem
überraschenden Sieg bei den Zehnkampf-Europameisterschaften in
Berlin 2018. Wirkung entfaltet diese Aussage allerdings erst dann,
wenn man einen Blick auf Abeles Kranken- und Verletzungsakte wirft,
die sich wie ein Lexikon für Sportverletzungen liest. Abele hatte einen

---

23 https://www.spiegel.de/sport/sonst/arthur-abele-stiehlt-robert-harting-
die-show-koenig-arthur-a-1222314.html (eingesehen am 20.05.2020)

Achillessehnenriss, einen Bänderriss und Ermüdungsbruch im Fuß, einen Leisten- und Nabelbruch, eine Schambeinentzündung sowie eine ganze Palette weiterer Blessuren, die zu der Karriere eines Zehnkämpfers dazugehören. Irgendwann wachte er mit einer Gesichtslähmung auf, die er selbst schon als Schlaganfall interpretierte, deren Ursache allerdings auf eine Ansteckung durch seinen Sohn zurückzuführen war. In der sich anschließenden Kortison-Kur nahm er sechs Kilo zu, was wiederum neue Probleme mit der Achillessehne verursachte. Zwischen 2008 und 2013 beendete er verletzungsbedingt nicht einen einzigen Wettkampf. Dann aber gewinnt der Mann aus Ulm mit dieser Historie 2018 die Europameisterschaften im Zehnkampf in Berlin. Wo die allermeisten längst aufgegeben hätten, ließ er sich nie von seinem Weg abbringen. Aufgeben war für ihn nie eine Option, lässt er die Journalisten wissen. Doch woher nimmt der Mann diese Stärke?

Warum geben manche Menschen nie auf, lassen sich durch nichts und niemanden entmutigen und kehren selbst nach bittersten Schicksals- und Rückschlägen und Niederlagen scheinbar sogar gestärkt zurück? Gibt es ein Geheimnis für diese innere Stärke? Die moderne Psychologie hat sich mit dieser Form der Widerstandsfähigkeit auseinandergesetzt. Die gute Nachricht:

Jeder Mensch kann seine psychische Widerstandsfähigkeit verbessern, und zwar das ganze Leben lang.

Diese psychische Widerstandskraft wird auch als Resilienz bezeichnet. Genauer gesagt beschreibt Resilienz die Fähigkeit des Menschen, Krisen zu bewältigen und Schicksalsschläge zu verkraften und durch die Krisenerfahrung sogar eine persönliche Weiterentwicklung zu erfahren. Es ist unbestritten, dass bestimmte Einstellungen und Denkweisen einen entscheidenden Einfluss auf die psychische Gesundheit haben. Wer z.B. davon überzeugt ist, sein Leben eigenverantwortlich gestalten zu können, anstatt sich als Spielball der Umstände zu sehen, und akzeptiert, dass das Leben ein Auf und Ab ist, sein Leben zudem als sinnvoll ansieht und Schwierigkeiten auch mal mit Humor und

Selbstironie nehmen kann, ist nachweislich gesünder und wird seltener krank.

Das Wort Resilienz stammt ursprünglich vom lateinischen »resilire« und bedeutet »zurückspringen, abprallen«. In der Materialkunde bezieht sich das auf Materialien, die trotz extremster Beanspruchung, z. B. nach einer Verformung durch Zug- oder Druckbelastung, wieder in ihren Ausgangszustand zurückkehren. Bei Menschen spricht man in diesem Kontext von einer Stehaufmännchen-Mentalität: Ein »Stehaufmännchen« ist jemand, der sich durch nichts und niemanden entmutigen lässt und sich selbst nach schlimmsten Schicksalsschlägen wieder aufrichtet.

In den Blickpunkt der psychologischen Forschung gelangte das Konzept der Resilienz bereits Mitte des 20. Jahrhunderts. Eine richtungsweisende Forschungsarbeit diesbezüglich stammt von der US-amerikanischen Wissenschaftlerin Emmy Werner. Sie legte im Jahr 1971 eine umfassende Studie vor, die bis heute als Pionierarbeit auf diesem Gebiet gilt. Die Psychologin begleitete über 40 Jahre lang die Entwicklung von ca. 700 Kindern, die im Jahre 1955 auf der Hawaii-Insel Kauai geboren wurden. Ziel dieser gemeinsam mit Kinderärzten, Psychologen und Soziologen durchgeführten Studie war es, herauszufinden, welche psychosozialen Faktoren Einfluss darauf haben, inwiefern ein Mensch im Laufe seines Lebens innere Stärke und psychische Widerstandsfähigkeit entwickelt. Dazu wurden die Studienteilnehmer bereits in der pränatalen Phase und dann im Alter von ein, zwei, zehn, 18, 32 und 40 Jahren untersucht. Circa 200 dieser Kinder wuchsen in sozial schwierigen Verhältnissen auf, in denen Armut, Krankheit, Alkohol, Drogen, Streit und häusliche Gewalt an der Tagesordnung waren. Diese Kinder waren emotional vernachlässigt, erhielten wenig Zuwendung und wurden nicht gefördert. Was die Forscher überraschte, war, dass sich zwei Drittel der Kinder trotz dieser widrigen Umstände sehr gut entwickelten: Sie waren selbstbewusst, zuverlässig, optimistisch und gut in der Schule. Später, im Alter von ca. 40 Jahren, traten in dieser Gruppe die wenigsten gesundheitlichen Probleme auf, alle hatten einen Job, und niemand von ihnen war mit dem Gesetz in Konflikt geraten oder musste von Sozialhilfe leben. Die meisten waren verheiratet, lebensfroh und schauten optimistisch in die Zukunft.

Bei der Suche nach den Ursachen entdeckten die Forscher zwei Eckpfeiler, die diese Gruppe vom Rest unterschieden: Zum einen gab es ein Bündel von positiven Persönlichkeitseigenschaften, das diese Personen auszeichnete. Sie wurden allesamt als gut gelaunt, herzlich und liebevoll beschrieben. Sie waren kommunikativ und beliebt. Außerdem waren sie optimistisch und besaßen gute Problemlösefähigkeiten. Zum anderen stießen die Forscher auf bestimmte Faktoren, die sich aus dem Zusammenleben mit ihren Mitmenschen ergaben. Diese Personen hatten, trotz der widrigen Umstände, als Kinder stabile Beziehungen zu Erwachsenen aufgebaut und die Erfahrung gemacht, dass sie sich auf diese in Notzeiten verlassen konnten. Das konnten Verwandte oder Nachbarn sein, aber auch Lehrer oder Freunde. Dabei hatten diese Kinder nicht etwa auf Unterstützung gewartet, sondern sie hatten diese vielmehr proaktiv eingefordert, wenn sie in Schwierigkeiten waren. Viele hatten auch ein Vorbild oder eine Art Mentor, dem sie nacheiferten und von dem sie lernten, wie man Probleme löst und mit Schwierigkeiten umgeht.

Das Fazit von Emmy Werners Studie kommt zu einem eindeutigen Schluss: Resilienz ist keine genetische Mitgift. Sie ist zwar in jedermann mehr oder weniger angelegt, bildet sich aber erst während der Konfrontation mit entsprechend schwierigen Lebensumständen heraus. So wie körperliche Kraft entwickelt sich auch Resilienz mit Übung am Widerstand. Der Fähigkeit zur Selbstreflexion kommt dabei eine Schlüsselrolle zu. Daneben gilt es, unterstützende Ressourcen aus dem Umfeld zu erkennen und zu nutzen. Dieses Zusammenspiel aus konstruktiver Selbststeuerung und der Nutzung entsprechender Ressourcen aus dem Umfeld stellt die Basis für den Aufbau von Resilienz dar. Resilienz kann daher auch als Konzept zur Persönlichkeitsentwicklung angesehen werden, das entsprechende Leitlinien für den Aufbau innerer Stärke bietet. Forscher sind sich einig, dass jedermann, unabhängig von Alter oder kulturellem Umfeld, ein Leben lang entsprechende Fähigkeiten entwickeln und verbessern kann.

TEST

Test: Wie resilient sind Sie?

Folgende Fragen könnten Ihnen Aufschluss über die Ausprägung Ihrer Resilienz geben.[24] Geben Sie dazu zu jeder Aussage eine Wertung ab, eine Zahl zwischen eins und fünf nach folgendem Schema: 1 – trifft kaum zu; 2 = trifft ein wenig zu; 3 = trifft fast zu; 4 = trifft zu; 5 = trifft voll zu. Je größer die addierte Gesamtpunktzahl, desto höher Ihre Resilienz.

Aussage	Punkte
Ich bin ein Mensch, der unter hohem Stress und in der Krise die Ruhe bewahrt und pragmatisch auf eine Lösung hinarbeitet.	
Ich bin ein optimistischer Mensch. Stressige und schwierige Situationen sehe ich als Herausforderungen und gehe von einem positiven Ausgang aus.	
Ungewissheit über die Dinge zu haben ist für mich kein Problem.	
Von negativen Erfahrungen, Verlusten, Rückschlägen und schlechten Ausgängen von Situationen erhole ich mich schnell.	
Ich bin spielerisch und nehme vieles mit Humor.	
Ich habe gute Freunde, mit denen ich reden kann und die mir helfen, wenn erforderlich.	
Ich bin eine selbstbewusste Person.	

---

24 Die Fragen stammen von den Verfassern und wurden aufgrund ihrer bisherigen Erfahrung erstellt.

Aussage	Punkte
Ich bin eine interessierte und neugierige Person.	
Ich lerne aus Erfahrungen.	
Ich bin gut im Problemlösen.	
Ich frage andere um Rat und bitte um Hilfe, um gute Ergebnisse zu liefern.	
Ich bin situationsbedingt optimistisch oder pessimistisch, vertrauensvoll oder vorsichtig, selbstlos oder selbstsüchtig.	
Ich kann mich auf andere gut einstellen und komme generell mit Menschen gut aus.	
Alleine arbeite ich am effektivsten.	
Ich habe eine gute Menschenkenntnis und vertraue auf meine Intuition.	
Ich bin ein guter Zuhörer und ich bin einfühlsam.	
Die Bewältigung von schwierigen Situationen hat mich stärker gemacht.	
Ich bin beständig. Ich halte in schwierigen Zeiten durch.	
Gesamtpunktzahl:	

Die sieben Säulen der Resilienz

Die Professorin Jutta Heller, Expertin für Veränderungskompetenz und Resilienz, beschreibt in ihrem Buch »Resilienz – sieben Schlüssel für mehr innere Stärke«[25] auf einfache und einleuchtende Art, welche

---

25 Jutta Heller: Resilienz – sieben Schlüssel für mehr innere Stärke. München: Gräfe und Unzer, 2013

Faktoren für den Erwerb einer solchen innerer Widerstandskraft entscheidend sind. Sie greift dabei auf die Arbeiten der Forscher Karen Reivich und Andrew Shatté von der University of Pennsylvania zurück, die in ihrem Standardwerk »The Resilence Factor«[26] zum ersten Mal von diesen sieben Schlüsseln sprachen und den Begriff der Resilienz international bekannt machten. Jeder dieser Faktoren kann für sich allein betrachtet werden, jedoch ergeben die Faktoren gemeinsam ein ganzheitliches Bild:

1. **Akzeptanz:** Akzeptieren Sie, was passiert! Schicksalsschläge und Krisen gehören zum Leben. Kein Mensch ist davor gefeit. Das Leben ist eine Achterbahn, in der es mal nach oben, mal nach unten geht. Dies gilt es anzunehmen, ebenso wie man sich selbst mit all seinen Stärken, aber auch Schwächen annehmen sollte.

2. **Optimismus:** Ihr persönlicher Blickwinkel entscheidet darüber, wie Sie Dinge und Ereignisse erleben. Machen Sie sich bewusst, dass es einzig und allein Sie selbst sind, der bestimmt, ob das berühmte Glas halb voll oder halb leer ist. Auch wenn es manchmal schwierig sein mag, aber vertrauen Sie darauf, dass sich die Dinge wieder zum Besseren wenden werden.

3. **Selbstwirksamkeit:** Machen Sie sich gerade in Krisenzeiten bewusst, wo Ihre Stärken liegen. Worin sind Sie gut? Welche ähnlichen Krisen oder Schwierigkeiten haben Sie in der Vergangenheit schon bewältigt?

4. **Verantwortung:** Sie allein tragen die Verantwortung dafür, wie Sie reagieren und handeln. Es ist leicht, sich in die Opferrolle zu begeben und die Umstände für die eigene Situation verantwortlich zu machen. Doch mit einer derartigen Schuldzuweisung wird sich nichts ändern und Sie lassen eine wertvolle Chance ungenutzt, durch proaktives Handeln eine Veränderung herbeizuführen, und damit eine wertvolle Lernerfahrung zu machen.

---

26 Reivich / Shatte: The resilience factor. New York: Three Rivers Press, 2002

5. **Netzwerkorientierung:** Zuverlässige Freunde und Menschen, auf die man sich in schwierigen Zeiten verlassen kann, stellen eine wichtige Säule der Resilienz dar. Pflegen Sie daher aktiv Ihre Beziehungen und trauen Sie sich, bei Bedarf um Hilfe und Unterstützung zu bitten.

6. **Lösungsorientierung:** Vergeuden Sie nicht zu viel Zeit damit, sich mit dem Problem an sich zu beschäftigen, sondern lenken Sie Ihren Fokus frühzeitig auf mögliche Lösungen.

7. **Zukunftsorientierung:** Blicken Sie nach vorn und gehen Sie aktiv die Dinge an, die Sie beeinflussen können und die Sie voranbringen.

Diese sieben Schlüssel stellen quasi das »Must-have« der Resilienz dar. Zusätzlich empfiehlt Jutta Heller noch drei weitere Schlüssel, die sie mit »useful to have« beschreibt:

1. **Unsicherheit akzeptieren:** Im Leben ist nicht alles planbar. Oft kommt es anders, als man denkt. Gerade in einer sich immer schneller drehenden digitalisierten und globalisierten Arbeitswelt werden Unsicherheit und Ungewissheit zunehmen.

2. **Veränderungsbereitschaft:** Versuchen Sie nicht, am Status quo festzuhalten. Seien Sie offen für Veränderungen und Neues und freuen Sie sich auf Gelegenheiten und Möglichkeiten, Dinge anders zu machen als bisher und neue Erfahrungen zu machen. Haben Sie keine Angst, Ihre Komfortzone zu verlassen.

3. **Achtsamkeit:** Halten Sie stets Kontakt zu sich selbst und hören Sie regelmäßig in sich hinein. Seien Sie empfänglich für Signale und Stimmungen, die Ihnen Ihr Inneres schickt, für Ihre Intuition. Oft lassen sich mit der Wahrnehmung solcher intuitiver Vorboten Probleme vermeiden, aber auch unverhoffte Lösungen finden.

Tipps für die Entwicklung Ihrer Resilienz

Steuern Sie Ihre Emotionen!

Akzeptieren Sie, dass Sie ab und an von Angst, Wut, Frust, Ärger oder ähnlichen negativen Emotionen ergriffen werden. Nehmen Sie dies als Herausforderung an, und lernen Sie, diese Emotionen zu kontrollieren, statt sich von ihnen kontrollieren zu lassen.

Sehen Sie Rückschläge als Lernchancen!

Betrachten Sie Rückschläge, Fehler oder Niederlagen als wertvolle Feedbackgeber, um zu lernen und sich weiterzuentwickeln. Es wäre naiv, zu glauben, dass der Weg zum Erfolg geradlinig verläuft und frei von Rückschlägen ist.

Entwickeln Sie Problemlösefähigkeit!

Entwickeln Sie eine positive Sicht auf Probleme. Betrachten Sie Probleme als Hindernisse, die es zu überwinden gilt, um zu lernen und mentale Stärke zu entwickeln.

Werden Sie zum realistischen Optimisten!

Im Gegensatz zum naiven Optimismus, der schnell Gefahr läuft, Risiken falsch einzuschätzen und falsche Entscheidungen zu treffen, geht man beim realistischen Optimismus davon aus, dass sich die Dinge zum Guten wenden werden. Vertrauen Sie darauf, dass nach Regen wieder die Sonne scheint und dass es in der Natur der Dinge liegt, dass schlechte Zeiten vorübergehen.

Entwickeln Sie Empathie!

Sich in andere einfühlen zu können ist eine besondere Stärke resilienter Menschen. Versuchen Sie, die Sicht Ihres jeweiligen Gegenübers zu verstehen und die Beziehungen zu Ihren Mitmenschen aktiv zu verbessern.

Setzen Sie sich Ziele und seien Sie offen für Neues!

Haben Sie den Mut, ausgetretene Pfade zu verlassen und neues Terrain zu betreten. Das Leben bietet unzählige Möglichkeiten. Sehen Sie dies als Chance, um sich weiterzuentwickeln, und verlassen Sie immer wieder Ihre Komfortzone.

Zahlreiche Studien und die Erfahrungen höchst erfolgreicher Menschen beweisen, dass nicht der IQ oder angeborene Talente für außergewöhnliche Leistungen ausschlaggebend sind, sondern die innere Einstellung. Selbstvertrauen und Zuversicht, aber auch ein konstruktiver Umgang mit Fehlern und psychische Widerstandsfähigkeit machen eine Gewinnermentalität aus.

INSPIRATION

»Für viele ist Messi der Beste, in meinem Kopf bin ich es.«
RONALDO (https://www.faz.net/aktuell/sport/fussball/real-madrid-star-cristiano-ronaldo-hass-treibt-mich-nach-vorn-13888340.html?mobileVersion=no)

»Ihr habt gezweifelt, aber ich habe es gebracht!«
USAIN BOLT auf die Frage, wie er mit seinen Kritikern umgehe. (https://www.spiegel.de/sport/sonst/sprintstar-usain-bolt-zu-gut-fuer-diese-welt-a-848378.html)

»Wenn du versuchst etwas zu erreichen, werden auf dem Weg Hindernisse sein. Ich hatte sie; jeder hatte sie. Aber Hindernisse müssen dich nicht aufhalten. Wenn du gegen eine Wand rennst, dreh dich nicht um und renne weg. Überlege dir einen Weg, wie du darüber klettern, hindurch gehen oder um sie herum gehen kannst.«
MICHAEL JORDAN (https://shapyn.de/fitness-motivation/7-michael-jordan-zitate-und-sprueche-basketball/)

»... wir werden kein Spiel verlieren, entweder wir gewinnen oder wir lernen ...«
RALF HASENHÜTTL, ehemaliger Trainer des Fußball-Bundesligisten RB Leipzig auf die Frage, wie er mit Niederlagen in der letzten Champions-League-Saison umgehe. (https://www.lvz.de/Sportbuzzer/RB-Leipzig/News/RB-Coach-Hasen-huettl-Werden-kein-Spiel-verlieren-entweder-wir-gewinnen-oder-lernen)

»Mein Selbstvertrauen ist extrem gestiegen. Die anderen kochen doch auch nur mit Wasser. Klingt simpel, ist aber so. Im ersten Jahr habe ich viel zu viel über mich nachgedacht, mir eingeredet, wenn du aufs Feld kommst, darfst du keine Fehler machen. Funktionierte überhaupt nicht. Jetzt schalte ich den Kopf aus, wenn ich auf dem Court stehe, denke nicht mehr über Fehler nach, sondern spiele einfach nur Basketball. Klappt super.«
DENNIS SCHRÖDER (Welt am Sonntag, 22.03.2015, S. 12)

»Wir müssen daran glauben, dass wir gewinnen können.«
Verena Bentele, 12-malige Goldmedailliengewinnerin im Skilanglauf und Biathlon bei den Paralympics (SPIEGEL / Wissen, Nr. 3/2013, S. 59)

Performance

Bei einem Vortrag, einer Prüfung, einem Vorstellungsgespräch oder einem Wettkampf müssen wir in der Lage sein, unsere Bestleistung abzurufen. Doch genau dann, wenn es wirklich zählt, gelingt uns das oft nicht. Obwohl in der Vorbereitung alles noch wie am Schnürchen geklappt hat, kann der Druck, wenn der große Moment gekommen ist, uns lähmen und regelrecht blockieren. Die Störungen, die uns dann daran hindern, unsere Bestleistung abzurufen, befinden sich in unserem Kopf, und zwar nur in unserem Kopf. Nur allzu oft stehen wir uns mit unseren Gedanken, in Form von Versagensängsten, Selbstzweifeln oder Katastrophenfantasien, selbst im Weg. So mancher hat sich schon um einen Karrieresprung gebracht, weil er nicht wusste, wie man diese mentalen Störfeuer unter Kontrolle bringt und in Situationen, in denen wirklich viel auf dem Spiel steht, mit Ruhe, Coolness und Gelassenheit agiert. Ziel dieses Kapitels ist es, diese inneren Barrieren zu identifizieren und die Ursachen für ihre Entstehung zu ergründen, um sie dann mit entsprechenden Strategien in den Griff zu bekommen. Dabei stehen die mentalen Techniken des Visualisierens und des inneren Dialogs im Mittelpunkt. Am Ende steht eine konkrete Anleitung, wie man sich mental auf die Momente vorbereitet, auf die es wirklich ankommt.

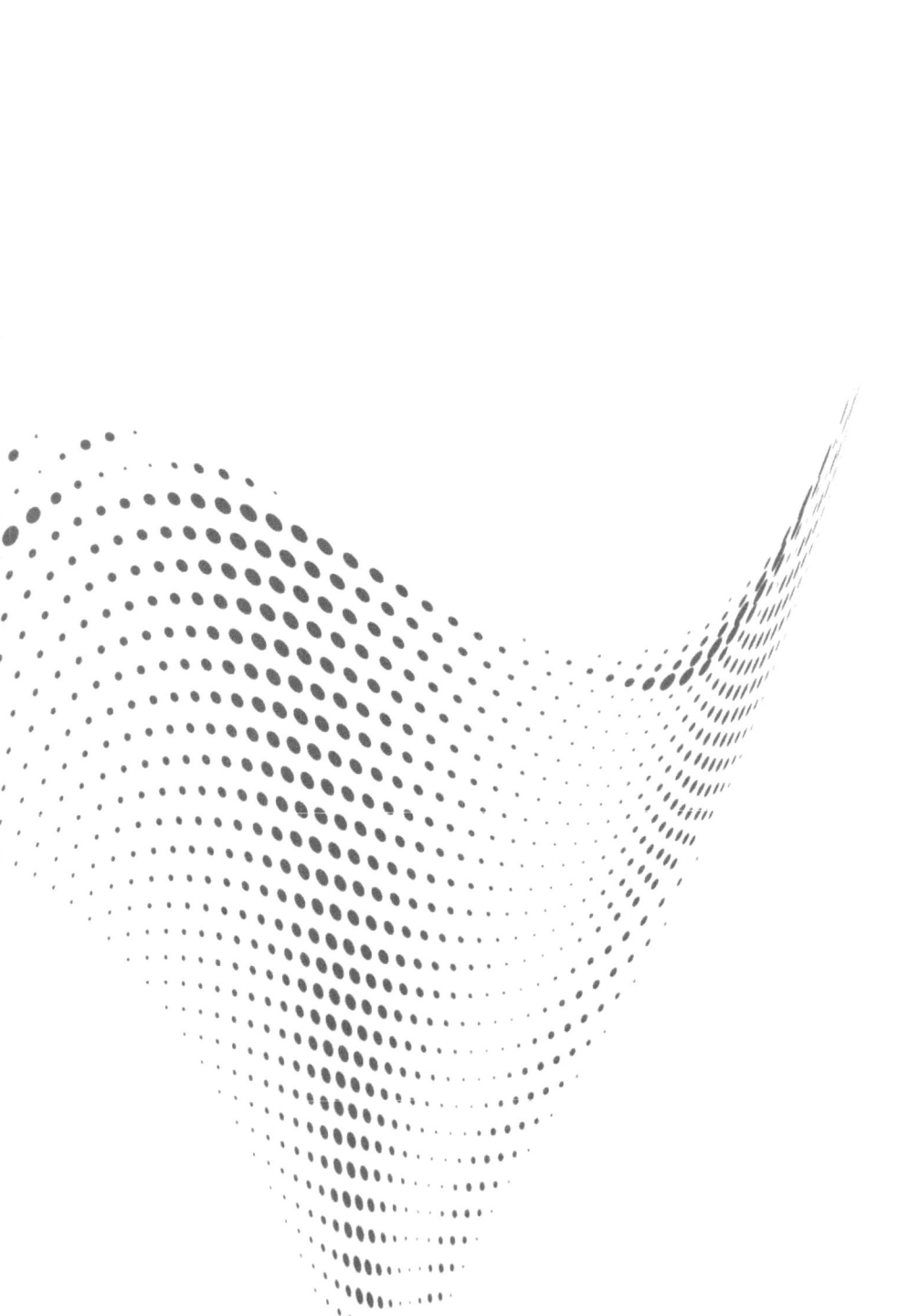

Die Natur der Versagensangst

»Ich bin an dem Erwartungsdruck gescheitert, wieder einmal! Auf dem Startblock habe ich nur gedacht, hoffentlich ist die ganze Scheiße bald vorbei. Dann bist du nicht mehr der Mittelpunkt der Nation. Dann kann ich endlich wieder ich selbst sein«, sagte Schwimmerin Franziska van Almsick nach ihrem verpatzten Finale bei den olympischen Spielen 2004 in Athen.[1] Sie war damals als haushohe Favoritin gestartet, aber kläglich hinter den Erwartungen zurückgeblieben. Diese Aussage bringt auf den Punkt, worum es beim Performance-Management geht: die Versagensängste und Selbstzweifel in den Drucksituationen, die sich im Kern allesamt mit dem Ausmalen negativer Konsequenzen bei einem möglichen Misserfolg beschäftigen, unter Kontrolle zu halten. Doch wieso haben wir diese Eigenart eigentlich in uns, wieso beschäftigen wir uns – obwohl wir dies gar nicht wollen – mit den Schreckensszenarien eines möglichen Scheiterns? Wieso schickt uns unser Gehirn geradezu zwanghaft immer wieder Gedanken, die unser Selbstvertrauen untergraben?

Wie immer hat sich die Natur auch hierbei etwas gedacht. Unsere Versagensängste erklären Evolutionsbiologen wie folgt: Für den Steinzeitmenschen war das Leben in freier Natur stets mit Gefahren und Risiken verbunden. Vorsichtig und immer auf der Hut zu sein war für ihn eine Grundvoraussetzung für das Überleben. Wer aus Angst vor einem wilden Tier ein Dickicht mied, hatte vielleicht ein mulmiges Gefühl, überlebte aber im Unterschied zu dem, der frisch und fröhlich darauf zusteuerte und dann ein Rendezvous mit einem hungrigen Säbelzahntiger hatte. Bis heute ist diese Vorsicht im Sinne von immer auf der Hut zu sein und Vorsicht walten zu lassen in unseren Genen einprogrammiert. Darin spiegelt sich ein uralter Grundsatz unseres Gehirns wider, der sich über Jahrmillionen hinweg bestens bewährt hat: Angst schlägt Zuversicht!

---

1 https://www.manager-magazin.de/lifestyle/freizeit/a-313741.html (eingesehen am 20.05.2020)

Der bereits zitierte Martin Seligman spricht in diesem Zusammenhang vom »katastrophischen Gehirn« und meint damit die in unseren Genen angelegte Grundeinstellung, stets auf das Schlimmste gefasst zu sein. Jeder kennt diesen Mechanismus, der uns zuerst einmal das Schlimmste vermuten lässt, aus eigener Erfahrung: das Kind, das nicht pünktlich nach Hause kommt und auch per Handy nicht erreichbar ist; der grimmige Blick des Chefs auf dem Flur; der Brief vom Finanzamt im Briefkasten; die Polizei, die schon seit zehn Minuten hinter einem fährt, etc. – alles Situationen, in denen wir denken: »Hoffentlich ist da nichts Schlimmes passiert!« Diese Eigenart unseres Gehirns, sich zunächst einmal auf (theoretisch) mögliche Gefahren und Schreckensszenarien einzustellen, erhöhte in der Steinzeit zweifelsohne unsere Überlebenschancen. Doch für das Abrufen von Bestleistung ist dieses urzeitliche Relikt kontraproduktiv.

Um zu verstehen, wie subtil dieses Problem ist, müssen wir uns noch mal vor Augen führen, wie wir die Fähigkeiten erworben haben, auf die wir in entscheidenden Momenten, z.B. bei einem Wettkampf oder einer Prüfung, zugreifen möchten: Lernen – egal ob es sich um kognitive oder koordinative Inhalte handelt – ist zunächst einmal immer mit bewusster und in der Regel anstrengender Konzentration verbunden. Im Gehirn entstehen sogenannte neuronale Netzwerke, das sind Gehirnzellen, die sich durch das systematische Wiederholen miteinander verbinden und das Gelernte abspeichern. Es spielt keine Rolle, ob es dabei ums Vokabellernen, das Einstudieren eines Tanzschrittes oder die Bedienung eines neuen Computerprogramms geht: Regelmäßiges Üben ist der Schlüssel zum Erfolg. Die Weisheit »Übung macht den Meister!« hat hier ihren neurobiologischen Ursprung. Und sobald wir gemäß diesem Sprichwort Meister geworden sind, wird das Erlernte an die Tiefen des Unterbewusstseins abgegeben und von dort eigenständig verwaltet. Der Lernprozess ist damit beendet.

Wenn uns dann etwas »in Fleisch und Blut« übergegangen ist, übernimmt das schnelle Denken das Kommando. Und genau auf dieses »Betriebssystem« müssen wir in den Situationen, die wirklich zählen, zugreifen können. Der am Max-Planck-Institut in Frankfurt am Main forschende Neurobiologe Professor Wolf Singer beschreibt das in dem 2008 erschienenen Buch »Hirnforschung und Meditation« wie folgt: »(…) lässt sich mit Hilfe der funktionellen Kernspintomographie nachweisen, dass gut eingeübte Fertigkeiten, sobald sie automatisiert und unbewusst erbracht werden können, von anderen Hirnstrukturen verwaltet werden als jenen, die zu Beginn des Trainings involviert waren.«[2] Unser Verstand, sprich das langsame Denken, ist somit während eines solchen Flows zum Zuschauen verurteilt. Genau das macht dieses »Herausfließen« der Leistung für uns rational geprägte Menschen so schwer zu verstehen.

Spitzenleistungen können sich nur einstellen, wenn man loslässt und dem Autopiloten (schnelles Denken) zu 100 Prozent vertraut.

Wie elementar dieses Loslassen und damit das Vertrauen in das »Selbst«, sprich in das schnelle Denken, ist, beschreibt Tim Gallway in dem bereits genannten Klassiker »Tennis und Psyche«. Dort zitiert er den berühmten japanischen Zen-Lehrer Daisetsu Teitaro Suzuki wie folgt: »Sobald wir nachdenken, überlegen und Begriffe bilden, geht das ursprünglich Unbewusste verloren und ein Gedanke taucht auf (…). Der Pfeil ist abgeschossen, aber er fliegt nicht gerade zur Scheibe hin, und die Scheibe steht auch nicht dort, wo sie stehen soll. Kalkulation, eigentlich Miß-Kalkulation setzt ein (…).«[3] Hier wird deutlich, was schiefgehen kann – wenn wir also im entscheidenden Augenblick eben nicht das schnelle Denken aktivieren, sondern auf das langsame Denken zugreifen. Entscheidend, um unter Druck seine Bestleistung abzurufen, ist die Kunst, sein Können unverkrampft und entspannt zuzulassen, auch wenn der Wettkampf oder das Ereignis besonders

---

2 Wolf Singer: Hirnforschung und Mediation. Ein Dialog. Frankfurt am Main: Suhrkamp, 2008, S. 40
3 Timothy Gallwey: Tennis und Psyche – das innere Spiel. München: WILA Verlag 1977, S. 25

wichtig ist und viel auf dem Spiel steht. Doch dies ist leichter gesagt als getan, denn:

Instinktiv und ungefragt schaltet sich immer dann, wenn es wirklich darauf ankommt, das langsame Denken ein – und bremst uns aus.

Dann laufen wir Gefahr, dass es zum sogenannten »Chocking« (engl. »abwürgen / absterben«) kommt. Das langsame Denken agiert dann wie eine übervorsichtige Mutter, die nochmals überprüfen möchte, ob alles in Ordnung ist, um im entscheidenden Moment nicht zu versagen. »Pass auf, dass das nicht schiefgeht!«, ruft es uns zu, doch genau deswegen laufen wir Gefahr, auf tausendfach Geübtes plötzlich nicht mehr zugreifen zu können. Es ist fatal: Indem wir versuchen, den Autopiloten bewusst zu kontrollieren, sprich das schnelle Denken mit dem langsamen zu steuern – verlieren wir den Zugang zu ihm. Wer versucht, seine Finger beim Klavier Spielen bewusst zu steuern, kommt aus dem Takt. Wer beim Hinabwedeln eines Hangs seine Skier mit dem Verstand zu steuern versucht, verliert den Schwung. Wer seine Finger beim Tippen einer SMS bewusst dirigiert, vertippt sich. Probieren Sie's aus!

Die Psychologin Sian Beilock, Leiterin des Human Performance Lab an der University of Chicago, beschreibt das Phänomen, das eintritt, wenn Personen bei der Ausführung von Handlungen, die normalerweise automatisch ablaufen, bewusst darüber nachdenken, als »Paralyse durch Analyse«. Sie hat z. B. nachgewiesen, dass Golfspieler beim Putten eine höhere Trefferquote erreichen, wenn sie dies so schnell wie möglich tun, anstatt sich so viel Zeit wie möglich zu lassen. Wenn man sich dann, wenn's zählt, zu sehr kontrolliert und kritisch beäugt, kann das schnell dazu führen, dass man das falsche Betriebssystem aktiviert. Das erklärt auch das Phänomen, dass Profis regelrechte Anfängerfehler unterlaufen können. Das passiert beispielsweise Tennisspielern beim Aufschlag oder Golfern beim Putten, wenn sie aus Angst zu versagen bewusst darüber nachdenken, wie sie den Bewegungsablauf jetzt ausführen sollen. Diese willentlich-bewusste Steuerung der Technik entspricht im Prinzip einem Anfängerfehler, weil die Bewegung nicht vom schnellen Denken, in dem der Automatismus des Bewegungsablaufs gespeichert ist, sondern vom langsamen Denken – sprich der bewussten Konzentration – gesteuert wird.

Genau dieses Phänomen, nämlich Automatismen mit bewusster Kontrolle steuern zu wollen, durchlief Tennisstar Sascha Zverev im Sommer 2019, das beim Turnier in Cincinatti seinen Höhepunkt erreichte. Zverev unterlag dem serbischen Qualifikanten Miomir Kecmanovic mit 7/6; 2/6 und 4/6 und produzierte dabei unglaubliche 20 Doppelfehler. »Es ist unfassbar, was da mit Zverev passiert.« kommentierte Jim Courier, selbst ehemalige Nummer eins der Welt im Herrentennis beim amerikanischen »Tennis Channel«. Denn diese Doppelfehlerorgie war leider nicht die Ausnahme für Zverev, sondern die Regel in diesem denkwürdigen Sommer 2019. Doch je mehr Zverev darüber nachdachte, wie er den Aufschlag – technisch gesehen – ausführen sollte, desto mehr Doppelfehler produzierte er. Mit anderen Worten: Den koordinativ höchst anspruchsvollen Bewegungsablauf des Aufschlags mit der bewussten Kontrolle ausführen zu wollen, hatte zur Folge, dass Zverev auf das falsche Betriebssystem (langsames Denken) zugriff, das bei Anfängern zuständig ist für das Neulernen von Bewegungsabläufen. Hier liegt der neurobiologische Ursprung, weshalb Profis regelrechte Anfängerfehler unterlaufen können, was Gerd Müller, Bomber der Nation, mit seinem legendären Satz »Vor dem Tor derfst net das Studieren anfangen.« kommentierte.

Im Alltag hat sicher jeder schon einmal erlebt, wie zerstörerisch Versagensängste sein können, etwa wenn die Geheimzahl vom Bankautomaten oder die PIN vom Handy urplötzlich abgelehnt werden und man nur noch zwei Versuche hat. Diese Drucksituation nährt Zweifel und Versagensängste. Zwar hat man die Zahlen schon hunderte Male ohne nachzudenken richtig eingegeben, doch jetzt gerät man plötzlich ins Grübeln: War es die 3276, die 2376 oder doch die 3267? Nicht selten sorgt die Angst, einen Fehler zu machen, dann für einen kompletten Blackout, vor allem wenn sich am Bankautomaten oder im Supermarkt bereits eine ungeduldig wartende Menschenschlange hinter einem gebildet hat, was den Druck nochmals erhöht.

Neben der Angst zu versagen droht noch eine zweite Gefahr, die unsere Leistung gerne gefährdet: Wir können uns selbst im Wege stehen, indem wir uns zu sehr anstrengen. Jeder kennt dieses Phänomen noch aus der Schulzeit: Schaute der Lehrer uns über die Schulter, strengten wir uns noch mehr an und verloren gerade deshalb den Faden. Mit der im Grunde positiven Anstrengungsbereitschaft können wir uns selbst ein Bein stellen, denn:

Wer Leistung erzwingen will, verliert den Zugriff auf den Autopiloten. Zu große Anstrengung ist kontraproduktiv. Sie blockiert die Fähigkeiten des Unbewussten und verhindert so den Zugang zum Flow.

Die »Ladehemmung« des Asafa Powell

Ein beeindruckendes Beispiel, dass sich Siege nicht mit reiner Willenskraft erzwingen lassen, ist die Geschichte des Sprinters Asafa Powell. Wenn man an das letzte Jahrzehnt des 100-Meter-Sprints zurückdenkt, ist man unmittelbar bei dem Namen Usain Bolt. Bolt dominierte mit seinen acht Goldmedaillen bei Olympischen Spielen und elf Goldmedaillen bei Weltmeisterschaften sowie mit dem Aufstellen des noch immer gültigen Weltrekords von 9,58 Sekunden auf 100 Meter die Sprintdisziplin wie kein anderer Athlet vor ihm. Möglich wurde diese Karriere jedoch nur, weil es Asafa Powell, ein nicht minder begabter Athlet, nicht schaffte, wenn es wirklich darauf ankam, sein ganzes Potenzial auf die Bahn zu bringen. Obwohl er zwischen 2005 und 2007 vier gültige Weltrekorde aufstellte, schaffte er es nicht, in der Einzeldisziplin Weltmeister zu werden oder sein Talent mit einem Sieg bei den Olympischen Spielen zu krönen. Im Rückblick auf seine Karriere erkennt Powell selbst den Grund für seine Ladehemmung: zu große Anstrengung!

Dass er damit recht hatte, konnten japanische Experten mithilfe einer einzigartigen Hochgeschwindigkeitskamera belegen, mit der sich Bewegungsabläufe von Sportlern in Kraftentfaltung und Koordination in und zwischen den Muskeln bis ins letzte Detail darstellen lassen. Im Falle

Asafa Powells konnten sie so erkennen, dass die Muskulatur unter extremem Wettkampfstress – sprich bei Weltmeisterschaften oder Olympia – verkrampfte. Spezialisten sprechen dann von einer »Koaktivierung«: Bei einer Überregulierung durch einen zu großen Einsatz der Willenskraft werden in der Folge mehr Muskelanteile als nötig aktiviert, weshalb die ansonsten so geschmeidigen und runden Bewegungsabläufe verkrampft und eckig werden. In Powells Fall führte dies dazu, dass die Schrittlänge bei Weltmeisterschaften und Olympischen Spielen im Schnitt um ca. 20 cm kürzer war als im Training oder bei vergleichsweise unwichtigen Wettkämpfen.[4]

Die Kraft der Visualisierung

Spitzenleistungen lassen sich also weder durch bewusste Kontrolle noch durch zu große Anstrengung erzwingen, im Gegenteil, es macht den Erfolg noch unwahrscheinlicher. Und doch gibt es immer wieder Menschen, denen es gelingt, genau dann ihr Bestes zu geben, wenn alle Augen auf sie gerichtet sind und viel auf dem Spiel steht. Wie ist das möglich?

Ein Geheimnis liegt in der Kraft der Visualisierung. Visualisieren heißt, in Bildern, anstatt in Worten zu denken. Ein Bild sagt mehr als tausend Worte, heißt es, und es stimmt: Die Sprache unseres Gehirns ist die Sprache der Bilder. Bereits Aristoteles schrieb, dass die Seele nie ohne ein Bild denke. Bilder werden vom Gehirn bis zu tausendmal schneller verarbeitet als das gesprochene Wort. Einsteins Feststellung, dass Vorstellungskraft wichtiger als Wissen sei, lässt die Bedeutung innerer Bilder für unsere Performance erahnen. Der Begriff »Vorstellungs-Kraft« ist dabei durchaus wörtlich zu nehmen, denn von Vorstellun-

---

4 https://programm.ard.de/TV/Programm/Jetzt-im-TV/?sendung=
287248868823923 (eingesehen am 20.05.2020)

gen geht eine enorme Kraft aus. Geistige Bilder gelangen direkt ins Unterbewusstsein und aktivieren dort entsprechende Ressourcen, die den Drang haben, sich im Sinne einer sich selbst erfüllenden Prophezeiung zu realisieren.

Zudem haben die Bilder in unserem Kopf einen maßgeblichen Einfluss auf unseren emotional-mentalen Zustand. Es macht einen Unterschied, ob ich an die anstehende Zahnwurzelbehandlung oder das ersehnte Rendezvous denke. Das liegt daran, dass ein Gedanke stets auch ein körperliches Ereignis ist. Die Angst, ein Match zu verlieren oder eine Präsentation zu vermasseln, hat schon manchem einen Strich durch die Rechnung gemacht. Der bereits erwähnte Pionier und Wegbereiter des Sportmentaltrainings, Professor Hans Eberspächer, pflegte das Phänomen der inneren Bilder wie folgt herauszustellen. Man sollte sich zunächst vorstellen, wie man an der Kante der untersten Stufe einer Treppe stehe und nach unten blicke. Was löst das im Gehirn aus? Nichts! Dann sollte man sich vorstellen, man stehe an der Kante des Dachs eines Wolkenkratzers und blicke nach unten. Was löst das im Gehirn aus? Unbehagen, ein mulmiges Gefühl und Angst. Die automatische Reaktion des Gehirns im Sinne von »Was passiert, wenn …?« sorgt automatisch dafür, dass sich der mentale Fokus auf mögliche Konsequenzen und nicht auf die eigenen Kompetenzen richtet. Dieses Beispiel zeigt zweierlei, nämlich, dass der Fokus auf mögliche Konsequenzen die Konzentration auf das »Hier und Jetzt« raubt und:

Ein Gedanke ist stets ein physiologisches Ereignis!
Er treibt den Puls nach oben, beschleunigt die Atmung und
spannt die Muskeln an.

Die biologische Erklärung ist denkbar einfach: Ein Gedanke löst deshalb physiologische und emotionale Reaktionen aus, weil der durch den Gedanken im Gehirn entstehende Stimulus genauso registriert und verarbeitet wird wie jeder andere Stimulus aus der Außenwelt, der über Augen, Ohren, Tast-, Geruch- oder Geschmackssinn aufgenommen wird. In diesem Kontext wird nochmals deutlich, dass Gedanken Energie sind und weshalb die gezielte Lenkung der Gedanken ein so mächtiges Werkzeug darstellt.

Vorstellungen können sogar Angststörungen oder Phobien auslösen. Das geht so weit, dass die Vorstellungskraft schwangerer Frauen zu Reaktionen beim Fötus führen können, wie ein Experiment nachwies. Schwangere wurden dabei aufgefordert, sich in eine stark belastende Situation hineinzuversetzen, z. B. in einen zurückliegenden heftigen Streit mit dem Partner. Während die Frauen diese Situation vor ihrem geistigen Auge durchlebten, erstarrte der Fötus, wie die Ärzte mittels Ultraschall beobachten konnten. Auch Flugangst ist ein Phänomen, das einzig und allein durch entsprechende Gedanken hervorgerufen wird. Sowohl der Placeboeffekt als auch das Phänomen der Hypochondrie hängen mit der Programmierung entsprechender innerer Bilder zusammen. Wie das eingangs beschriebene Beispiel von Franziska van Almsick zeigt, haben solche Bilder eine Tendenz, sich zu verwirklichen. Ein Athlet, der mit der Vor- bzw. Einstellung »Heute ist nicht mein Tag!« oder »Gegen den kann ich sowieso nicht gewinnen!« in den Wettkampf geht, wird an diesem Tag mit hoher Wahrscheinlichkeit nicht seine Bestleistung abrufen. Dass er dann nach dem Wettkampf noch sagt, das hätte er schon vorher gewusst, bestätigt, dass solche inneren Bilder schnell zu einer sich selbst erfüllenden Prophezeiung werden können, was wiederum eine weitere psychologische Wahrheit bestätigt: Das Phänomen der sich selbst erfüllenden Prophezeiungen ist für allem für Menschen relevant, denen es an Selbstwirksamkeit und einer gefestigten Persönlichkeit fehlt. Der Aufbau von Selbstvertrauen ist somit der entscheidende Faktor, um sich selbsterfüllenden Prophezeiungen den Nährboden zu entziehen.

Umgekehrt heißt das auch, dass die gezielte Programmierung mit positiven Bildern ein wichtiges Werkzeug darstellt, um sich selbst auf den gewünschten Erfolgskurs zu bringen. Die folgende Übung hilft Ihnen, Ihr Vorstellungsvermögen zu reaktivieren.

Innerer Urlaub –
so nutzen Sie Ihr Vorstellungsvermögen zur Entspannung

Rufen Sie sich dazu eine Szenerie ins Gedächtnis, die Sie mit Entspannung, Erholung und Glück verbinden. Das kann ein Bild in der Hängematte sein, auf der Liege am Strand, am Ufer eines ruhigen Sees oder Ähnliches. Wichtig ist nur, dass es sich um ein Bild handelt, in dem Sie zu 100 Prozent glücklich und zufrieden sind.

- Lassen Sie dieses Bild nun so konkret wie möglich vor Ihrem geistigen Auge entstehen, und beobachten Sie sich in dieser Situation. Beschreiben Sie so detailliert wie möglich, was Sie sehen: die Unterlage, auf der Sie sitzen oder liegen, welche Kleidung Sie tragen, was Sie sehen, wenn Sie Ihren Blick schweifen lassen, etc. Sie betrachten sich gewissermaßen von außen, so als würden Sie eine andere Person beobachten.

- Nun wechseln Sie in die Innenperspektive. Versuchen Sie mit allen Sinnen zu spüren, wie sich dieser innere Urlaub anfühlt: Wie warm ist es? Spüren Sie einen Luftzug oder Wind auf Ihrer Haut? Was hören Sie? Vogelgezwitscher oder das Rauschen eines Baches? Was riechen Sie? Den Geruch des Waldes? Die Frische am Meer?

- Spüren Sie nun, wie gut es Ihnen in diesem Moment geht und wie glücklich Sie sind. Je besser es Ihnen gelingt, die Wahrnehmungen dieser Situation mit allen Sinnen zu reaktivieren und zu durchleben, desto besser die Wirkung. Genießen Sie dieses Gefühl so intensiv wie möglich und verharren Sie darin. Empfinden Sie einen Moment Dankbarkeit, dass es Ihnen so gut geht und dass Sie glücklich sind.

- Nach ein paar Minuten in diesem Zustand des »inneren Urlaubs« wechseln Sie wieder in die Beobachter-Perspektive. Nehmen Sie nun bewusst drei tiefe Atemzüge, verabschieden Sie sich mit Dankbarkeit und einem angenehmen Gefühl der Frische von diesem inneren Urlaub und kehren Sie zurück in die Realität.

Zu den spannendsten Entdeckungen der Gehirnforschung gehört zweifelsohne, dass die bildverarbeitenden Zentren im Gehirn keinen Unterschied machen zwischen der Wahrnehmung eines Bildes in der Außenwelt, einer Erinnerung oder einer Vorstellung. Das Gehirn weiß nur, worauf der momentane Fokus gerichtet ist, nicht aber, ob sich das Bild in der Gegenwart, Zukunft oder Vergangenheit befindet. Fordert man z. b. eine Person auf, die Augen zu schließen und sich vorzustellen den Arm zu heben, lässt sich mittels Gehirnscanner nachweisen, dass im visuellen Kortex – dem Bereich im Gehirn, der das Bild des Arms repräsentiert – genau dieselben Neuronen feuern, als würde die Person die Bewegung tatsächlich ausführen.

Diese Erkenntnis ist so neu nicht, denn bereits Ende des 19. Jahrhunderts beschrieb der englische Physiologe William Carpenter, dass das bloße Vorstellen einer Bewegung in den Muskeln unmittelbar eine entsprechende Reaktion auslöst. An dieses als »Carpenter-Effekt« in die Geschichte eingegangenen Gesetz knüpfte der amerikanische Arzt und Begründer der progressiven Muskelrelaxation, Edmund Jacobson, an. Er wies nach, dass bei Dartspielern, die sich einen Wurf lediglich intensiv vorstellten, dieselben Muskelgruppen aktiviert wurden, wie als würden sie den Wurf tatsächlich durchführen. Das bestätigte vor wenigen Jahren auch der Harvard-Psychologe Stephen Kosslyn mittels Echtzeit-Gehirnscanner: Das alleinige Vorstellen von Bewegungen aktiviert die zuständigen motorischen Areale der Großhirnrinde so, als würden sie die vorgestellte Bewegung tatsächlich steuern. Er erbrachte damit den neurobiologischen Beweis für die Wirksamkeit des Vorstellungstrainings, das aus dem Sport schon lange nicht mehr wegzudenken ist. Skifahrer oder Formel-1-Piloten fahren beispielsweise Minuten vor dem Start den Kurs schon mal im Geiste durch. Doch auch außerhalb des Sports macht man sich das Prinzip zunutze: Piloten spielen im Geiste durch, wie sie sich in Notfällen verhalten, Dirigenten üben ihre Sinfonien im Kopf und Ärzte ihre Operationen mental.

Als Experten der Visualisierungskunst gelten Turner. Sie trainieren zunächst im Kopf und erst dann mit dem Körper. Olympiasieger Fabian

Hambüchen setzt dabei auf die Unterstützung seines Onkels Bruno, der als Psycho- und Hypnotherapeut eine Praxis in Krefeld betreibt. Bruno Hambüchen nennt die Arbeit mit inneren Bildern »Selbsthypnose« und meint: »Er [Fabian] schaut sich vor seinem geistigen Auge selbst zu und sucht die Stellen, an denen er merkt, dass er dort ein komisches Gefühl hat. Diese Passagen bearbeitet er innerlich, als wäre er sein eigener Trainer. Bis er spürt, dass er aus seinem tiefen Inneren das Go dafür bekommt. Auf diesem Wege bekommt er eine höhere Sicherheit.«[5]

Doch nicht nur für die Entwicklung der Performance, auch für die Rehabilitation nach Verletzungen spielt die Arbeit mit inneren Bildern eine zentrale Rolle. Es ist bestens belegt, dass Verletzte, die während der Rekonvaleszenz gezielt ihre Bewegungsabläufe systematisch vor ihrem geistigen Auge trainieren und durchleben (ideomotorisches Training), weniger Muskelmasse verlieren, schneller genesen und nach Wiedereinstieg ins Training schneller ihr ursprüngliches Leistungsniveau erreichen.

WINNIG INSIDE / Training

Pendeln – den Carpenter-Effekt für sich nutzen

Wie beim Carpenter-Effekt beschrieben, lösen intensive Vorstellungen körperliche Reaktionen aus. Pendeln ist eine hervorragende Methode, seine Konzentration zu trainieren und sein Gehirn innerhalb kürzester Zeit in einen Zustand geistiger Klarheit und höchster Konzentration zu versetzen. Dem Effekt des Pendelns liegt zugrunde, dass unsere Hände mit feinsten Muskelsträngen und hochsensiblen Nervenbahnen durchzogen sind, die empfindlichst auf unsere Vorstellungen reagieren.

---

5 SPORT BILD; Nr. 40/2014, S. 85

- Nehmen Sie einen ca. 20 cm langen Faden und befestigen Sie an einem Ende einen Ring oder einen ähnlichen Gegenstand. Wickeln Sie das andere Ende des Fadens ein paarmal um den Zeigefinger und stützen Sie den Ellbogen auf die Tischplatte. Der Ring sollte sich nun in einem Abstand von einigen Zentimetern über der Tischplatte befinden.
- Bringen Sie den Ring nun zur absoluten Ruhe. Dann schließen Sie die Augen und stellen Sie sich vor, wie das Pendel beginnt, sich horizontal von links nach rechts hin und her zu bewegen. Wichtig dabei ist, dass Sie sich die Bewegung des Pendels nur vorstellen, ohne dabei die Hand zu bewegen.
- Wenn Sie spüren, wie das Pendel zu schwingen beginnt, öffnen Sie die Augen, um sich von dem Ergebnis zu überzeugen. Schließen Sie nun die Augen wieder und bringen Sie das Pendel per Vorstellung wieder zur absoluten Ruhe.

Sie werden schnell die Erfahrung machen, wir Ihr Körper Ihrer Vorstellung folgt. Auf Grundlage dieses Mechanismus können Sie nun beginnen, das Pendel sich vertikal aufwärts/abwärts, im Kreis linksherum oder rechtsherum bewegen zu lassen. Das Üben mit dem Pendel trainiert Ihre Konzentration, gleichzeitig können Sie damit Ihr Gehirn innerhalb kürzester Zeit in einen idealen Leistungszustand bringen.

Eng verwandt mit dieser Form des Vorstellungstrainings ist ein weiteres mentales Trainingsinstrument: der Einsatz von Metaphern. »Schwebe wie ein Schmetterling und steche wie eine Biene!«, dieser Slogan des unvergessenen Boxchampions Muhammad Ali ist hierfür ein hervorragendes Beispiel. Bildliche Vergleiche, z.B. »Ich bewege mich so geschmeidig wie eine Katze!«, »Ich explodiere am Start wie ein Panther!« oder »Ich schwimme wie in einer Röhre!« sprechen direkt die Gefühlsebene an und versetzen uns in einen entsprechend positiven Zustand.

Metaphern besitzen nachweislich eine leistungsfördernde Wirkung, steigern die Konzentration und helfen, ins Hier und Jetzt zu gelangen.

Wie Elena Richter mit Metaphern ins Schwarze trifft

Eine beeindruckende Schilderung der Anwendung von Metaphern stammt von Elena Richter, der Hallen-Weltmeisterin 2018 im Bogen-schießen. Mit Metaphern bereitet sie sich darauf vor, den Pfeil über die Entfernung eines Fußballfeldes auf eine Zielscheibe in Größe einer CD zu schießen: »Im Wettkampf stelle ich mir vor, wie ich eine Käseglocke über mich stülpe, die sämtliche Geräusche und Ablenkungen dämpft. Während des Schussablaufs konzentriere ich mich dann auf einzelne Schlagwör-ter, die ich mir vorher zurechtgelegt und immer wieder geübt habe. Bei ›Baum‹ stelle ich mich stabil hin, so als sei ich mit dem Boden verwurzelt. Bei ›Mitte‹ stelle ich mir vor, wie sich meine Körpermitte anspannt, vom Bauch bis zu den Oberschenkeln. Das letzte Schlagwort ist ›Zack‹, da lasse ich die Sehne los, zackig, aber nicht mit zu viel Spannung. Die Schlag-wörter sind für mich ein Anker im Tumult, sie helfen mir, voll und ganz bei einem Schuss zu sein und mich nicht ablenken zu lassen.«[6]

Ein Paradebeispiel, wie wichtig die Vorstellungskraft für die Perfor-mance ist, war auch Boris Becker. So antwortete er verdutzten Jour-nalisten auf die Frage, wieso er gerade im Tiebreak – also dann, als es wirklich darauf ankam – sein bestes Tennis gespielt hatte: »Ach, diesen Tiebreak habe ich gestern Abend schon gespielt!« Becker weiter: »In Gedanken sehe ich, wie ich ein Ass nach dem anderen serviere, wie der Gegner hilflos an der Grundlinie steht. Wenn ich mit diesem Bild im Hinterkopf einschlafe, arbeitet das Unterbewusstsein die ganze Nacht unentwegt weiter und verankert das erwünschte Zielfoto als schon erreicht. Mit dieser programmierten Zuversicht habe ich am nächs-ten Tag weitaus bessere Karten, das Match für mich zu entscheiden, als wenn ich mit der Einstellung ›Mal sehen, wie weit ich komme!‹ an den Start gehe!«[7] Becker war ein Meister darin, sich auf wichtige

---

6 Elena Richter: Ein Schuss gelingt nur mit innerer Ruhe. GEO Heft 02/2019, S. 60
7 Boris Becker: Gewonnen und verloren wird zwischen den Ohren. Gehirn & Geist Heft 11/2008, S. 34

Matches mental mittels Visualisierung zu programmieren, und nutzte dazu intuitiv die Zeit kurz vor dem Einschlafen. In dieser Zeit sind wir besonders empfänglich für die Arbeit mit inneren Bildern, denn unser Gehirn schwingt dann im sogenannten Alpha-Bereich, der im Kapitel Stress noch detailliert beschrieben wird. In diesem speziellen Bereich – nicht mehr ganz wach, aber auch noch nicht schlafend – ist es besonders aufnahmebereit für bildliche Vorstellungen. »Im entspannten Zustand ist das Unterbewusstsein formbar wie Wachs!«, schrieb Joseph Murphy, irischer Wegbereiter des mentalen Trainings und Bestsellerautor, bereits in den 1960er-Jahren. Wer also wie Boris Becker die Zeit kurz vor dem Einschlafen nutzt, um sich so lebendig wie möglich vorzustellen, wie er Herausforderungen am nächsten Tag erfolgreich bewältigt, erhöht seine Chancen, dass ihm dies tatsächlich gelingt.

Zuversichtlich, aber nicht naiv sein

Bedenken Sie, dass es in der Natur Ihres Verstandes liegt, sich während des Visualisierens immer wieder kritisch zu Wort zu melden. Vielleicht kommen Ihnen Zweifel, ob Sie Ihr Vorstellungsbild überhaupt jemals realisieren werden. Ihr Verstand kann gar nicht anders, als sich an der Vergangenheit zu orientieren, allerdings finden sich dort unter Umständen keine entsprechend positiven Erfahrungen. Auch das typisch deutsche »Freu dich nicht zu früh!« ist kontraproduktiv. Übergehen Sie diese unangebrachten Einwände galant.

> **Ein fester Glaube an die Zielerreichung, sowie das innere Spüren, wie es sich anfühlen wird, wenn die Vorstellung Realität geworden ist, spielen eine maßgebliche Rolle, um im Gehirn die entsprechenden Ressourcen zur tatsächlichen Umsetzung zu aktivieren.**

Je besser es Ihnen gelingt, auf Ihrer mentalen Bühne zum Meisterschauspieler zu werden und das zukünftige Szenario bereits vor Ihrem geistigen Auge möglichst mit allen Sinnen zu erleben und zu spüren, desto deutlicher stellen Sie die Weichen auf Erfolg.

Die Kunst des mentalen Vorstellens kann ein Wegbereiter für den Erfolg sein, und das gilt natürlich nicht nur für die Welt des Sports. Mit naivem positiven Denken ist es dabei aber nicht getan, folgt man der Psychologie-Professorin Gabriele Oettingen. In ihrem Buch »Die Psychologie des Gelingens« stellt sie ihr mentales Trainingskonzept vor und rät dazu, sich beim Setzen von Zielen bereits frühzeitig imaginär auch mit möglichen Hindernissen auseinanderzusetzen.[8] Der Trick hinter dieser Technik: Diese mentale Gefahrenvorbereitung wirkt ins Unterbewusstsein und liefert dann automatisch die vorbereitete Handlungsanleitung, wenn die Hindernisse in der Realität tatsächlich auftreten sollten. Oettingen hatte in ihren langjährigen Studien immer wieder folgende Beobachtungen gemacht: Menschen, die sich allzu optimistisch an eine Aufgabe machten, waren am Ende meist nicht so erfolgreich wie diejenigen, die zwar auch eine positive Grundeinstellung an den Tag legten, sich aber schon zu Beginn mental mit möglichen Stolpersteinen beschäftigten.

Wer sich mental auf mögliche Stolpersteine vorbereitet, hat deutlich bessere Chancen, den erwarteten Widerstand zu überwinden, als derjenige, der sich völlig unvorbereitet auf den Weg macht.

Oettingen bezeichnet dies als mentales Kontrastieren. Das Durchspielen eines möglichen Worst-Case-Szenarios schafft noch einen weiteren positiven Effekt: Es wirkt beruhigend, denn man wird sich bewusst, dass es gar keinen Grund gibt, so viel Angst zu haben. Wenn Ihnen ein unangenehmes Gespräch bevorsteht, kann das Visualisieren im Vorfeld eine große Hilfe sein. Die folgende Anleitung ist ein Praxis-

---

8 Gabriele Oettingen: Die Psychologie des Gelingens. München: Droemer, 2014

beispiel, das Sie als Orientierung nutzen und auf ähnliche Situationen übertragen können.

WINNIG INSIDE / Training

Vorbereitung auf ein unangenehmes Gespräch

Ein Mitarbeiter hat sich beim Chef über Sie beschwert, der Sie daraufhin zum Rapport bestellt. Auf dieses Gespräch bereiten Sie sich nun im Geiste vor, und zwar am Vorabend kurz vor dem Einschlafen:

– Sie sehen sich am nächsten Morgen auf dem Weg zur Firma. Sie merken, wie immer wieder ein mulmiges Gefühl in Ihnen aufsteigt, das Sie jedoch aus Ihrem Bewusstsein verbannen, indem Sie ganz langsam und tief in den Bauch atmen und dabei bis zehn zählen.

– Nun kommen Sie in der Firma an und müssen im Vorzimmer des Chefs warten. Es flackern immer wieder sorgenvolle Gedanken auf, doch Sie wirken dagegen, indem Sie sich bewusst spüren und wahrnehmen, wie Sie sitzen, wie der Stuhl das Gewicht Ihres Körpers trägt. Dabei lockern und räkeln Sie sich etwas und merken, dass Ihnen das hilft, gelassener zu werden.

– Sie sehen sich, wie Sie ins Büro des Chefs gerufen werden und wie Sie selbstbewusst und mit aufrechtem Gang eintreten und Ihren Vorgesetzten freundlich begrüßen. Jetzt ist der Moment gekommen, auf den Sie sich mental eingestellt haben: Sie konzentrieren sich, tief zu atmen, und bleiben in einer aufrechten, kraftvollen Körperhaltung.

– Sie hören sich in Ruhe, aber höchst konzentriert an, was Ihr Chef zu sagen hat, welche Beschwerden es über Sie gibt. Dabei halten Sie Blickkontakt und unterbrechen Ihr Gegenüber nicht. Sie demonstrieren Selbstsicherheit.

– Als Sie anfangen, Ihre Sicht der Dinge darzulegen, sehen Sie, wie Sie dies ruhig, sachlich, und mit kraftvoller Stimme tun. Sie lassen Argumente sprechen, ohne Ihren Ankläger anzugreifen oder persönlich abzuwerten.

– Sie strahlen Souveränität und Zuversicht aus und nutzen diese unangenehme Situation sogar zu Ihrem Vorteil: Ihr Chef erkennt, wie cool Sie in einer solchen Situation bleiben. Sie haben die Größe, Ihren Fehler einzugestehen, und zwar so, dass Ihr Chef spürt, dass sich dieser nicht wiederholen wird.

Eine Vision vor Augen haben

Was, wie eben gesehen, im Kleinen funktioniert, nämlich dass innere Bilder etwas auslösen, gilt auch im Großen. Daher ist es wichtig, eine klare Vision von seiner Zukunft zu haben, also ein Zielszenario, das man erreichen möchte. Eine Vision ist eine motivierende, positive Vorstellung eines erwünschten Idealzustands, eine Art Fixstern, der einen lenkt und leitet. Sie ist das große Bild, das Orientierung gibt. Das Charakteristische einer Vision ist, dass sie gefühlt und innerlich erlebt wird. Die Vorstellung, wie es sein wird, wenn die Vision erreicht ist, löst positive Emotionen in Form von Vorfreude und Begeisterung aus. Eine solche Vorstellung ist unabdingbar, um sein vollständiges Potenzial zu aktivieren, und sie sollte im Einklang mit Ihren ureigenen Motiven, Talenten, Stärken und Werten stehen.

Stellen Sie sich einen Architekten vor, der ein Haus bauen möchte: Lange vorm ersten Spatenstich hat er bereits ein klares, plastisches und eindeutiges Bild im Kopf. Er sieht das Haus vor seinem geistigen Auge, formvollendet und lebendig bis ins letzte Detail, so als wäre es bereits Realität: Form, Farbe, Größe, Anzahl der Zimmer, Türen, Garten, Einfahrt etc. Und genau dieses geistige Zielszenario ist es, das die Energie freisetzt, die nötig ist, um dieses lebendige innere Vorstellungsbild Realität werden zu lassen. Motivation, Begeisterung und Leidenschaft, aber auch Durchhaltevermögen und Beharrlichkeit, fließen um so besser, je besser Sie in der Lage sind, dieses Bild in Ihrem Kopf bereits als Wirklichkeit zu spüren. Doch das ist noch nicht alles: Wenn wir eine Vision haben, schürt dies nicht nur unsere Motivation, sie lenkt auch unsere Wahrnehmung, die dadurch selektiv wird. Beispiele dafür kennen wir alle aus dem Alltag: Wer sich ein bestimmtes Auto kaufen möchte, sieht plötzlich nur noch Fahrzeuge dieses Modells; wer schwanger ist, sieht nur noch Schwangere; wer sich eine neue Frisur zulegen möchte, dem fallen plötzlich Personen auf, die bereits eine solche tragen etc. Das Phänomen der selektiven Wahrnehmung spielt eine Schlüsselrolle in unserem Leben, denn wir richten unser inneres Zielfernrohr unbewusst auf das aus, was bereits in unserer Vorstellung existiert. Uns fallen dann Dinge zu – der Begriff »Zu-Fall« bekommt somit eine ganz andere Bedeutung. Wer sich diese unbewusst stattfindende Arbeitsweise unseres Gehirns bewusst macht, versteht, wie wichtig es ist, eine klare und plastische Vorstellung von dem zu haben, was man im Leben erreichen möchte.

Klare Vorstellungen und Ziele aktivieren die unbewusst arbeitenden Potenziale unseres Gehirns, die uns bei der Zielerreichung unterstützen.

»Self Check«

Visionen und Ziele

Es ist sinnvoll, sich im Klaren darüber zu sein, was man erreichen will und welche Visionen oder Ziele man verfolgt, gemäß der alten Weisheit: »Wer den Hafen nicht kennt, in den er segeln will, für den ist kein Wind der richtige!« Folgende Fragen helfen Ihnen, sich ein klares Bild von Ihrem »Hafen«, also von Ihrer Vision für Ihr Leben zu machen:

– Was ist Ihre Vision für Ihr Leben?
– Was wollen Sie erreichen?
– Warum wollen Sie das?
– Wie würde sich das anfühlen, wenn Sie Ihre Vision erreicht haben?
– Wo sehe ich mich in drei, fünf oder 10 Jahren?
– Wenn Sie Ihre jetzige Lebenssituation betrachten, können Sie dann sagen, dass Sie auf dem richtigen Kurs sind?

Eine weitere gute Frage, um Ihrer Vision auf die Spur zu kommen, ist auch:

– »Wenn Sie könnten, wie Sie wollten, und Sie wüssten, es würde gelingen, was würden Sie dann tun?«

Diese Übung eignet sich gut mit einem Sparringspartner, der durch entsprechendes Nach- und Hinterfragen den Weg zur Umsetzung der Vision immer klarer macht, wodurch sich am Ende Ansatzpunkte bzw. Meilensteine für die Umsetzung ergeben.

Embodiment: So tun, als ob!

Eine weitere Technik, die eng mit der Wirkung von inneren Bildern verbunden ist, heißt »So tun, als ob«. Diese Technik nutzen Schauspieler, um sich in die fiktive Person hineinzuversetzen, die sie spielen sollen. Sie berichten, dass manche Rollen so intensiv sind und sie so stark mit der zu verkörpernden Person verschmelzen, dass sie nach Abschluss der Dreharbeiten Tage benötigen, um wieder in ihre normale Identität zurückzufinden. Das kann so weit gehen, dass die Darstellung eines Depressiven bei dem Schauspieler selbst eine kurzfristige Depression auszulösen vermag. Ein wesentliches Element für die Darstellung eines Depressiven spielt die Körperhaltung. Wer einen Depressiven spielt, also »so tut, als ob« er depressiv wäre, der verändert intuitiv seine Körperhaltung. Er lässt Kopf und Schultern hängen, legt sich einen schlurfenden Gang zu, zieht die Mundwinkel herunter etc. Der Körper strahlt die seelische Niedergeschlagenheit aus, was sich dann wiederum auf den Geist und das emotionale Befinden des Schauspielers auswirkt. Für die meisten ist nachvollziehbar, dass depressive Gefühle zu einer entsprechenden Körperhaltung führen. Dies ist jedoch keine Einbahnstraße, es funktioniert in beide Richtungen und wird als Embodiment bezeichnet.

Eine gezielte Veränderung der Körperhaltung hat Einfluss auf Stimmung, Denken und Befinden.

Embodiment ist eine relativ junge Forschungsrichtung der Psychologie. Der Begriff bedeutet »Verkörperung« und verweist darauf, dass sich Bewusstsein nicht nur im Kopf, sondern immer auch im Körper abspielt. Wie bei der Wirkung von Versagensangst gesehen, wirkt jeder Gedanke auch sensomotorisch. »Wie du gehst, so geht es dir!« oder »Wie du stehst, so steht es um dich!« sind zwei Redewendungen, die diesen Zusammenhang beschreiben. Große Aufmerksamkeit erhielt das Thema in jüngster Vergangenheit, als das amerikanische Forschertrio Dana Carney, Amy Cuddy und Andy Yap ihr Konzept vom sogenannten »Power Posing« vorstellte. Die Wissenschaftler konnten nachweisen, dass Menschen mit entsprechend starker Körpersprache, raumeinnehmender und offener Körperhaltung sowie kraftvollen Gesten einen höheren Testosteron- und gleichzeitig einen geringeren Cortisolspiegel aufweisen. Mit anderen Worten: Durch das bewusste Einsetzen entsprechender Körpersprache fühlen sich Menschen stärker und selbstbewusster, gleichzeitig verringert sich das Stressempfinden.[9]

»So tun, als ob« sicherte Novak Djokovic den 5. Wimbledonsieg
Eines der eindrucksvollsten Beispiele für die erfolgreiche Anwendung der »So tun als ob!«-Technik ereignete sich am 14. Juli 2019 beim Herrenfinale in Wimbledon zwischen Novak Djokovic und Roger Federer,

---

9 Dass solche Erkenntnisse mittlerweile auf breites Interesse stoßen, zeigt die Tatsache, dass die Vorstellung der Studienergebnisse durch Amy Cuddy bei www.ted.com/talks mit über 50 Millionen Aufrufen weltweit unter den Top 10 der am meisten angeklickten Videos der TED-Mediathek ist. Den Vortrag mit deutschen Untertiteln sehen Sie hier: https://www.youtube.com/watch?v=Ks-_Mh1QhMc (eingesehen am 20.05.2020)

das Djokovic nach Abwehr von zwei Matchbällen mit 7/6, 1/6, 7/6, 4/6 und 13/12 für sich entscheiden konnte. Neben der unglaublichen Qualität und Dramaturgie dieses Finales, das als eines der Besten aller Zeiten in die Geschichte einging, spielte die mentale Stärke von Djokovic eine entscheidende Rolle. Diese war extrem gefordert, weil die Zuschauer eindeutig hinter Roger Federer standen und diesen wie einen eigenen Landsmann unterstützten. Sie feuerten den Schweizer mit »Roger, Roger!« an und klatschten sogar bei leichten Fehlern Djokovic, eigentlich ein No-Go im Tennis, vor allem im so auf Etikette und Tradition bedachten Wimbledon. Wo manch einer vor Frust und Wut auf das Publikum seine innere Balance verloren hätte, wusste Djokovic aus der Not eine Tugend zu machen, und zwar mithilfe der Veränderung seiner Wahrnehmung. Auf die Fragen der Journalisten, ob ihn denn die »Roger, Roger!«-Rufe nicht aus dem Konzept gebracht hätten, antwortete er: »(…) wenn du die (Zuschauer) nicht auf deiner Seite hast, dann musst du die Stärke aus dir selbst ziehen. Am Anfang habe ich versucht, es zu ignorieren, wenn die Zuschauer ›Roger, Roger!‹ brüllten. Aber das ist schwer. Also stelle ich mir vor, dass ich ›Novak, Novak!‹ höre. Klingt bescheuert, aber ich versuche mich davon zu überzeugen, dass es so ist.«[10]

WINNIG INSIDE / Training

Tipps, um sich Embodiment zunutze zu machen

Siegerpose: »Kopf hoch, Brust raus!«
Egal ob Sie soeben eine olympische Medaille gewonnen oder die Aufnahmeprüfung zur Uni geschafft haben, Ihre Körperhaltung spricht Bände und strahlt diesen Erfolg aus. Im Umkehrschluss können Sie, wenn Sie sich kraftlos fühlen und nicht sonderlich

---

10 Sport Bild, 29/2019 und https://www.watson.ch/sport/tennis/103952897-wimbledon-2019-wie-novak-djokovic-das-unfaire-publikum-ausblendete (eingesehen am 20.05.2020)

gut drauf sind, durch eine entsprechende Veränderung der Körperhaltung Ihre Stimmung beeinflussen. Heben Sie dazu Kopf und Kinn an und spüren Sie, wie sich die Halswirbelsäule streckt. Nehmen Sie gleichzeitig die Schultern locker nach hinten, heben Sie das Brustbein an im Sinne von »Brust raus!«. Durch die Streckung des Halses und den aufrechten Kopf verbessert sich nicht nur die sinnliche Wahrnehmung, es gelangt auch durch den geöffneten Brustkorb mehr Sauerstoff in den Körper, was sich wiederum positiv auf Ihre Stimmung auswirkt.

Wirbelsäule strecken

Einen ähnlich positiven Effekt hat eine bewusste Streckung der Wirbelsäule. Egal ob Sie sitzen oder stehen, strecken Sie die Wirbelsäule so weit wie möglich und spüren Sie, wie Sie tatsächlich größer werden. Mit diesem »Größerwerden« ändert sich unmittelbar das Lebensgefühl, vor allem wenn Sie vorher zusammengekauert wie ein Häufchen Elend auf einem Stuhl gesessen haben.

Lächeln Sie!

Unter dem Begriff »Facial Feedback« ist das Phänomen, dass ein Lächeln die Stimmung verbessert, wissenschaftlich untersucht worden. Forscher konnten belegen, dass unsere über 100 Gesichtsmuskeln über Nervenbahnen direkt mit dem Emotionszentrum im Gehirn verbunden sind. Wann immer Sie also lächeln (es muss sich allerdings um ein echtes Lächeln handeln), aktiviert dies unmittelbare positive Emotionen im Gehirn und Ihre Stimmung hellt sich auf.

Die Bedeutung des inneren Dialogs

Mit wem kommunizieren Sie am meisten in Ihrem Leben? Richtig, mit sich selbst! Doch in der Regel sprechen wir mit uns selbst nicht gerade freundlich, einfühlsam und rücksichtsvoll, im Gegenteil: Wir herrschen uns an, kritisieren uns, sind ungeduldig und anmaßend, gehen hart mit uns ins Gericht, nicht selten beschimpfen wir uns sogar. Dabei könnte uns der innere Dialog, richtig eingesetzt, eine große Hilfe sein:

Positive Selbstgespräche erhöhen die Selbstkontrolle, reduzieren Stress, unterstützen uns beim Lösen kniffliger Aufgaben und helfen uns, unsere Bestleistung abzurufen, wenn's zählt.

Erst in den 1980er-Jahren begannen Sportpsychologen, sich gezielt mit der Bedeutung des inneren Dialogs und dessen Auswirkung auf die Leistung zu beschäftigen. Dass Selbstgespräche wie selbsterfüllende Prophezeiungen wirken können, zeigte jedoch ein Studienklassiker bereits im Jahr 1977. In dieser Studie wurden US-Turnerinnen von dem Psychologen Michael Mahoney von der Pennsylvania University zusammen mit dem Trainer Marshall Avener während der Qualifikationswettkämpfe für das US-Olympiateam systematisch befragt, wie ihre Gedanken und Selbstgespräche, bezogen auf den anstehenden Wettkampf, aussehen. Das Ergebnis war eindeutig: Zwar berichteten alle von latenten Versagensängsten und quälenden Selbstzweifeln, doch diejenigen, die sich gezielt durch Selbstgespräche beruhigten und sich Mut zusprachen, konnten auch unter dem extremen Leistungsdruck ihre Fähigkeiten abrufen, wogegen diejenigen, die es weniger gut schafften, ihre Ängste und Zweifel durch aufbauende Selbstgespräche unter Kontrolle zu bringen, sich nicht qualifizierten. Negative Selbstgespräche sind demnach mentales Gift, sie blockieren die eigene Leistung und erhöhen das Risiko für einen Misserfolg.[11]

Dass Selbstgespräche Fluch oder Segen sein können, bestätigt auch Thomas Brinthaupt, US-amerikanischer Psychologe und einer der federführenden Forscher, wenn es um die Bedeutung und die Auswirkungen des inneren Dialogs geht. Er berichtet, dass z.B. negative Emotionen wie Wut, Ärger oder Frust, aber auch Trauer, durch den inneren Dialog eine Art Ventil bekämen, um sich zu verflüchtigen. Das Selbstgespräch helfe damit, die Stimmung und die aktuelle mentale

---

11 M.J. Mahoney & M. Avener: Psychology of the Elite Athlete: An Exploratory Study. Cognitive Therapy and Research, 1, 1977, S. 135–141, http://dx.doi.org/10.1007/BF01173634

Verfassung zu verbessern und negative Erlebnisse zu entkräften. Mit seinem Forscherteam entwickelte er die sogenannte »Self-talk-Scale«, die die Funktionen des Selbstgesprächs in vier Dimensionen einteilt, und von denen stets eine oder mehrere aktiv sind.

- **Selbstkritik üben:** z. B. »Das war vorhin ungeschickt von mir!«
- **Sich selbst managen:** z. B. »Ich darf nicht vergessen, dem Kollegen die Unterlagen weiterzuleiten.«
- **Soziale Situationen einschätzen:** z. B. »Bei dem Meeting muss ich mit meiner Kritik zurückhaltend sein.«
- **Sich selbst bestätigen:** z. B. »Das Telefonat mit dem Kunden ist super gelaufen!«

Spitzensportler wissen, dass die Zähmung der inneren Stimme einen zentralen Erfolgsfaktor darstellt. Sie können es sich nicht leisten, sich von Selbstzweifeln, Selbstvorwürfen und sonstigem selbstzerstörerischen Gedankengut runterziehen zu lassen. Ein Skifahrer, dem seine innere Stimme zuflüstert: »Heute ist nicht dein Tag!« oder »Hoffentlich fädle ich bei Tor 12 nicht ein!«, hat denkbar schlechte Karten, sein Potenzial abzurufen. Die gezielte Kontrolle des inneren Dialogs stellt im Sport eine der am häufigsten eingesetzten kognitiven Methoden dar und spielt im Berufsleben eine nicht minder wichtige Rolle.

Damit der innere Dialog seine Wirkung entfalten kann, kommt es sehr darauf an, dass wir klar, konstruktiv und unmissverständlich mit uns selbst kommunizieren. Angenommen, Sie bitten zwei Freunde, Ihnen bei Ihrem Umzug zu helfen. Der eine sagt: »Wenn ich Zeit habe, versuche ich vorbeizukommen«, der andere: »Selbstverständlich helfe ich dir. Ich bin pünktlich um 8 Uhr da und dann kann's losgehen!« Wem von beiden schenken Sie wohl mehr Glauben? Genauso verhält es sich mit unseren Selbstgesprächen. Durch die Art und Weise, wie wir mit uns selbst kommunizieren, beeinflussen wir unsere Realität. Im übertragenen Sinn könnte man den inneren Dialog auch als »mentales Googeln« bezeichnen, denn entscheidend ist, wie konkret die Anweisungen sind, die wir uns geben. Sagen wir uns: »Oh Gott, ich glaube, das schaffe ich nicht«, setzt unser Unterbewusstsein alle Hebel in Bewegung, um in den Archiven des Gedächtnisses Belege für den Wahrheitsgehalt dieser Behauptung zu finden. In einem Sekundenbruchteil ruft es alle passenden Argumente, Erfahrungen und Ereignisse aus der Vergangenheit auf und schickt uns diese postwendend auf den »Bildschirm« unseres Bewusstseins, was unsere negative Selbsteinschätzung wiederum bekräftigt. Anders sieht es hingegen aus, wenn wir in derselben Situation zu uns sagen: »Das ist aber eine Herausforderung!« Dementsprechend scannt unser Unterbewusstsein unsere Festplatte nach Argumenten, die diese positive Sichtweise bestätigen. Damit bauen wir uns selbst auf und motivieren uns. Unsere Energie fließt stets dorthin, wohin wir sie durch unsere Aufmerksamkeit lenken, und unser emotionales Befinden passt sich entsprechend an. Je klarer und unmissverständlicher wir unsere Selbstanweisungen formulieren, desto mehr positive Energie und Konzentration erzeugen wir.

Ein treffendes Zitat, wie entscheidend der verbale Umgang mit sich selbst ist, stammt von Biathlon-Weltmeisterin Laura Dahlmeier. Sie beschreibt, wie sie im entscheidenden Moment, als es beim Schießen bei der WM 2016 in Oslo um den Titel ging, mit sich gesprochen hat: »Ich war heute nicht aufgeregt oder nervös, mir kam es eher vor wie beim Training. Ich habe gewusst, ich muss einfach ruhig bleiben. Beim letzten Schießen habe ich einfach versucht, mir einzureden: Du stehst da jetzt allein am Schießstand wie im Sommer, beim ganz normalen Training. Es interessiert gar keinen. Als die erste Scheibe fiel, hab ich gedacht: Ja, ich kann das. Die zweite fiel, die dritte auch und dann habe ich gewusst, es kann gar nichts mehr schiefgehen.«[12]

---

12 https://rp-online.de/sport/wintersport/biathlon/biathlon-weltmeisterin-laura-dahlmeier-kam-mir-vor-wie-im-training_aid-21378373 (eingesehen am 20.05.2020)

Vor allem Menschen, die überwiegend geistig arbeiten, wie Ingenieure, Wissenschaftler, Programmierer und sonstige Tüftler und Bastler, wissen um die Macht des inneren Dialogs. Wer im Geiste konstruktiv und geordnet mit sich spricht, erzeugt Klarheit und gewinnt Überblick. Das Aussprechen und formulieren der Gedanken verlangsamt den Gedankenstrom, entschleunigt ihn und bringt Ordnung in die oft so diffuse und verschwommene Gedankenwelt. Der innere Dialog ist ein Instrument des langsamen Denkens, das Ruhe und Übersicht in die Automatik der nicht versiegenden Gedankenproduktion des schnellen Denkens bringt. So wundert es nicht, dass Menschen vor allem in kniffligen Situationen laut einfach besser denken können. Die beiden Psychologen Dietrich Dörner und Ralph Reimann untersuchten anhand von Maschinenbaukonstrukteuren, inwieweit die Qualität der Selbstgespräche Einfluss auf deren Leistung hatte. In der entsprechenden Studie bekamen die Ingenieure 100 Minuten Zeit, um eine Konstruktionsaufgabe zu lösen, die viel Tüftelei und Geschick erforderte. Während der Arbeit sollten sie laut denken, wobei diese verbalisierten Gedankengänge aufgenommen und anschließend ausgewertet wurden. Das Ergebnis war eindeutig und bestätigte, dass die Art und Weise, wie wir mit uns sprechen, einen erheblichen Einfluss auf unsere Performance hat. Dazu Versuchsleiter Dietrich Dörner: »Die erfolgreichsten Konstrukteure fielen dadurch auf, dass sie besonders viel Konsequenzanalyse- und Erweiterungsfragen stellten.«[13] Darunter versteht man Fragen wie »Wie kann ich das hier anbringen?« oder »Wenn ich das so mache, hält das dann?«. Negative Bemerkungen über sich selbst wie »Bin ich doof?« oder »Warum schaffe ich Idiot das denn nicht?« wirkten hingegen kontraproduktiv.

---

13 Dietrich Dörner: Schweigen ist Silber, reden ist Gold. Gehirn & Geist, 12/2011, S. 16

Leitlinien für den inneren Dialog

Sprechen Sie im Präsens!
Unser Gehirn kennt im inneren Dialog nur die Zeitschiene Gegenwart und die direkte Ansprache. Sprechen Sie daher mit sich stets im Präsens.

Vermeiden Sie den Konjunktiv!
Vermeiden Sie den Konjunktiv (also »hätte«, »wäre« oder »sollte«).

Geben Sie sich klare, unmissverständliche Anweisungen!
Unser Gehirn ist ein Freund klarer Worte. Vermeiden Sie daher unkonkrete Begriffe wie »vielleicht«, »unter Umständen«, »eventuell« etc.

Sprechen Sie positiv mit sich!
Verzichten Sie auf negative Selbstkommunikation, wie z. B. »Wie dumm bin ich denn?«. Solche Sätze schmälern das Selbstbewusstsein und untergraben die Performance.

Vermeiden Sie Verneinungen!
Wenn Sie auf die Frage des Kellners nach Ihrer Bestellung antworten: »Ich hätte gern keine Pizza«, was wird er Ihnen wohl bringen? Auch im inneren Dialog sind Verneinungen unangebracht. Sie können sogar kontraproduktiv wirken. So beschwört der Satz »Ich möchte heute keine Schokolade essen!« genau das Bild (mit den entsprechenden Gelüsten) herauf, das Sie eigentlich vermeiden möchten.

Benutzen Sie positive Worte!
Worte bestimmen Gefühle. Jedes Wort, das wir hören oder sprechen, bewerten wir emotional. Das Wort »Angst« löst eine andere Emotion aus als »Glück«, und der Satz »Mir geht's richtig mies!« eine andere als »Ich bin ein bisschen down«.

Pushen Sie sich nicht zu sehr!
Auf überzogene Selbstanfeuerungen wie »Das schaffe ich mit links!« sollte man besser verzichten. Wandeln Sie diese inneren Anfeuerungsrufe lieber in Fragen um, die Sie der Lösung näherbringen, z. B.: »Wie kann ich das hinbekommen?« Oder: »Mit welcher Strategie kann ich die Herausforderung angehen?«

Verwenden Sie Metaphern!
Wie bereits beschrieben, kann bildhafte Sprache Gefühle erzeugen. Es macht einen
Unterschied, ob man das Leben als »Kampf« oder als »Spiel« betrachtet.

Sprechen Sie respekt- und vertrauensvoll mit sich!
Sprechen Sie respektvoll mit sich und erkennen Sie Leistungen an. Denn niemand
– auch nicht Ihr Gehirn – erbringt langfristig gern Leistung, wenn er nicht Respekt,
Anerkennung und Vertrauen erfährt.

Sprechen Sie zu sich wie zu einem guten Freund!
Der gesamte innere Dialog sollte nicht zu verbissen und ernst ablaufen. Betrachten
Sie ihn als Spiel und nicht als Kampf gegen sich selbst, denn Kampf wird nur allzu
schnell zum Krampf. Stellen Sie sich vor, Sie würden zu einem guten Freund sprechen.
Das hilft, den richtigen Ton zu treffen und die richtigen Worte zu finden.

Die Kraft des inneren Dialogs lässt sich sogar noch steigern, wenn man
mit sogenannten Autosuggestionen arbeitet. Autosuggestionen sind
formelhafte Botschaften, die wir an uns selbst richten, mit dem Ziel,
durch regelmäßige Wiederholung das Unterbewusstsein zu beeinflussen. »Ich bin jeden Tag etwas selbstbewusster!« (bei Schüchternheit),
»Es fällt mir zunehmend leichter, regelmäßig Sport zu treiben und
mich gesund zu ernähren!« (wenn man abnehmen möchte) oder »Es
geht mir von Tag zu Tag besser!« (wenn man sich von einer Krankheit erholt) sind Beispiele für Autosuggestionen. In der Psychologie
besteht kein Zweifel, dass sich Denken, Fühlen und Handeln wechselseitig bedingen und beeinflussen. Insofern ist nachvollziehbar, dass
sich durch die regelmäßige Anwendung entsprechender Suggestionen
das Denken und damit langfristig auch das Verhalten und Handeln
ändern lässt.

Prinzipiell lassen sich durch die Anwendung von Autosuggestionen
Veränderungen in vielen Lebensbereichen herbeiführen, z. B.:

- **Lebenseinstellung:** optimistischer, gelassener oder zufriedener werden.
- **Verhaltensveränderung:** sich gesünder ernähren, weniger Alkohol trinken, mit dem Rauchen aufhören oder mehr Sport treiben.
- **Stressresistenz:** Veränderung und Kontrolle seiner Reaktion auf Stressoren.
- **Ausstrahlung:** Selbstbewusstsein, Charisma und »sich gut verkaufen« können.
- **Gesundheit:** Erholung nach einer Krankheit oder Stärkung der Abwehrkräfte.
- **Sozialverhalten:** sich von Kollegen nicht provozieren lassen oder seinen Mitmenschen mehr Aufmerksamkeit schenken.

WINNIG INSIDE / Training

So formulieren Sie Ihre Suggestion

- Verwenden Sie die Ich-Form.
- Formulieren Sie stets im Präsens.
- Benutzen Sie positive Wörter und Metaphern.
- Vermeiden Sie Verneinungen wie »kein«, »nicht«, »nie« etc.
- Prüfen Sie, ob diese Formulierung positive Gefühle in Ihnen aktiviert. Es sollte ein »Kribbeln« im Bauch entstehen.
- Ergänzen Sie die Formulierung durch eine bildliche Vorstellung, durch die Sie bereits Vorfreude auf das Ergebnis spüren.

Beispiel

Wer seinen Vorsatz, z. B. regelmäßig zu joggen, in die Tat umsetzen möchte, für den könnten folgende Autosuggestionen passen:

- »Ich jogge jeden Morgen eine halbe Stunde und fühle mich dabei wunderbar.«
- »Ich genieße die Zeit für mich beim morgendlichen Joggen jeden Tag mehr!«
- »Ich spüre, dass ich mit der Zeit fitter werde, und freue mich darüber!«
- »Morgens zu joggen macht mir Spaß und gibt mir Energie für den Tag!«

Je öfter Sie Ihre Autosuggestion wiederholen, desto schneller wird sie wirken. Erinnern Sie sich selbst immer wieder daran durch kleine Erinnerungshilfen. Das kann eine Notiz am Spiegel im Bad oder am Kühlschrank sein, Sie können Ihre Suggestion auch auf das Display Ihres Handys oder PCs bringen oder in Ihrer Geldbörse platzieren. Sie können sich auch den Timer so einstellen, dass er Sie in regelmäßigen Abständen an Ihre Autosuggestion erinnert. Ihrer Fantasie sind keine Grenzen gesetzt.

Eine besondere Form der Suggestionen stellen sogenannte Affirmationen dar. Der Ursprung des Wortes geht auf das lateinische »affirmatio« zurück, übersetzt »Beteuerung« oder »Bestärkung«. Bei Affirmationen handelt es sich um sehr knappe Ich-Botschaften mit stark appellativem Charakter. Es handelt sich um eine Variante des fixierten Blicks, mit dem Unterschied, dass nicht ein visuelles Objekt, sondern eine gedankliche Formel fixiert wird. Solche Selbstanfeuerungsrufe wie »Das packe ich!« oder »Ich bleibe ganz cool!« entfalten vor allem in Extremsituationen, wenn sich Selbstzweifel und Versagensängste melden, ihre Wirkung. Es ist nachgewiesen, dass Selbstanfeuerungen in schwierigen Situationen positive Emotionen entfachen, Energien freisetzen und den Kampfgeist stärken. Wenn Sie also kurz vor Feierabend merken, dass es extrem knapp wird, die Aufgabe noch wie geplant abzuschließen, und sich schon Frust und Unruhe breitmachen, dann können Affirmationen wie »Das zieh ich jetzt durch!« oder »Das packe ich noch!« zum Erfolgsgarant werden.

Eine der berühmtesten Affirmationen im Sport ist mit Sicherheit Muhammad Alis »I'm the greatest!«[14]. Er galt als Meister der Autosuggestion, was seiner Zeit von nicht wenigen als Arroganz und Überheblichkeit ausgelegt wurde, seinen Gegnern aber, auch wenn diese das nicht zugeben wollten, gehörigen Respekt einflößte. Legendär – und

---

14 Ein Video zu »I'm the greatest!« sehen Sie hier: https://www.youtube.com/watch?v=J9CeC3yrcG4 (eingesehen am 20.05.2020)

im kollektiven Gedächtnis aller Fußballfans fest verankert – ist auch Oliver Kahns »Weiter, immer weiter!« im entscheidenden Spiel gegen den Hamburger Sportverein am letzten Bundesligaspieltag 2001, als durch ein Tor in der letzten Minute der Nachspielzeit die schon verloren geglaubte Meisterschaft doch noch gerettet wurde.

11 Strategien zum Abrufen von Leistung unter Druck

»Ich stellte mir vor, dass ich an einem ruhigen, schönen Ort bin. Dann stellte ich mir vor, wie ich die verschiedenen Elfmeter halte: Ich sah mich durchs Tor fliegen, ich sah, wie die Bälle von mir abprallten, wie ich sie hielt, wie ich jubelte. Ich redete mir ein, wie ich das Elfmeterschießen gewinne … Das hört sich nach Hexenzauber und Magie an, ist aber nur normales mentales Training«, antwortete Oliver Kahn auf die Frage, wie er sich mental auf das Elfmeterschießen des Champions-League-Finales 2001 gegen den FC Valencia vorbereitet hat.[15] Kurz vor dem Elfmeterschießen ist der Torwart der einsamste Mensch im Stadion – das Paradebeispiel für eine Situation, in der alles von der inneren Einstellung abhängt. Kahn hielt sensationell drei Elfmeter und sicherte Bayern München den Titel.[16] Damit auch Sie es schaffen, unter maximalem Druck Ihre Bestleistung abzurufen, folgen hier elf Tipps für den entscheidenden Augenblick:

1. Sehen Sie sich als Sieger!
Machen Sie sich bewusst, dass die Vorbereitung bereits viele Tage vor dem eigentlichen Termin beginnt, nämlich in Ihrem Geiste. Nutzen

---

15 Oliver Kahn: »Warum ich so viele Spiele im Kopf gewinne«. Sport BILD, 22/2001, S. 36

16 Den Link zu dem Elfmeterschießen finden Sie hier: https://www.youtube.com/watch?v=rTwPTJ3CTkY (eingesehen am 20.05.2020)

Sie die beschriebene Visualisierungstechnik an den Tagen davor, am besten unmittelbar vor dem Einschlafen bzw. direkt nach dem Aufwachen. Wichtig dabei ist, dass Sie sich bereits als Sieger sehen. Wie wird es sein, wenn Sie Ihr Ziel erreicht haben? Wie wird sich das anfühlen? Welche Emotionen wird der Sieg auslösen? Je besser Sie das Erreichen des Ziels bereits in Ihrem Geiste durchleben und innerlich spüren, wie es sich anfühlt, desto größer die Chance, dass sich der ersehnte Erfolg auch einstellen wird.

2. Begeben Sie sich in den Herausforderungsmodus!

Egal wie viele Niederlagen Sie unter Umständen schon einstecken mussten, egal wie unzureichend Ihre Vorbereitung gewesen sein mag, egal wie widrig die Umstände oder wie hoch die Erwartungen anderer auch sein mögen – das alles darf jetzt keine Rolle spielen, im Gegenteil, Ihre Einstellung lautet: »Jetzt!« Erinnern Sie sich: Es macht einen Unterschied, ob Sie in den Wettkampf gehen, um zu gewinnen oder um nicht zu verlieren! Jetzt, wo es wirklich darauf ankommt, haben Sie ohnehin nur eine einzige Chance: Ihr Bestes zu geben!

3. Sie müssen nicht, Sie dürfen!

Je mehr Sie sich selbst unter Erfolgsdruck setzen, desto mehr stehen Sie sich selbst im Weg. Die Alternative zum »Müssen«: Lenken Sie den Fokus auf die Herausforderung und den Spaß. Spaß zu haben an der Aufgabe und sich selbst zu beweisen, wie gut man an diesem Tag sein kann, das sind die mentalen Nährstoffe, aus denen Spitzenleistungen gedeihen können.

Wie Viktoria Rebensburg vom Müssen zum Dürfen kam

Eine eindrucksvolle Beschreibung, wie man vom (geradezu zwanghaften) Müssen zum Dürfen kommt, stammt von Viktoria Rebensburg, Olympiasiegerin im Riesenslalom: »Wenn man vorne mitfährt und gewinnt, dann erwartet man von sich auch in Zukunft ähnliche Erfolge. Aber man darf nie aus den Augen verlieren, dass man Rennen nicht in erster Linie

fährt, um sie zu gewinnen. Man darf nicht am Start stehen mit dem Ge-
danken, eine Medaille gewinnen zu wollen. Man muss am Start stehen
des Skifahrens wegen. Ich fahre Rennen, weil es eine Challenge ist, eine
Herausforderung, und ich fahre wegen des Spaßes. Je mehr ich mich auf
den Spaß und die Herausforderung konzentriere, desto eher werde ich
meine Leistung abrufen können, desto eher werde ich auch gewinnen.
Das ist mein gedankliches Rezept. Es sorgt für ein gesundes Maß an Ruhe
und Gelassenheit. Wenn man sich zu viel Druck macht, wenn man nur
dem Erfolg hinterherjagt, funktioniert es nicht.«[17]

4. Regulieren Sie Ihre Anspannung!

Ein Sportler, der zu nervös und angespannt ist, kann ebenso wenig
seine Bestform abrufen wie jemand, der zu relaxed ist. Unser Gehirn
funktioniert am besten bei mittlerer Aktivierung. Eine zu hohe Aktivierung im Sinne von starker Anspannung, Unruhe oder übersteigerter Nervosität ist genauso leistungsmindernd wie eine zu geringe Aktivierung im Sinne von geringem Interesse, Passivität oder Langeweile.
Im Idealfall sähe der Vorstartzustand wie folgt aus: Erstens: freudige,
d. h. weder übernervöse noch apathische Erwartung. Zweitens: gelas-
sene, d. h. keine erzwungene Konzentration auf die Aufgabe. Drittens:
sich nicht unter Erfolgsdruck setzen im Sinne einer Relativierung der
Bedeutung des Ergebnisses. Gehören Sie zu denjenigen, die überreagieren, so sollten Sie sich durch entsprechende Entspannungstechniken runterregulieren, Sie benötigen sozusagen eine Beruhigungspille.
Gehören Sie zu denjenigen, die auf Stressituationen eher apathisch
oder lethargisch reagieren, so benötigen Sie Methoden, um sich selbst
zu aktivieren, Sie benötigen sozusagen ein mentales Aufputschmittel,
z. B. eine kraftvolle Musik oder eine starke Affirmation.

---

17 https://www.faz.net/aktuell/sport/olympische-winterspiele/deutsches-
team/viktoria-rebensburg-will-olympia-gold-im-riesenslalom-15442680.
html (eingesehen am 20.05.2020)

5. Kommen Sie ins Hier und Jetzt!

Um die ersten Minuten der Anspannung zu reduzieren und den Weg für den Flow frei zu machen, sollten Sie stets ganz bewusst im Hier und Jetzt bleiben und möglichst achtsam agieren. Spüren Sie beispielsweise bei einer Prüfung ganz bewusst, wie Sie den Stift in der Hand halten, wie Sie langsam und tief atmen, wie der Stuhl Ihr Körpergewicht trägt und wie Ihre Gedanken klar und ruhig werden und ein Gedanke dem anderen folgt. Dieses sinnliche Erfahren bringt Sie ins »Hier und Jetzt« und öffnet das Tor, um in Flow zu kommen.

6. Machen Sie sich einen Plan!

Sollte die Herausforderung einer Prüfung, eines Vortrags oder eines Bewerbungsgesprächs erst später am Tag angesetzt sein, ist es sinnvoll, den Ablauf des Tages bis dahin möglichst gut durchzuplanen. Machen Sie es wie Evan Lysacek, amerikanischer Olympiasieger im Eiskunstlauf von Vancouver 2010, dem bei seiner Goldkür der perfekte Lauf gelungen ist. Tatsächlich hatte sein Trainer Frank Carroll nicht nur die Kür, sondern den gesamten Tag bis zum Beginn der Kür generalstabsmäßig und minutiös durchgeplant – vom Gang zur Toilette nach dem Aufwachen bis zum Winken ins Publikum nach dem Lauf. Diese Struktur habe ihm ungemein geholfen, meinte Lysacek: »Ich ging einfach einen Punkt nach dem anderen durch. Es war, als flüstere mir mein Trainer alle paar Sekunden ins Ohr: So, Evan, jetzt kommt dies, und nun kommt das.«[18]

7. Kontrollieren Sie Ihre Selbstgespräche!

Ihre Selbstgespräche wirken wie Regieanweisungen, indem Sie sich z.B. selbst motivieren (»Halte durch, das schaffst du!«), die Erwartungshaltung relativieren (»Ich gebe mein Bestes, mehr kann ich nicht machen«) oder sich auf Ihre Stärken besinnen (»Ich bin top vorberei-

---

18 Evan Lysacek: »Im Imperium der Sieger«. In: SPIEGEL, 09/2010, S. 145

tet!«). Machen Sie sich bewusst, dass das Selbstgespräch das Mittel ist, mit dem Sie Ihre Gedanken und Emotionen unter Kontrolle bringen. Nutzen Sie den inneren Dialog – in einem rücksichts- und liebevollen Ton –, um positiv, konsequent und zielstrebig an die Sache heranzugehen.

8. Haken Sie Erledigtes ab!

Auch wenn es sich möglicherweise nur um kleine Zwischenergebnisse handelt, so verstärkt der bewusste Gedanke »Gut! Das habe ich schon mal geschafft!« die Zuversicht für die nächsten Schritte. Verbinden Sie dieses innere »Häkchenmachen« ruhig mit einem kleinen Seufzer. Damit wird dem Gehirn ein Positiverlebnis signalisiert. Es spürt, dass Sie auf dem richtigen Kurs sind, was wiederum hilft, den nächsten richtigen Gedanken zu fassen.

9. Machen Sie sich einen Notfallplan!

Für Extremfälle, z.B. für einen Blackout in einer Prüfung oder ein ähnliches Szenario, sollten Sie einen Notfallplan parat haben. Wer in einem Vortrag einen Aussetzer hat, sollte beispielsweise den Mut haben, diesen kurz zu unterbrechen, um für ein paar Minuten nach draußen zu gehen. Bei einer Prüfung kann man die Prüfungskommission bitten, am Fenster kurz ein paar Atemzüge machen zu dürfen. Allein solch einen Notfallplan im Sinne von »Wenn …, dann…« im Kopf zu haben, wirkt oft wie eine Beruhigungspille, sodass der befürchtete Ernstfall gar nicht erst eintritt.

10. Freuen Sie sich nicht zu früh!

Was im Vorfeld die Bahn für Bestleistung freimacht, nämlich sich mental bereits als Sieger zu sehen, kann sich während der Performance zum Bumerang entwickeln. In diversen Sportarten, z.B. beim Golf oder Tennis, ist entscheidend, wie man gegen Ende spielt. Gleiches gilt etwa für mündliche Prüfungen oder Präsentationen, in denen oft der letzte Eindruck der entscheidende ist. Wenn der Gedanke »Gleich hast du's geschafft!« ins Bewusstsein dringt, ist höchste Vorsicht geboten, denn er stellt eine subtile Gefahr für die Konzentration dar. Gerade dann sollten Sie sich nochmals ganz bewusst auf das Hier und Jetzt fokussieren und Ihre Leistung Schritt für Schritt zu Ende bringen.

11. Machen Sie sich danach nicht verrückt!

Wenn die Herausforderung vorbei ist, lässt sich nichts mehr ändern oder rückgängig machen. Sollten Sie sich nicht so präsentiert haben, wie Sie sich das vorgenommen hatten, werden Sie enttäuscht sein. Aber diese Enttäuschung darf nicht in Resignation oder mentale Selbstzerstörung übergehen. Entscheidend ist, dass Sie beim Blick in den Spiegel erhobenen Hauptes sagen können, an diesem Tag alles gegeben und alles versucht zu haben. Denken Sie an das bekannte Beckett-Zitat: »Ever tried. Ever failed. No matter. Try again. Fail again. Try better.« Der dreifache Tennis-Grand-Slam-Sieger Stan Wawrinka hat sich das sogar auf den Unterarm tätowieren lassen.

Oft bleibt man dann, wenn es wirklich zählt, unter seinen Möglichkeiten. Dass dieser Leistungsabfall unter Druck nicht ungewöhnlich und zudem evolutionsbiologisch begründet ist, mag da nur ein schwacher Trost sein. Doch zum Glück gibt es eine Fülle an hilfreichen Strategien – von Visualisierungstechniken über den inneren Dialog bis hin zu mentalen Notfallplänen –, die eine hervorragende Performance möglich machen.

»Erst die Angst vor den Fehlern bringt die Fehler hervor!«
FRANZ BECKENBAUER (https://www.gutzitiert.de/zitat_autor_franz_
beckenbauer_thema_fehler_zitat_33625.html)

»Ich habe in den vergangenen zwei Jahren viel über meine Schwung-
änderungen nachgedacht. Nach jedem Schlag habe ich versucht heraus-
zufinden, was ich falsch und was ich richtig gemacht habe. Es behindert
einen einfach, wenn man zu viel nachdenkt und versucht, perfektes Golf
zu spielen. Ich habe aufgehört nachzudenken.«
Golfprofi MARTIN KAYMER (https://www.golf.de/publish/tournews/
pga-tour/60102365/kaymer-mit-platzrekord)

»Wenn ich mich auf einen Kampf vorbereite, bereite ich mich auch auf
eine Rolle vor. Man muss sich im Kopf mit seiner Performance im Ring
auseinandersetzen, das ist ähnlich wie bei einem Schauspieler.«
WLADIMIR KLITSCHKO (MAX, 06/2006, S. 86)

»Nicht mal im Training habe ich einen Ball geschlagen, bei dem ich nicht
ein sehr genaues, scharfes Bild in meinem Kopf gehabt hätte. Es ist wie in
einem Farbfilm. Erst ›sehe‹ ich den Ball da, wo er landen soll, hübsch und
weiß im leuchtend grünen Gras. Dann kommt ein Szenenwechsel, und ich
›sehe‹ den Ball dorthin fliegen: seinen Weg, seine Flugbahn, seine Form
und sogar sein Verhalten bei der Landung.«
JACK NICKLAUS (Jack Nicklaus: Golf my way, S. 79)

»*Meine Sinne blenden die Geräusche in der Halle aus, und die Gedanken setzen aus. Es gelingt mir dann, die Kraft in meinem gesamten Körper zu spüren, und so kann ich mich auf ihn verlassen. In diesen tiefen Entspannungszuständen kann mein Körper sich wieder an meinen Weltrekord und an seine Schnelligkeit erinnern und diese Erinnerungen kurz vor dem Start abrufen. So machte mich mein gut trainierter Körper bei der EM in Berlin schneller als je zuvor.*«

FRANZISKA VAN ALMSICK (Aufgetaucht, S. 117)

Stressmanagement

»Ich bin im Stress!«, lautet eine der häufigsten Aussagen in der Leistungs-gesellschaft des 21. Jahrhunderts. Die digitalisierte Arbeitswelt mit ihren wachsenden Ansprüchen an Leistungsbereitschaft, Flexibilität und Mobilität scheint die Stressspirale noch zu verstärken. So kommt eine Studie des Deutschen Gewerkschaftsbundes DGB aus dem Jahr 2018 zu dem Schluss, dass der Stress im Job nach wie vor zunimmt. Jeder Dritte der über 6000 Befragten gibt an, dass er in den letzten 12 Monaten deutlich mehr Aufgaben abzuarbeiten hatte als im Vorjahr, und das in derselben Zeit. Gleichzeitig fühlten sich viele zunehmend gehetzt und getrieben, da durch die Digitalisierung Tempo und Zeitdruck in der Arbeitswelt nach wie vor steigen. Ca. 40 % gaben zudem zu Protokoll, sich nicht vorstellen zu kön-nen, mit den derzeitigen Anforderungen ihren Job bis zum Renteneintritt ausüben zu können, ohne dabei gesundheitliche Einschränkungen in Kauf nehmen zu müssen. (Quelle: dgb.de)

Doch was ist Stress eigentlich? Wie kann man konstruktiv mit Stress umgehen oder ihn sogar leistungsförderlich nutzen? Das folgende Kapitel zeigt, wieso Stress im Kern positiv ist, wie Sie ihn nutzen können, um zu lernen und sich zu entwickeln, und mit welchen Techniken Sie in stressi-gen Zeiten Ruhe bewahren können. Dazu ist es sinnvoll, das Phänomen Stress zunächst einmal aus wissenschaftlicher Sicht genauer zu betrachten, bevor man sich mit Stresskompetenz und Stressmanagement-Techniken befasst.

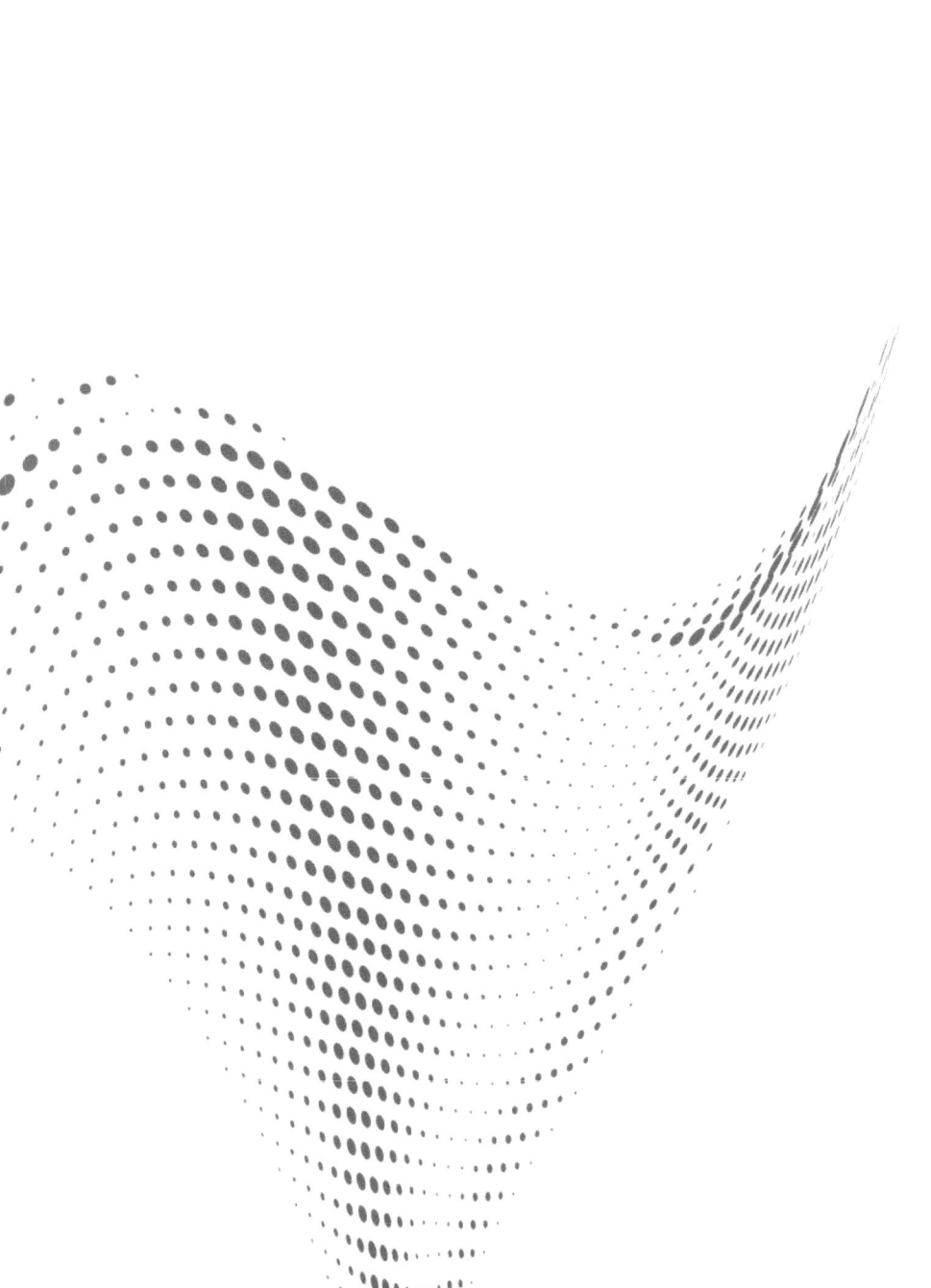

Stress: Was ist das eigentlich?

Hinter dem neuzeitlichen Begriff Stress verbirgt sich ursprünglich ein Geniestreich der Natur, ein uraltes System, das im Laufe der Evolution nur einem einzigen Zweck diente: das Überleben des Menschen in bedrohlichen Situationen zu sichern. Streiften unsere Urahnen während der Jagd oder der Beerensuche durch den Wald und erblickten urplötzlich einen hungrigen Säbelzahntiger, so war dies der klassische Notfall – sprich Lebensgefahr. Heute ist dies ein gern zitiertes Beispiel für das blitzartige Einsetzen dieses »Notfallsystems«, das uns binnen Millisekunden in höchste Alarmbereitschaft versetzt, so als würde jemand in unserem Kopf einen Schalter umlegen. Zeitgleich zur Wahrnehmung des Tigers verwandeln wir uns in Superman und Superwoman. Im Nu sind wir hellwach, hochkonzentriert, die Muskeln sind angespannt, Herz und Atmung arbeiten schneller. Wir sind mutig, aggressiv und furchtlos. Die Pupillen weiten sich, unser Blickfeld richtet sich auf den Gefahrenherd, sogar die Schmerzempfindlichkeit nimmt ab.

Stress im biologischen Sinn bedeutet, dass wir bereit sind für Kampf oder Flucht, um unser Überleben zu sichern und Gefahren zu meistern.

Evolutionsbiologen bezeichnen diese Reaktion auch als FFF-System: »Fight« für Kämpfen, »Flight« für Fliehen und »Freeze« für Erstarren, eine weitere Reaktion, die dann einsetzt, wenn Kampf oder Flucht nicht möglich sind. Verantwortlich dafür ist das Hormon Adrenalin, das treffend auch als Kampf- oder Fluchthormon bezeichnet wird. Jeder kennt diese schlagartige, die Sinne schärfende Wirkung eines Adrenalinstoßes, wenn einem auf der Straße ein finsterer Typ entgegenkommt, es nachts urplötzlich ans Fenster klopft oder ein Kind unerwartet vors Auto läuft. All diese innerhalb von Millisekunden eingeleiteten Maßnahmen verfolgen nur ein Ziel: Körper und Geist in höchste Leistungsbereitschaft zu versetzen, um bedrohliche Situationen zu überstehen!

Doch wie wirkt Stress in der Arbeitswelt? Was geschieht unter Stress mit uns? Warum ist das einst lebenswichtige Notfallprogramm in unserem Alltag oft kontraproduktiv? Das erklärt der Göttinger Gehirn- und Lernforscher Professor Gerald Hüther anhand seines Stressfahrstuhl-Modells, mit dem er veranschaulicht, wie unser Gehirn unter akutem Stress regelrecht abstürzt.[1] Hüther vergleicht die Arbeitsweise des Gehirns mit einem dreistöckigen Haus, ein Bild, das dem tatsächlichen anatomischen Aufbau gut entspricht.

Das oberste Stockwerk: Wir sind in Topform

Am besten arbeiten wir mit den Kapazitäten des präfrontalen Kortex – der, wie wir wissen, ja auch für das langsame Denken zuständig ist. Er stellt nach Hüthers Einteilung die oberste Etage unseres Gehirns dar. Dieses Areal steuert uns, wenn wir hochkonzentriert arbeiten und unser geistiges Potenzial optimal ausschöpfen. Wir befinden uns im sogenannten Alpha-Zustand, einem angenehm-ruhigen, geistig-klaren, entspannten inneren Zustand, in dem die Gehirnwellen langsam und rhythmisch in einer Frequenz von ca. 8 bis 15 Hertz schwingen und so die Voraussetzung für beste geistige Performance legen. In diesem Zustand sind wir wach und fokussiert, kreativ, denken umsichtig und vorausschauend, wir bringen bestmögliche Lösungen zustande. Kennzeichen des Arbeitens in der obersten Etage ist, dass das Gehirn sein Potenzial angstfrei nutzt und zukunftsgewandt nach den besten Lösungen sucht, dabei auch bereit ist, ein gewisses Risiko einzugehen. Während des Schaffens fühlen wir uns gut, sind optimistisch und mutig und haben das Gefühl der Kontrolle. Kreativität, Innovation, Weiterentwicklung und Lernen sind nur möglich, wenn wir mit den Kapazitäten des oberen Stockwerks arbeiten. High Performance ist im wahrsten Sinn des Wortes nur in der oberen Etage möglich. Doch die

---

1 https://www.stern.de/panorama/wissen/mensch/stress-unter-druck-stuerzt-das-denken-in-den-keller-3330526.html (eingesehen am 20.05.2020)

hochkomplexen und filigranen Nervenzellenverschaltungen des präfrontalen Kortex sind hochgradig sensibel und störungsanfällig. Sie
arbeiten nur dann optimal, wenn wir uns in einem Zustand der Entspannung befinden – d. h. nicht gestresst sind.

**Auf unsere beste Performance und höchste geistige Leistungsfähigkeit
können wir nur im Zustand der Entspannung zugreifen.**

Ein treffendes Zitat, das dieses Zusammenspiel von High Performance
und Entspannung gut beschreibt, stammt vom ehemaligen Kapitän
der englischen Nationalmannschaft, Frank Lampard, aus dem Jahr
2006, während der Fußball-WM in Deutschland. Auf die Frage eines
Journalisten, was er denn von seinem exzentrischen, aber überaus
erfolgreichen Clubtrainer beim FC Chelsea, José Mourinho, gelernt
habe, antwortete er: »Erst von Mourinho habe ich gelernt, dass ich erst
entspannen muss, bevor ich Leistung bringen kann!«[2]

Das mittlere Stockwerk: Sicherheitsmodus – nur keine Fehler machen!

Doch unter Stress verändern sich die eben beschriebenen Verhältnis-
se schlagartig. Wenn wir uns z. B. selbst zu sehr unter Druck setzen,
während des Schaffens immer wieder unterbrochen werden oder
feststellen, dass die Zeit nicht ausreicht, um zu beenden, was wir uns
vorgenommen haben, stellt sich Stress ein. Das Gehirn gerät dann in
den unruhigen Beta-Zustand. Im Unterschied zum ruhigen Alpha-
Zustand schwingen die Gehirnwellen nun schneller, unruhiger und
hektischer. Die Frequenz steigt auf 15 bis 25 Hertz und mehr. Dieses
zackige und unruhige Gehirnwellenmuster steht sinnbildlich für unseren damit verbundenen Gemütszustand: Unruhe, Nervosität, Hetze
und Besorgnis machen sich breit. Gleichzeitig überfluten Stresshormone die oberste Etage. Beide Faktoren haben unmittelbaren Einfluss auf

---

2 Frank Lampard: Die WELT, 30.06.2006

den Arbeitsmodus des Gehirns, mit zum Teil fatalen Konsequenzen: Das Gehirn stürzt ab! Es agiert von nun an ein Stockwerk tiefer, nach Hüthers Bild in der mittleren Etage.

Unter Stress macht sich im präfrontalen Kortex eine zu starke Erregung breit, die dafür sorgt, dass die hochsensiblen Systeme nicht mehr effektiv wie gewohnt ineinandergreifen und wie im oberen Stockwerk harmonisch kooperieren. Im Extremfall können einzelne Bereiche wegen »Überhitzung« sogar stillgelegt werden, ein Blackout kann die Folge sein. Damit steigt die Gefahr, nicht mehr wie gewohnt auf sein Wissen und seine Fähigkeiten zugreifen zu können. Jeder hat bestimmt schon mal die Erfahrung gemacht, dass einem mit Abgabe der Prüfung – wenn der Stress vorbei ist – schlagartig die Antworten wieder einfallen, auf die man zuvor nicht zugreifen konnte. Der Stress lässt grüßen! Die Lage der wissenschaftlichen Forschung ist eindeutig:

Unter psychischer Belastung und mentalem Stress ist der Mensch nicht in der Lage, das Potenzial seines Gehirns optimal zu nutzen.

Im Englischen gibt es die Bezeichnung »to go offline« für das Unterbrechen der Leitungen zur obersten Etage, ein Bild, das die tatsächliche Unterbrechung dieser hochsensiblen Regelkreise gut beschreibt. Die Blutgefäße verengen sich, die Sauerstoffzufuhr reduziert sich, das filigran-virtuose Zusammenspiel der Nervenzellen gerät aus dem Takt. So wird verständlich, dass wir unter Stress tatsächlich »weniger intelligent« und »kopflos« sind, wie Hüther es formuliert. Unter Stress werden unsere kognitiven Fähigkeiten nachhaltig in Mitleidenschaft gezogen: Durch die Schwächung der sogenannten exekutiven Funktionen lassen Denk- und Konzentrationsfähigkeit nach, die Einschätzung der Realität ist getrübt, Denkmuster werden irrational, Objektivität und Beobachtungsfähigkeit nehmen ab.

Hinzu gesellt sich ein weiteres Phänomen, das unsere Performance nachhaltig beeinträchtigt: Unter Stress dominieren instinktiv Sicherheitsüberlegungen. Wir haben Angst, Fehler zu machen! Daher neigen wir stark zu automatisierten Handlungs- und Verhaltensmustern aus der Vergangenheit. Anstatt unsere Intelligenz und Kreativität bestmöglich wie im obersten Stockwerk im Sinne von »Was wäre die beste Lösung?« zu nutzen, reagieren wir nun nach dem Motto, nur nichts falsch oder keine Fehler zu machen. Selbstvertrauen, Innovationsgeist und Mut schwinden, es regieren nur noch Sicherheits- und Fehlervermeidungsstrategien. Problematisch ist zudem ein weiterer psychologischer Aspekt, sobald die mittlere Etage das Kommando hat: der Verlust von Teamgeist. Es liegt in unserer Natur, zunächst einmal an uns selbst zu denken, wenn es bedrohlich wird. Ein Relikt der Evolution, das in Teamsportarten wie in Unternehmen pures Gift ist.

Als wäre dem nicht schon genug, kommt noch ein weiterer Aspekt hinzu: der Tunnelblick. Anstatt Gelegenheiten nehmen wir nur noch Bedrohungen wahr, was den Stress nochmals verstärkt. War es in der Auseinandersetzung mit dem Säbelzahntiger ein Überlebensvorteil, seine ganze Konzentration instinktiv nur noch auf den Gefahrenherd zu bündeln und auf das Schlimmste gefasst zu sein, so ist dieser Wahrnehmungsreflex in der Arbeitswelt kontraproduktiv. Er macht uns blind für gute Lösungen und intelligente Entscheidungen, denn unser Fokus richtet sich nur noch auf Dinge, die schiefgehen könnten: »Das letzte Mal hat das auch schon nicht geklappt!« »Mein Kollege arbeitet gegen mich!« »Die Beförderung kann ich vergessen, wenn ich das Projekt in den Sand setze!« Unter Stress haben wir zudem einen Hang zum mentalen Drama und neigen dazu, aus einer Mücke einen Elefanten zu machen. Als übergeordnete Strategie, wie man sein Gehirn möglichst oft und lang in der obersten Etage nutzen kann, rät Hüther zusammenfassend zu drei Dingen:

So schaffen Sie es, in der obersten Etage zu bleiben

1. Machen Sie sich bewusst, welches Wissen, welche Erfahrungen und Fähigkeiten Sie besitzen; vertrauen Sie sich selbst mehr.

2. Fragen Sie sich, wer Sie unterstützen oder Ihnen helfen könnte.

3. Machen Sie sich klar, dass es auch nach der schlimmsten Krise immer irgendwie weitergeht. Oft zeigt sich erst im Rückblick, dass sich die Krise der Vergangenheit als Chance für die Zukunft entpuppt hat.

Das unterste Stockwerk: Emotionen übernehmen das Kommando

Was passiert nun, wenn wir in die unterste Etage, sozusagen in den Keller abstürzen? Dort verlieren wir komplett die Selbstkontrolle und Beherrschung. Wir werden im wahrsten Sinne des Wortes zum Tier! Das Stammhirn, das wir gemeinsam mit allen Säugetieren haben, übernimmt das Kommando. Wir werden hitzig, fangen an zu brüllen, schlagen Türen etc. Wir verhalten uns wie ein jähzorniges Kind, ungezügelte Wut und Aggressionen dominieren. Wir sind bereit, unser Territorium und unseren Standpunkt um jeden Preis zu verteidigen: ein uralter Mechanismus, der in der Steinzeit in lebensbedrohlichen Situationen möglicherweise sinnvoll war, in der zivilisierten Welt des 21. Jahrhunderts jedoch weit mehr schadet als nützt.

Abb. 8: Der Stressfahrstuhl (nach Hüther)
Je nach Stresslevel arbeitet das Gehirn in unterschiedlichen Programmen.

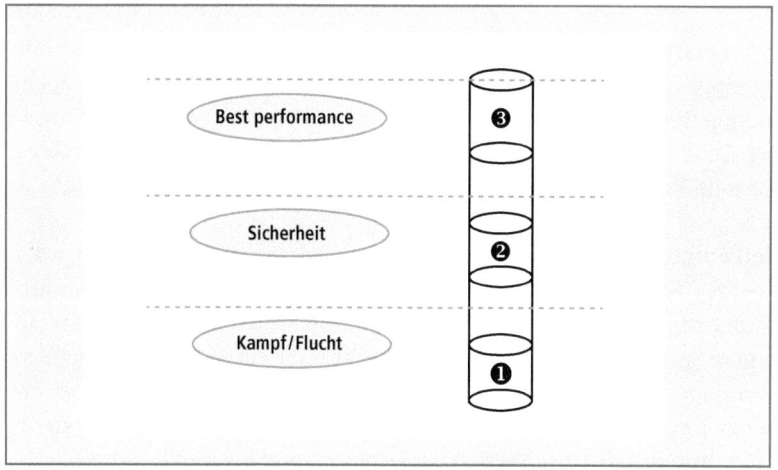

Stress ist nicht gleich Stress

Auch wenn es diesen Zustand schon so lange gibt wie uns Menschen, so ist der Begriff »Stress« relativ jung. Er geht auf den österreichisch-kanadischen Forscher Hans Selye zurück, der als Vater der modernen Stressforschung gilt. Im deutschen Sprachgebrauch ist »Stress« erst seit den 1970er-Jahren anzutreffen. Von Selye stammt die bis heute gültige Definition, wonach Stress »eine unspezifische Reaktion des Organismus auf jegliche Form von Belastung« darstellt. Diese neutrale Beschreibung lässt das Phänomen Stress in einem ganz anderen Licht erscheinen: Auf eine Anforderung – und das muss nicht gleich die Auseinandersetzung mit einem Säbelzahntiger sein – reagiert der Organismus blitzschnell mit der Ausschüttung von Stresshormonen, die uns die Energie liefern, eine entsprechende Beanspruchung zu meistern. In diesem biologischen Kontext ist das negative Image von Stress alles andere als gerechtfertigt.

Wir brauchen die Stresshormone, wenn wir gefordert sind. Ohne sie hätten wir nicht die Energie, Herausforderungen zu meistern.

Außerdem sind Stresssituationen unabdingbar, um zu lernen, denn sie zwingen uns, uns zu organisieren, zu planen und kreativ zu sein. Nicht wenige Forscher sind der Meinung, dass neben der Weitergabe unserer Gene die Bewältigung von Problemen und der damit verbundene Lerneffekt den entscheidenden Lebenszweck darstellen.

Selye unterscheidet zwischen Eustress und Disstress. Eustress ist der positive Stress, den man erlebt, wenn man sich selbst eine Herausforderung sucht, z. B. wenn man lernt, ein Instrument zu spielen, an einem sportlichen Wettkampf teilnimmt oder ein Haus baut. Eustress stimuliert die Lustareale im Gehirn, er motiviert und beflügelt, er erzeugt Begeisterung und Leidenschaft. Unter Eustress geraten wir in Flow mit all seinen typischen Merkmalen, wie im Kapitel Motivation ausführlich beschrieben. Interessanterweise sind wir im Flow glücklicher, als wenn wir nichts tun. Der Mensch braucht also Herausforderungen, um Glück und innere Zufriedenheit zu erlangen. So gesehen ist der Stress tatsächlich die Würze des Lebens, denn ohne ihn wäre das Leben dröge und langweilig. Ohne Herausforderungen würden wir regelrecht verblöden.

Der negative Disstress ist der Gegenspieler des Eustress. Das ist der Stress, der Druck verursacht, der anstrengend ist und so gar keinen Spaß macht. Diese Form ist landläufig auch gemeint, wenn im Alltag von »Stress« die Rede ist. Im Gegensatz zum Eustress aktiviert Disstress die Unlustareale in unserem Gehirn. Er ist unangenehm, wirkt bedrohlich und überfordernd: Zeit- und Termindruck, sich türmende Aktenberge, schwelende Konflikte und Konkurrenzkämpfe, ungelöste Probleme, immer wiederkehrende Ärgernisse, die Schwierigkeiten mit den pubertierenden Kindern sind nur einige Beispiele für negativen Disstress. Das Problem dabei: Da es sich nicht unmittelbar um akute, gravierende oder gar lebensbedrohliche Ereignisse handelt, gewöhnen wir uns an diese Situationen und lassen damit zu, dass der Stress

Selbsttest: Wie gestresst sind Sie?

Eine erste kurze Selbsteinschätzung, inwieweit Sie sich derzeit möglicherweise in einer Stressspirale befinden, erhalten Sie mithilfe der folgenden Fragen. Je mehr Aussagen Sie spontan mit einem »Ja« beantworten, desto wichtiger ist es, dass Sie sich mit dem Thema Stressmanagement befassen.

– »Wenn ich abends nach Hause komme, bin ich meistens total ausgepowert und kann mich zu nichts mehr aufraffen.«

– »Ich verspüre oft innere Unruhe und fühle mich gehetzt und getrieben.«

– »Es fällt mir schwer, mich lange auf eine Sache zu konzentrieren.«

– »Es fällt mir schwer, abzuschalten und mich zu entspannen.«

– »Ich habe den Eindruck, dass ich mich selbst am Wochenende nicht erholen kann, und fühle mich urlaubsreif.«

langfristig unsere Gesundheit gefährden kann. Anstatt selbstbestimmt durchs Leben zu gehen, reagieren wir zumeist getrieben und gehetzt auf die äußeren Umstände.

Menschen geraten oft in die Stressspirale, ohne dies bewusst wahrzunehmen. Anstatt zu agieren, »re-agieren« sie nur noch auf die Anforderungen und sind im Autopilotmodus unterwegs.

Interessant ist, dass es weniger die kritischen und einschneidenden Lebensereignisse sind, wie z. B. der Verlust des Arbeitsplatzes, ein Unfall, eine Scheidung oder der Tod eines nahestehenden Menschen, die uns so stark »stressen«, dass unsere Gesundheit nachhaltig darunter leiden könnte. Wir Menschen scheinen von Natur aus gut aufgestellt, uns von solchen Schicksalsschlägen zu erholen. Weitaus gefährlicher sind vermeintlich kleinere Stressoren, denen wir tagtäglich ausgeliefert sind: vom ständigen Lärm über das tägliche Verkehrschaos, das Anstehen an der Supermarktkasse über zu viele gesellschaftliche Verpflichtungen, ständige Vorwürfe des Partners, bis hin zu den lästigen Werbeunterbrechungen, wenn man mal in Ruhe einen Film anschauen möchte. Diese tagtäglich wiederkehrenden kleinen Unannehmlichkeiten und Ärgernisse, sogenannte Mikrostressoren oder auch »Daily hassles«, rauben uns den letzten Nerv und treiben den Stresspegel nach oben.

Zu bemerken und sich einzugestehen, dass man in der Stressfalle sitzt, ist gar nicht so einfach. Im Prinzip ergeht es dem chronisch gestressten Menschen wie dem berühmten Frosch, der im kochenden Wasser verendet: In dieser Geschichte wird ein Frosch in einen Topf mit Wasser gesetzt, das langsam erhitzt wird. Der Frosch bemerkt es kaum und gewöhnt sich an die allmählich steigende Hitze, doch am Ende stirbt er, weil mit der Gewöhnung seine Rezeptoren für die Temperaturmessung – und damit für sein Schmerzempfinden – absterben. Anders ergeht es einem Frosch, den man in bereits kochendes Wasser wirft: Er springt reflexartig heraus und rettet sich! Um nicht wie der Frosch im kochenden Wasser zu enden, gilt es daher, Stressfühler zu entwickeln und regelmäßig in sich hineinzuhören.

Wer z. B. spürt, dass sein Nervenkostüm permanent angespannt ist, dass er ohne konkreten Grund gereizt und frustriert ist, wer sich andauernd gehetzt und getrieben fühlt, sollte hellhörig werden. Auch nicht abschalten zu können, ständiges Grübeln oder Schlafstörungen können erste Signale sein. Nicht selten macht sich der Stress auch im Lebensstil bemerkbar: Schlechte Ernährung, täglich Alkohol, endlos im Internet surfen, Serien konsumieren oder sich in Onlinespielen verlieren, all das können Anzeichen für chronischen Stress sein.

So erkennen Sie Ihre Stressoren

Die folgenden Fragen sollen Ihnen helfen, Ihre persönlichen Stressoren und Stress-
reaktionen zu erkennen:

- Welche Vorkommnisse, Ereignisse und Gegebenheiten wirken auf Sie belastend und erzeugen gravierende negative Emotionen wie Wutanfälle, Ärger,
  Frustration oder Niedergeschlagenheit? Hier sind vor allem Zustände gemeint,
  die immer wiederkehren und Sie längerfristig im Griff haben.

- Unter welchen Umständen und in welchen Situationen haben Sie Probleme
  mit Ihrer Konzentration?

- Wann merken Sie körperliche Reaktionen wie Herzrasen, Schweißausbrüche,
  Magenschmerzen, Verspannungen, Rücken- oder Kopfschmerzen etc.?

- An welchen Tagen verlieren Sie nach Feierabend Ihre Selbstkontrolle, was
  sich dann in ungesundem Verhalten wie übermäßigen Essen, Alkoholkonsum,
  stundenlangem Surfen im Internet etc. äußert?

Eine besondere und oft unterschätzte Bedeutung für das Stresserleben spielen die sogenannten sozialen Stressoren, also Belastungen, die
sich auf zwischenmenschlicher Ebene abspielen. Wir Menschen sind
bekanntlich soziale Wesen, und gute Beziehungen zu unseren Mitmenschen sind wichtig für unser Wohlbefinden. Sind soziale Bedürfnisse, wie beispielsweise ein harmonisches Familienleben, gute Kol-
legialität, vertrauensvolle Freundschaften oder die Zugehörigkeit zu
einer Gemeinschaft, nicht erfüllt, so wirkt sich das negativ auf unsere
Gefühlslage aus und erzeugt sozialen Stress. Gleiches gilt für familiäre
Konflikte, Auseinandersetzungen mit Kollegen, schwelende Konkurrenzkämpfe oder das Gefühl, nicht gebraucht oder ignoriert zu werden.
Wir alle benötigen unsere Mitmenschen, um Anerkennung, Respekt
und Wertschätzung zu ernten. Vor allem in Krisenzeiten stellt soziale Unterstützung durch Menschen, die bedingungslos hinter einem

stehen und einem den Rücken stärken, eine wichtige Ressource der Stressbewältigung dar. Geteiltes Leid ist bekanntlich halbes Leid, aber gerade in einer Situation wie der Coronakrise verdrehte sich dieses psychologische Grundprinzip ins Gegenteil. Kontaktsperre führte zu Isolation, doch genau die sozialen Kontakte sind es, die einen Krisen leichter meistern lassen. Dieses Paradoxon machte den Umgang mit einer Krise wie der durch das Coronavirus erzeugten noch schwieriger als dies ohnehin schon war.

In der Arbeitswelt sind für das Wohlbefinden unseres »sozialen Selbst« drei Fragen von Bedeutung: Mögen mich die anderen? Steht mein Chef hinter mir? Ist mein Platz hier sicher? Daraus resultieren wichtige »Nährstoffe«, die wie Balsam für unsere Seele wirken und zudem elementar sind für die Entwicklung eines starken Selbstkonzepts. Soziale Beziehungen können also Fluch oder Segen sein. So wundert es nicht, dass chronische Feindseligkeit in Beziehungen, z.B. wenn Paare nur noch wegen der Kinder zusammenleben oder Mitarbeiter mit einem unausstehlichen Chef auskommen müssen, langfristig einen größeren Risikofaktor für einen Herzinfarkt darstellen als z.B. das Rauchen.

WINNIG INSIDE / Training

Übung: Richten Sie ein Beziehungskonto ein!

Das Wissen, dass es Menschen gibt, auf die man sich bei Bedarf verlassen kann, denen man zu 100 Prozent vertraut und die einen in Krisenzeiten bedingungslos unterstützen, stellt eine wichtige Ressource für unser seelisches Gleichgewicht dar.

Abb. 9: Soziales Netz
Familie, Freundschaften und vertrauensvolle Beziehungen stellen eine tragende Säule für die psychische Gesundheit dar.

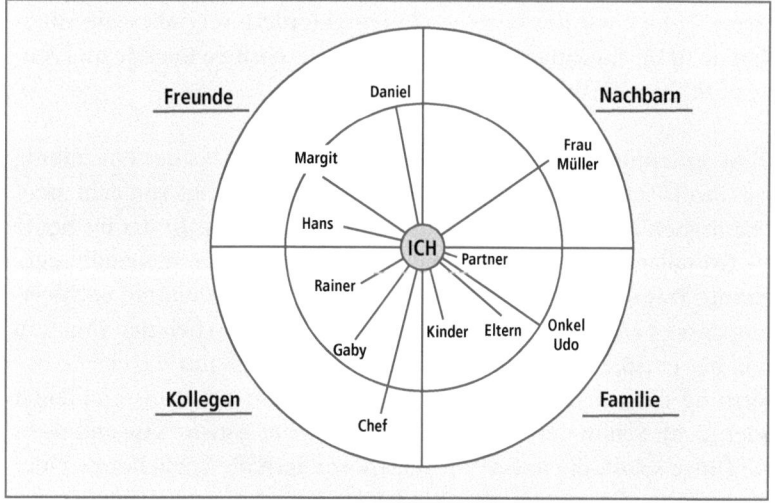

Stress ist immer individuell

Stress ist stets eine individuelle Angelegenheit und die Stressoren sind so unterschiedlich wie die einzelnen Persönlichkeiten und deren Lebenswelten. Benötigt der eine Zeitdruck, um in die Gänge zu kommen, führt dieser bei dem anderen zu Stress. Löst es bei einem Stress aus, vor versammelter Mannschaft einen Vortrag zu halten, stellt dies für den anderen genau die Gelegenheit dar, auf die er schon lange gewartet hat. Sind viele Dienstreisen und stets auf Achse zu sein für den einen die Würze des Jobs, sind sie belastend für den anderen.

Das Stressempfinden ist stets subjektiv und geprägt von der individuellen Bewertung und Einstellung.

Erst durch die Art und Weise, wie wir eine Situation bewerten, kommt es zu einem möglichen Stresserleben. Fühlen wir uns im weitesten Sinne in irgendeiner Form bedroht oder ausgeliefert, geraten wir unter Stress. Fühlen wir uns hingegen herausgefordert, sorgt dieselbe Situation nicht für (negativen) Stress, sondern für positive Energie und Motivation (bzw. positiven Eustress).

Diese Erkenntnis, dass die individuelle Bewertung bei der Entstehung von Stress stets das Zünglein an der Waage ist, stammt von dem amerikanischen Psychologen Richard Lazarus. Auf ihn geht das bis heute als Grundlage für viele Stressmanagement-Techniken dienende sogenannte Transaktionale Stressmodell zurück. Lazarus konnte nachweisen, dass es eine dynamische Wechselwirkung zwischen der Situation und der entsprechenden Bewertung gibt und dass nur die eigene Bewertung entscheidend dafür ist, inwieweit jemand Stress empfindet oder nicht. Schon der antike Philosoph Epiktet wusste: »Es sind nicht die Dinge selbst, die uns beunruhigen, sondern die Vorstellungen und Meinungen, die wir von den Dingen haben!« Lazarus prägte für diesen Zusammenhang den Begriff »transaktional«: Die im Kopf stattfindende Transaktion entspricht der gedanklichen Auseinandersetzung, inwieweit jemand glaubt, die Situation zu meistern oder nicht. Das transaktionale Stressmodell liefert den zentralen Ansatz für das mentale Stressmanagement.

Dabei spielt die im Kopf stattfindende Transaktion, im Sinne einer Umdeutung bzw. Neubewertung der Situation, eine entscheidende Rolle. Vor allem wenn es sich um Stresssituationen handelt, die sich nicht ändern lassen, stellt die Einstellungsänderung bzw. ein Perspektivwechsel die Königsdisziplin dar. Im Bedrohungsmodus des Autopiloten geraten wir schnell in einen Teufelskreis, denn die (vermeintliche) Bedrohung sorgt für emotionale Anspannung, Unruhe und Nervosität, die unsere Gedanken und damit auch unseren inneren Dialog im Würgegriff halten und die Situation nochmals verstärken: »So ein Mist!«, »Warum immer ich?«, »Ich habe keinen Bock mehr!« etc. sind gedankliche Reaktionen die unmittelbar aufploppen. Ändern Sie jedoch

Ihr Denken, indem Sie nicht mehr hadern, sondern die Situation akzeptieren und sich selbst an die Hand nehmen und sich fragen, was an der Situation herausfordernd sein könnte, ändert sich schlagartig auch ihre emotional-mentale Verfassung zum Positiven.

Fragen wie »Was kann ich daraus lernen?«; »Wer könnte mir helfen?«, »Wie kann ich mich das nächste Mal besser vorbereiten?« oder für Fortgeschrittene »Was sagt mir meine Reaktion über mich selbst?« beenden das Gefühl des Ausgeliefertseins und der Hilflosigkeit. Die Methode BRAIN am Ende des Kapitels zeigt, wie ein solches Trainingsprogramm für den Kopf aussieht.

Zidanes Ausraster

Erinnern Sie sich noch an das Finale der Fußball-WM 2006 zwischen Frankreich und Italien? Wenn nicht auf Anhieb, dann bestimmt mithilfe des Stichworts »Zidanes Ausraster«. Selbst ausgesprochenen Nicht-Fußballfans ist dieser sporthistorische Vorfall im Gedächtnis geblieben. Was war geschehen? In der 110. Minute der Verlängerung hält der italienische Verteidiger Marco Materazzi bei der Abwehr eines ankommenden Freistoßes Zinédine Zidane leicht am Trikot. Das kommt in solchen Situationen immer wieder vor und wird in der Regel nicht als Foul gewertet. Es folgt ein kurzes Wortgefecht zwischen den beiden, Zidane trabt daraufhin in Richtung Mittellinie. Urplötzlich kehrt er um, läuft wie ein wilder Stier auf Materazzi zu und streckt diesen mit einem gezielten, heftigen Kopfstoß gegen die Brust nieder, so wie es die Fußballwelt noch nicht gesehen hatte.

Zidane wurde daraufhin mit einer roten Karte vom Platz gestellt. Und die Fußballwelt fragte sich: Was, um Gottes Willen, war nur in Zidane gefahren? Die Antwort erhielten die Fans wenige Tage später. Es waren keine körperlichen Attacken, wohl aber Angriffe im übertragenen Sinne, die bei Zidane die Sicherungen hatten durchbrennen lassen. Während des gesamten Spiels war Zidane von seinem Bewacher Materazzi bei jedem Zusammentreffen fies beleidigt worden. Materazzi beschimpfte nicht nur Zidane aufs Übelste, sondern auch dessen Mutter, Schwester und Frau. Der vergleichsweise harmlose Zupfer am Trikot war der berühmte Tropfen, der das Fass zum Überlaufen brachte und in Zidane die emotionale Eruption auslöste.[3]

Die Zidane-Story ist ein Paradebeispiel dafür, dass Angriffe im 21. Jahrhundert in der Regel nicht mehr körperlicher, sondern vielmehr symbolischer Natur sind. Unser Alarmsystem unterscheidet nicht zwischen einem körperlichen und einem symbolischen Angriff in Form von Worten, Gesten, Mimik oder sonstigen Gebärden. Der Grund dafür ist, dass der Stressimpuls direkt aus dem Gehirn und nicht durch das Ereignis aus der Außenwelt aktiviert wird. Jeder von uns erlebt Situationen, in denen er vor Wut aus der Haut fahren könnte oder ungezügelter Ärger hochkocht, etwa weil man beleidigt wird oder sich übergangen oder ungerecht behandelt fühlt. Interessanterweise folgen auch hier unsere Verhaltensmuster den drei beschriebenen »F«s, nämlich fight, flight oder freeze: Fight, wenn wir den anderen mit Worten, unterlegt mit entsprechender Stimme und Gestik, angreifen; flight, wenn wir versuchen uns rauszureden und zu rechtfertigen; und freeze, wenn wir einfach gar nichts mehr sagen. Daraus wird eine zentrale Eigenheit unseres Gehirns sichtbar:

Das Gehirn reagiert nicht nur auf reale Gefahren oder Angriffe, sondern ebenso auf symbolische Angriffe wie verbale Attacken oder sonstige Anfeindungen.

Auch nonverbale Angriffe, z. B. in Form einer abfälligen Handbewegung, eines abwertenden Blicks oder sonstiger kränkender Gesten, reichen aus, um das Gehirn in Alarmzustand zu versetzen, um darauf hitzig, unüberlegt und emotional zu reagieren – ein Phänomen, das vor allem im Straßenverkehr immer wieder zu beobachten ist. Die Amerikaner bezeichnen es als »Road Rage«, wenn an sich besonnene Menschen völlig überreagieren oder aus der Haut fahren, nur weil

---

3 Ansehen können Sie sich die Szene unter: https://www.youtube.com/watch?v=lqKd27CTxD0 (eingesehen am 20.05.2020)

sie beispielsweise von einem anderen Verkehrsteilnehmer geschnitten wurden oder ihnen die Vorfahrt genommen wurde. Versteht man jedoch, dass das Gehirn dies als Angriff auf das eigene Territorium und eine Bedrohung der Sicherheit deutet, wird nachvollziehbar, warum einigen Menschen am Steuer immer wieder der Kragen platzt. Daher ist es wichtig, seine ganz persönlichen Trigger zu erkennen, die einen immer wieder zum Kochen und zum Ausflippen bringen.

»Self Check«

Wann reagieren Sie über? Was sind Ihre Trigger?

– Was sind für Sie typische Situationen, die Sie unter Stress setzen und in denen Sie an die Decke gehen könnten?
– Auf welche Menschen und deren Verhaltensweisen reagieren Sie besonders stress-sensibel?

WINNIG INSIDE / Training

Die 4-A-Strategie: So kontrollieren Sie Ihre Emotionen!

Eine sehr effektive Methode, wie man sich selbst beruhigt, wenn man so richtig »aus dem Häuschen« ist, stammt von dem Stressforscher Gert Kaluza. Er empfiehlt die folgende 4-A-Strategie:[4]

---

4 Gert Kaluza: Gelassen und sicher im Stress. Heidelberg: Springer, 2007

Akzeptieren

Akzeptieren Sie, dass Sie sich emotional in einem Ausnahmezustand befinden. Es ist sinnlos, Wut, Ärger oder Frust zu unterdrücken und nicht wahrhaben zu wollen. Daher stellt die Akzeptanz überschießender Emotionen den ersten Schritt zur Selbstkontrolle dar. Bedenken Sie, dass hochkochende Emotionen in der Regel eine Halbwertszeit von weniger als einer Minute haben. Wenn wir sie länger spüren, dann deshalb, weil wir uns von ihnen leiten lassen und uns hineinsteigern.

Abkühlen

Jetzt geht es darum, wieder zur Ruhe zu kommen und einen kühlen Kopf zu bewahren. Dabei kann es helfen, sich vor seinem geistigen Auge ein Stoppschild vorzustellen, im Sinne von »Stopp, ich bleibe jetzt ganz cool!«. Zusätzlich helfen ein paar bewusste Atemzüge. Damit lassen Sie buchstäblich Dampf ab und gewinnen innere Ruhe zurück, und: Sie aktivieren das langsame Denken.

Analyse

Nun halten Sie kurz inne und überlegen, was Sie als nächstes tun könnten, um die Situation zu entschärfen. Welche Handlungsmöglichkeiten gibt es? Was wäre die beste Reaktion?

Aktion oder Ablenkung

Nach der Analyse können Sie entsprechend handeln, z. B. indem Sie mit dem Menschen, der Sie auf die Palme gebracht hat, ein klärendes Gespräch führen, indem Sie jemanden um Rat oder Unterstützung bitten oder indem Sie sich kurzfristig umorganisieren, Termine verschieben oder auf andere Art umdisponieren. Sind keine Handlungsoptionen vorhanden, sollten Sie sich ablenken, um den Emotionen Gelegenheit zu geben, sich aufzulösen, z. B. indem Sie Musik hören, einen Spaziergang machen, oder einen Freund anrufen.

Mentale Säbelzahntiger

»Der Mensch ist das einzige Tier, das an die Zukunft denkt!«, sagt der amerikanische Psychologieprofessor und Bestsellerautor Daniel Gilbert.[5] Kein Hund fragt sich, was am Wochenende im Fernsehen kommt, keine Katze, warum der Kater aus dem Nachbargarten vorhin nicht gegrüßt hat, kein Elefant denkt darüber nach, ob er zu dick ist. Nur der Mensch kann sich gedanklich in die Zukunft bewegen und die wildesten Szenarien durchspielen. Dieses Visualisieren der Zukunft, das eine Kernkompetenz für das mentale Training zur Vorbereitung auf einen Wettkampf oder sonstige Herausforderungen darstellt (siehe hierzu das Kapitel »Performance«), wirkt im Alltag leider oft kontraproduktiv.

Wir Menschen neigen gerne dazu, uns mit düsteren Zukunftsszenarien zu beschäftigen: mit der Angst, die Prüfung nicht zu bestehen, dem Misstrauen gegenüber dem Partner, weil wir ihn bei einer Notlüge ertappt haben, der Befürchtung, dass einem der Kollege den Job wegnehmen könnte, der Sorge, dass der Sprössling seinen Schulabschluss nicht schafft, der Angst, dass die Rente nicht reicht, etc. Es ist dieses ständige »Was passiert, wenn …?« in unserem Kopf, das den Stresspegel nach oben treibt.

Die Coronazeit stellte die wahrscheinlich bisher größte Herausforderung unserer Generation dar, uns nicht selbst von den damit verbundenen Sorgen und Befürchtungen runterziehen zu lassen: ob im Großen, der Sorge um die Gesundheit, den Arbeitsplatz oder die Finanzen, oder im Kleinen, z. B. ob der Griff in der S-Bahn nicht kontaminiert ist oder der Husten des Kollegen nicht ein Symptom des Virus und ansteckend ist. Die Struktur der Sorge ist dabei immer gleich: Wir beschäftigen uns im Kopf mit Dingen, für die es derzeit keine Lösungen gibt, was wiede-

---

5 https://www.youtube.com/watch?v=XNbaR54Gpj4 (eingesehen am 20.05.2020)

rum eine weitere Eigenschaft unseres Gehirns widerspiegelt: Wir Menschen tun uns von Natur aus schwer, Unsicherheit und Ungewissheit zu ertragen. Nicht einschätzen zu können, was die Zukunft bringt, wie sich die Dinge entwickeln oder wann wieder Normalität einkehrt, setzt dieses »Was passiert, wenn …?«-Spiel in unserem Kopf in Gang. Nicht reale, sondern mentale Säbelzahntiger werden zu unserer Bedrohung. Ein erster, grundlegender Schritt, um diesem Denk-Stress Paroli zu bieten, liegt in der Akzeptanz. Akzeptanz meint, sich einzugestehen, wie die Lage derzeit ist, sich klarzumachen, dass man die Situation aus eigener Kraft nicht ändern kann, aber auch zu sehen, dass es sich um ein zeitliches Phänomen handelt, das irgendwann auch wieder verschwunden sein wird.

Keine Frage, die Fähigkeit, sich mental mit möglichen bedrohlichen Zukunftsszenarien zu beschäftigen und sich entsprechend darauf vorzubereiten, machte den Menschen in seiner Entwicklungsgeschichte erst überlebensfähig. Ohne diesen evolutionär bedingten Gefahrenradar wäre die Menschheit längst ausgestorben. Doch das Prinzip »Angst schlägt Zuversicht!« heißt nicht, mit einer pessimistisch gefärbten Einstellung durchs Leben zu gehen, denn mit dem Blick auf die täglichen Herausforderungen des Lebens ist negatives Denken in aller Regel kontraproduktiv. Mit einem Zuviel dieses negativ gefärbten »Was passiert, wenn …?«-Spiels stellt sich der Mensch selbst ein Bein. Nicht selten geraten wir in eine regelrechte »Grübelfalle« und verstricken uns in nicht enden wollende Denkschleifen, die durchaus das Potenzial mit sich bringen, uns nachts um den Schlaf zu bringen. Dabei ist Grübeln zumeist rückwärtsgewandt, wogegen sich Sorgenmachen mit möglichen Zukunftsszenarien beschäftigt. Doch beide Varianten tun uns nicht gut.

Grübeleien und Sorgen verschlechtern unsere Stimmung. Wir werden gereizt, nervös, sind schlecht drauf und gestresst.

Daher spielt neben der Akzeptanz eine realistische Einschätzung der Lage eine wichtige Rolle, denn in der Regel katastrophieren wir mehr, als es der Realität entspricht. Eine gute Methode, zu akzeptieren, was gerade passiert, ist sich schriftlich mit seinen mentalen Säbelzahntigern zu beschäftigen. Allein das Zu-Papier-Bringen der Sorgen und Ängste hat unmittelbar eine befreiende Wirkung. Schon mit dem Niederschreiben ändert sich die Perspektive, die Dinge werden fassbarer und leichter überprüfbar, als wenn man Probleme lediglich nur im Kopf hin und her wälzt.

So berichtet Britta Heidemann, Weltmeisterin und Olympiasiegerin im Degenfechten, wie ihr das Niederschreiben von Ängsten und Sorgen geholfen hat, ihren Kopf klar zu bekommen. Sie erzählt: »Eine Woche vor den Spielen in Peking bin ich durch ein Wechselbad der Gefühle gegangen. Den einen Tag hab ich geweint, weil ich gedacht hab, ich halte dem Druck nicht stand. Und am nächsten Morgen war ich total euphorisch und aufgekratzt.«[6] Abends notierte sie ihre Ängste, Sorgen und Bedenken auf ein Stück Papier und steckte dieses in eine Schublade. Dadurch bekam sie den nötigen Abstand und konnte schwarz auf weiß sehen, dass die meisten ihrer Sorgen nur Hirngespinste waren. Zudem hielt sie bewusst Abstand zu Menschen, die negative Stimmung und Pessimismus verbreiteten. Der Rest ist Geschichte: Am 13. August 2008 gewann sie in einem dramatischen Finale gegen die Rumänin Ana Brânză die Goldmedaille.

---

6 STERN Gesund Leben: Britta Heidemann: Mentale Kraft – Gewonnen wird im Kopf, Nr. 01/2011, S. 75

Die »Was wäre, wenn ...?«-Strategie

Notieren Sie die sich stets wiederholenden belastenden Gedanken, sobald sie auftreten. Legen Sie dann einen Termin fest, an dem Sie sich konkret mit diesem Problem beschäftigen werden, z. B. heute um 19.30 Uhr nach dem Abendessen. So gewinnen Sie zunächst Abstand, da Sie ja nun wissen, dass Sie sich bald um die Angelegenheit kümmern werden. Wenn Sie sich dann zum festgelegten Zeitpunkt mit den Sorgen befassen, dann stellen Sie sich folgende Fragen:

– Wie wichtig ist die Sorge wirklich?
– Wie wahrscheinlich ist es, dass das befürchtete Szenario eintritt?

Sollten Sie feststellen, dass es sich tatsächlich um etwas elementar Wichtiges handelt und das Eintreten wahrscheinlich ist, dann bereiten Sie sich gedanklich auf den Fall der Fälle vor. Beginnen Sie mit der Frage »Was wäre, wenn ...?« und basteln Sie dann Schritt für Schritt einen Plan, nach dem Sie handeln werden. Diesen schriftlich fixierten Handlungsplan legen Sie in eine Schublade. Nun sind Sie optimal vorbereitet, sollte das Szenario eintreten. Sobald ein Notausgang vorhanden ist, geht es uns unmittelbar besser, und die Erfahrung zeigt, dass wie diesen in der Regel gar nicht benutzen müssen.

Auf Stress programmiert?

Wenn wir uns selbst einmal beobachten, werden wir schnell erkennen, dass wir in Stresssituationen meist mit für uns typischen Verhaltensmustern reagieren. Egal ob wir im Stau stehen, kritisiert werden oder vom Chef kurz vor Feierabend noch eine Aufgabe übertragen bekommen: Unsere Reaktionen sind in den entsprechenden Situationen in der Regel immer gleich.

Dass der Mensch ein Gewohnheitstier ist, ist bekannt. Doch dass auch unser Denken – und damit auch unsere Verhaltensmuster unter

Stress – die Gewohnheit liebt, ist uns in der Regel weniger bewusst. Im Bewusstmachen solcher automatisch einrastenden Verhaltensmuster liegt der erste Schritt, wenn es darum geht, mentale Stresskompetenz zu entwickeln. Dafür spielt die Entstehungsgeschichte unseres Mindsets eine wichtige Rolle.

Mindset ist in der Psychologie mittlerweile ein gebräuchlicher Begriff, der übergeordnet frei mit Lebenseinstellung oder Mentalität übersetzt werden kann. Im Speziellen steht Mindset für »Denk-Muster«, für unsere geistige Haltung, d. h. für all unsere Glaubenssätze, Denkweisen und Überzeugungen. Die Antwort auf die Frage, wie unser Mindset entsteht, reicht bis weit in unsere ersten Lebensjahre zurück. Bei Geburt verfügen wir logischerweise noch nicht über ein Mindset und wir sind von unseren Eltern und unserem näheren Umfeld abhängig. Sie erklären uns die Welt. Erst durch Erziehung, Beobachtung, Nachahmung und Erfahrung entwickelt sich unser Mindset in Form unseres Selbst- und Weltbilds, das heißt, es kristallisiert sich nach und nach heraus, wie wir uns selbst und die Welt sehen. So entsteht im Laufe der Zeit unsere Persönlichkeit und unsere Identität, also »wer« wir sind, »wie« wir sind und vor allem »wie gut« wir sind.

Doch leider verläuft diese frühkindliche und so prägende Lebensphase nicht immer zielführend für die Entwicklung einer selbstbewussten und mental starken Persönlichkeit. Wissenschaftler der Harvard University haben herausgefunden, dass über 80 Prozent der Botschaften, denen wir im Rahmen unserer Erziehung ausgesetzt sind, zwar gut gemeint, aber begrenzend und kontraproduktiv für die Entwicklung eines positiven Selbstbilds sind. Bis zu unserem 18. Lebensjahr sind wir demnach mit ca. 150 000 negativen Botschaften konfrontiert, durchschnittlich also ca. 20 pro Tag!

Wer einmal beobachtet, wie Eltern mit ihren Kindern umgehen, wird schnell erkennen, dass die Zahl von ca. 20 solcher – zweifellos gut gemeinten – limitierenden Suggestionen pro Tag durchaus realistisch ist. »Dafür bist du noch zu klein!«, »Das ist gefährlich!«, »Das kannst du nicht!«, Dein Freund macht das viel besser!«, »Das musst du dir erst verdienen!« und ähnlich gelagerte suggestive Botschaften brennen sich durch permanente Wiederholung ins Unterbewusstsein ein. Auch sogenannte innere Antreiber, wie »Streng dich an!«, »Sei stark!«, »Sei schnell!«, »Mach es allen recht!« oder »Sei perfekt!« gehören zu den typischen stresserzeugenden Glaubenssätzen, deren Geburtsstunde in der frühen Kindheit liegt und die uns das gesamte Leben begleiten.

Doch nicht nur Prägungen, die unser Selbstbild unmittelbar betreffen, werden früh gesät, auch andere (angeblich) allgemein gültige Überzeugungen werden uns bereits im Kindesalter eingeimpft: »Man kann nicht alles haben!«, »Ohne Fleiß kein Preis!«, »Wenn das jeder machen würde!« oder »Lieber den Spatz in der Hand als die Taube auf dem Dach!« sind nur ein paar Beispiele solcher weit verbreiteten Denkweisen, die uns langfristig hindern, unser echtes Potenzial zu erkennen und zu entwickeln. Nicht umsonst schreibt der amerikanische Philosoph Robert Anton Wilson in seinem Bestseller »Der neue Prometheus. Die Evolution unserer Intelligenz«: »Wir sind Riesen, die von Zwergen erzogen worden sind und uns deshalb angewöhnt haben, stets mit einem geistigen Buckel herumzulaufen.«[7]

Die Problematik dabei: Ähnlich dem Prinzip der permanenten Wiederholung von Werbung, wurzeln auch diese frühkindlichen Suggestionen in unserem Unterbewusstsein und sorgen dafür, dass wir uns in entsprechenden Situationen nach einem bestimmten Muster verhalten, ähnlich wie wir im Supermarkt automatisch nach »unserer« Sorte Zahnpasta, Nudeln oder Schokolade greifen. Diese frühkindlich verinnerlichten Lernerfahrungen, die wir uns nicht ausgesucht haben und die zu einer Zeit erfolgten, in der wir noch kein Ich-Gefühl und keine Identität hatten, programmieren unser Unterbewusstsein und wirken wie Regieanweisungen für das spätere Leben. Wer z.B. davon über-

---

7 Robert Anton Wilson: Der neue Prometheus. Die Evolution unserer Intelligenz. Hamburg: Rowohlt, 2002. Buchumschlag Rückseite

zeugt ist, ein schlechter Redner zu sein oder nicht mit Zahlen umgehen zu können, bei dem werden solche Situationen immer Stress auslösen. Die Angst, sich vor Publikum zu blamieren, oder die Selbstzweifel, die Rechenaufgabe nicht zu bewältigen, nähren das Denken und führen zu einem entsprechenden Ohnmachtsgefühl. Selbstverständlich gilt dieses Prinzip auch umgekehrt: Wer überzeugt ist, bei Menschen gut anzukommen oder mathematisches Talent zu besitzen, der wird im Sinne einer sich selbst erfüllenden Prophezeiung entsprechend positive Erfahrungen machen. Die Problematik ist, dass uns das selbst in den entsprechenden Situationen meist nicht bewusst ist. Ähnlich wie beim Lidreflex handelt es sich bei unseren Reaktionen auf Stress um unbewusst ablaufende Automatismen, die vom schnellen Denken gesteuert werden.

Einen guten Überblick über Stressverstärker finden Sie in dem sehr empfehlenswerten Buch »Gelassen und sicher im Stress« von dem bereits erwähnten Professor Gert Kaluza. Er listet dort 25 solcher Stressverstärker auf, die vor allem in den Leistungsgesellschaften weit verbreitet sind.[8]

- Am liebsten mache ich alles selbst.
- Ich halte das nicht durch.
- Es ist entsetzlich, wenn etwas nicht so läuft, wie ich will oder ich es geplant habe.
- Ich werde versagen.
- Das schaffe ich nie.
- Es ist nicht akzeptabel, wenn ich meine Arbeit nicht schaffe oder einen Termin nicht einhalte.
- Ich kann diesen Druck (Angst, Schmerzen etc.) einfach nicht aushalten.
- Ich muss immer für meinen Betrieb da sein.

---

8 Gert Kaluza: Gelassen und sicher im Stress. Heidelberg: Springer, 2007, S. 73/74

- Probleme und Schwierigkeiten sind einfach nur fürchterlich.
- Es ist wichtig, dass ich alles unter Kontrolle habe.
- Ich will die anderen nicht enttäuschen.
- Es gibt nichts Schlimmeres, als einen Fehler zu machen.
- Auf mich muss 100 %iger Verlass sein.
- Es ist schrecklich, wenn andere mir böse sind.
- Starke Menschen brauchen keine Hilfe.
- Ich will mit allen Leuten gut auskommen.
- Es ist schlimm, wenn andere mich kritisieren.
- Wenn ich mich auf andere verlasse, bin ich verlassen.
- Es ist wichtig, dass mich alle mögen.
- Bei Entscheidungen muss ich immer 100 %ig sicher sein.
- Ich muss ständig daran denken, was alles passieren könnte.
- Ohne mich geht es nicht.
- Ich muss immer alles richtig machen.
- Es ist schrecklich, auf andere angewiesen zu sein.
- Es ist fürchterlich, wenn ich nicht weiß, was auf mich zukommt.

Zu diesen Stressverstärkern gesellen sich sogenannte »Denkfallen« (thinking traps) bzw. stressverschärfende Denkmuster, die jeder mehr oder weniger in sich trägt. Die beiden US-amerikanischen Wissenschaftler Karen Reivich und Andrew Shatté von der University of Pennsylvania listen in ihrem Buch »The Resilience Factor« die acht am weitesten verbreiteten »Denkfallen« auf, mit denen sich Menschen selbst in innere Aufruhr und emotionale Anspannung bringen, obwohl es in der Realität keinen Anlass dafür gibt.[9]

1. **Willkürliche Schlussfolgerungen:** Es werden negative Schlussfolgerungen gezogen, obwohl diese nicht ausreichend durch relevante Fakten belegt sind.

---

9 Reivich / Shatte: The Resilience Factor. New York: three rivers press, 2002, S. 95–122

2. **Tunnelblick:** Es werden nur die negativen Aspekte einer Situation gesehen, ohne die neutralen Faktoren zu berücksichtigen bzw. zu prüfen.
3. **Maximieren / Minimieren:** Negatives wird über-, Positives unterbewertet.
4. **Personalisieren:** Ereignisse werden ohne wirklichen Beleg persönlich genommen.
5. **Externalisieren:** Man sucht die Schuld nicht bei sich, sondern bei anderen.
6. **Übergeneralisieren:** Aus einem negativen Ereignis wird eine allgemeine Regel abgeleitet, die auf Ereignisse in der Zukunft projiziert wird.
7. **Gedanken lesen:** Man geht davon aus, zu wissen, was der andere gerade denkt.
8. **Emotionales Denken:** Negative Emotionen werden als Beweis für die Richtigkeit der eigenen Gedanken angesehen.

Ziel des mentalen Stressmanagements ist es, stresserzeugende Glaubenssätze und Denkmuster aufzudecken und diese durch systematisches mentales Training entsprechend zu verändern.

Wie Sie ein positives Mindset entwickeln

Durch das Verständnis der Entstehung unseres Mindsets wird klar, dass der Stress erst in unserem Kopf entsteht. Unsere eingefahrenen Glaubenssätze und Denkweisen sind die Quelle für unser Stresserleben. Wie bereits beschrieben, ist es stets das Zusammenspiel von Gedanken und Bewertungen, mit dem wir uns selbst unter Stress setzen. Doch durch welche »Brille« wir Situationen wahrnehmen, d. h. ob wir uns im weitesten Sinne bedroht fühlen, negative Aspekte oder persönliche Defizite sehen, oder uns herausgefordert fühlen, weil wir positive Aspekte, Chancen und persönliche Stärken in den Mittelpunkt rücken, hängt einzig und allein von unserer Bewertung ab. Somit wird klar, weshalb das Stresserleben stets individuell und von der Betrachtung des Einzelnen abhängig ist. Es wird auch klar, dass es keinen objektiven Maßstab geben kann. Anderseits öffnet diese Mehrdeutigkeit der Bewertung den Handlungsspielraum im Sinne einer Veränderung der gedanklichen Herangehensweise und eine damit verbundene Reduzierung des Stresserlebens. Das alte Sprichwort »You can't stop the waves, but you can learn to surf!« meint, seine subjektiven Bewertungsmaßstäbe selbstkritisch zu hinterfragen und zu lernen, in unterschiedlichen Situationen entsprechend flexibel zu reagieren, wie ein Surfer, der sich an unterschiedliche Wellen ebenfalls stets geschickt und flexibel anzupassen hat. Im Prinzip geht es um ein Update Ihrer mentalen Software, d. h. einer gezielten Veränderung Ihrer Glaubenssätze, um die Performance Ihrer Hardware – des Gehirns – entsprechend Ihrer Vorstellungen zu verändern. Damit verändern Sie die Wahrnehmung der Welt im Sinne des bekannten Sprichworts: »Nichts ändert sich, außer ich ändere mich!«

Der erste Schritt für mentales Stressmanagement liegt in der Übernahme von Eigenverantwortung. Dafür – und damit zur Wiedererlangung von Kontrolle (im Gegensatz zur Opferrolle) – geben die bereits beschriebenen drei »C«s der Gewinnermentalität eine gute Orientierung: Control, d. h. seine Gedanken und Emotionen zu kontrollieren; Challenge, d. h. die Situation als Herausforderung zu sehen; und Commitment, d. h. sich seinem Verhalten und sich selbst gegenüber verpflichtet zu fühlen.

»Self Check«

Welche Glaubenssätze, limitierenden Einstellungen bzw. stresserzeugenden Denkmuster würde ich gern verändern?

Das folgende ABC-Modell der Emotionen stellt die Grundlage für das Verständnis der Wirksamkeit des folgenden Trainingsprogramms BRAIN dar. Das Beispiel ist stellvertretend dafür, wie eine gezielte Veränderung des Denkens das Stresserleben entschärft und dazu beiträgt, mentale Stärke zu entwickeln.

- **A – Activating Event / Ereignis:** Ein Kollege kommt Ihnen auf dem Gang entgegen und erwidert Ihren Gruß nicht.
- **B – Belief / Gedanke:** »Was ist dem denn über die Leber gelaufen? Habe ich dem was getan?«
- **C – Consequences / Gefühl:** Sie grübeln, ob irgendetwas vorgefallen sein könnte, was Ihren Kollegen verärgert haben könnte, und machen sich Sorgen, ob Ihr ansonsten kollegiales Verhältnis gestört ist.

Durch eine Veränderung Ihres Denkens könnten Sie Ihre Gefühlslage in dieser Situation unmittelbar verändern. Würden Sie beispielsweise denken »Der war sicherlich in Gedanken, weil er gleich ein schwieriges Gespräch mit dem Chef hat«, wäre Ihr emotionaler Zustand ein anderer. Anstatt sich zu sorgen, was zwischen Ihnen beiden nicht stimmen könnte, würden Sie vielleicht Empathie und Mitgefühl für den Kollegen empfinden.

Dieser Dreiklang »Ereignis – Gedanke – Gefühl« stellt den Prozess der Entstehung unserer Emotionen dar. Der Gedanke entspricht der spontanen und ungefilterten Bewertung des Ereignisses, mit dem wir konfrontiert werden. Wie im Kapitel Selbstmanagement beschrieben, kann das Gehirn gar nicht anders, als alles was passiert, zeitgleich zu beurteilen, in gut oder schlecht, nützlich oder nutzlos, angenehm oder unangenehm etc. einzuordnen, und mit einem entsprechenden emotionalen Etikett zu versehen. Dieser ununterbrochen ablaufende spontane Bewertungsprozess ist unabänderlich und gehört zu den Kernaufgaben des schnellen Denkens. Gleichzeitig liegt hier die Ausgangsbasis für das folgende Trainingsprogramm BRAIN.

Das beschriebene ABC-Modell geht auf die amerikanischen Psychologen Albert Ellis und Aaron T. Beck zurück. Sie waren in den 1960er-Jahren maßgeblich an der sogenannten »kognitiven Wende« beteiligt, einem damals neuartigen Therapieansatz, der die psychologische Forschung revolutionierte. Im Kern stand die Erkenntnis, dass Kognitionen – das heißt menschliche Informationsverarbeitung im Sinne von Wahrnehmung und Denken – die emotionale Verfassung und das individuelle Stresserleben maßgeblich beeinflussen. Mit anderen Worten:

Durch eine Veränderung unseres Denkens im Sinne einer reflektierten Situationsbewertung mit entsprechender Selbstinstruktion lässt sich unsere emotionale Verfassung unmittelbar verändern.

Ellis konnte nachweisen, dass Menschen, die zu unangemessenen irrationalen Denkmustern (»irrational beliefs«) neigen und sich selbst und die Welt bevorzugt negativ sehen, damit bei sich unmittelbar negative Gefühle wie Ärger, Frust oder Resignation auslösen. Wie Ellis war auch Beck der Ansicht, dass irrationale Überzeugungen eine Hauptursache für psychische Leiden, vor allem bei depressiven Menschen, darstellen. Wenn depressive Menschen lernen, ihre gewöhnlichen Denkmuster bewusst wahrzunehmen und diesen nicht automatisch zu folgen, steigt die Chance, die Depression zu beseitigen, um 50 Prozent. Beide sahen in der systematischen Veränderung des negativen Denkstils den entscheidenden Therapieansatz, der bis heute unter der Bezeichnung kognitives Verhaltenstraining als eine der erfolgreichsten Psychotherapien überhaupt gilt.

Jan Frodeno: Ein Weichei?

Hört man den Namen des Triathleten Jan Frodeno, denkt man unmittelbar an Superlative: Olympiasieger 2008, dreifacher Ironman-Sieger auf Hawaii und zahlreiche andere Titel und Rekorde machen ihn zum absoluten Superstar der Triathlonszene. Zudem ist der gebürtige Kölner intelligent, sympathisch und gutaussehend und weiß sich bestens zu vermarkten. Und dieser Mann soll mal ein Weichei gewesen sein?

Unvorstellbar! Doch das folgende Eingeständnis seiner ursprünglichen mentalen Schwächen und der Weg, wie er sich dieser entledigt hat, gleichen schon fast einem sporthistorischen Dokument, weil Superstars so gut wie nie einen solch tiefen Einblick in ihr Seelenleben gewähren. Daher haben wir uns entschieden, die folgende Selbstbeschreibung Frodenos, die am 10.01.2017 im STERN abgedruckt war, an dieser Stelle zu übernehmen.[10]

Vom Weichei zum besten Triathleten der Welt

Jahrelang hatte ich mich innerlich wie eine Niete gefühlt, was man Medien, Fans und Sponsoren besser nicht verrät. Tatsache war: Ich war ein Weichei. Ich ließ mich von irgendwelchen blöden Stories leiten, die in meinem Kopf herumgeisterten. In den entscheidenden Momenten kurz vor dem Ziel knickte ich ein.

Nach einigen zweiten und dritten Plätzen in den Jahren 2006 und 2007 war mir klar, dass etwas passieren musste. Ich habe enge Rennen immer auf der Zielgeraden verloren – Europameisterschaft, Weltcups. Es war zum Verzweifeln. Und ich stand vor einer fundamentalen Entscheidung: Wollte ich den Leidensweg gehen und eine Sportlerkarriere durchmachen, die wie so viele andere knapp unterhalb des Gipfels endet? Oder war ich bereit, noch einmal neu anzufangen, mit allen Konsequenzen, vor allem der, dass ich mich mir selbst stellen müsste, meinen Ängsten, meinen Schwächen, meinen eigenen Erwartungen und denen meiner Umwelt? War ich bereit, mich ehrlich zu machen? Das mag lächerlich klingen, aber ich verspürte Panik: Was ist, wenn da etwas ganz anderes auftaucht, als ich erhoffte? Was, wenn ich wirklich jenes Weichei war, als das ich mich bisweilen, wenn auch nicht immer, fühlte?

Ich habe mich für den zweiten Weg entschieden, für die Treppenstufen hinab in die Welt meines Unterbewusstseins, hin zu meinen Traumata, in den düsteren Keller der eigenen Seele, wo jede Menge Gerümpel aus alten Zeiten lagerte. Dieser Müll sollte ans Licht. Im Kern geht es darum,

---

10 https://www.stern.de/sport/sportwelt/jan-frodeno--vom-weichei-zum-besten-triathleten-der-welt-7274590.html

unbewusste Glaubenssätze aus der Vergangenheit hervorzuholen, die
mich in Grenzsituationen womöglich bremsten.

Ich habe z. B. herausgefunden, dass ich mir eingeredet habe, ein ge-
scheiterter Leistungsschwimmer zu sein. Ich war 15, als ich das Schwim-
men überhaupt gelernt habe. Spitzenschwimmer haben da schon einige
Jahre Training hinter sich. Obwohl ich regional ganz gut war und viel
trainierte, habe ich den Anschluss an die nationale Spitze nicht geschafft.
So hatte sich bei mir unterbewusst ein Versagenskomplex verfestigt: Du
kannst nicht schwimmen. Die anderen sind viel besser. Vergiss es. Solche
miesen kleinen Sätze fressen sich fest und wirken im Wettkampf wie
mentale Bremsen, wenn das Hirn, dieser tückische Clown, in Momenten
höchster Anstrengung nach allerlei Möglichkeiten sucht, sich dem Gequä-
le zu entziehen. Ich habe mich immer wieder unbewusst in solche negati-
ven Sätze zurückfallen lassen. Aber mit Training kommt man gegen eine
solche Programmierung nicht an. Denn unterbewusst ist noch härteres
Trainieren nichts anderes als eine Selbstbestrafung für das eingeredete
Versagen. Das Ergebnis: Training macht keinen Spaß, sondern ist ein
dauernder Kampf gegen das eigene schlechte Gewissen. Im Schatten der
Seele tobt ein verhängnisvoller Kampf der schlechten Gefühle. Was sich
aber im Unterbewusstsein verbirgt, sitzt auch in den Knochen. Ich wollte
es weg haben. Raus damit.

Mit Hilfe eines Tapes, einer Mischung aus autogenem Training und
Hypnose, ging ich das Problem an. Die Texte bildeten oft widersprüch-
liche Untertitel zu meinem Kopffilm. Denn während ich in Gedanken
mal wieder ein Rennen versemmelte, sprach das Tape tapfer dagegen
an. Der Text war weder Hexenwerk noch literarisch wertvoll, eher in die
Richtung: Ich kann gewinnen. Ich will gewinnen. Ich schaffe das. Nicht
sehr originell, zugegeben. Und anfangs scheinbar auch nicht sehr wir-
kungsvoll. Ich habe dieses Tape gehört, immer und immer wieder. Aber
nichts hat sich getan – bis zu dieser Nacht 2008 in Jeju, bis zum Wunder
in Südkorea. Ich bin in den Monaten davor fast verrückt geworden, weil
ich dieses Trauma vom Verlieren auf den letzten Metern offenbar so tief
in mir trug, dass ich einfach nicht herankam und fast daran zerbrochen
wäre. Wirklich wahr.

Das Trainingsprogramm BRAIN

Die folgende BRAIN-Methode ist ein mentales Trainingsprogramm, um sich von stresserzeugenden Denkmustern und negativen Glaubenssätzen zu befreien. BRAIN ist an das ABC-Modell von Ellis und das Vierstufen-Programm der Neurowissenschaftler Jeffrey Schwartz und Rebecca Gladding, das diese in ihrem Buch »Du bist mehr als dein Gehirn«[11] beschrieben haben, angelehnt. BRAIN entspricht im Kern dem im Kapitel »Grundlagen des Selbstmanagements« beschriebenen »inneren Spiel« von Gallwey. An dieser Stelle gelangt man unmittelbar zur Quelle geistigen Wachstums. Diese »Reaktionsflexibilität« erlaubt es uns Menschen stets, kurz innezuhalten und zu überlegen, bevor wir handeln. Die Entwicklung mentaler Stärke kann nur dann stattfinden, wenn wir erkennen, dass es zwischen Reiz und Reaktion einen Raum gibt, in dem wir wählen können, wie wir uns entscheiden und handeln.

Es ist immer die gezielte Unterbrechung der Automatik des schnellen Denkens, die den Weg frei macht, neu zu denken und zu reagieren.

Die folgenden fünf Schritte helfen Ihnen, dem selbst gemachten Stress zu entkommen und mentale Stärke zu entwickeln.

Das BRAIN-Modell

– B: Beobachten

In ersten Schritt geht es darum, sich seine stresserzeugende Überzeugung bzw. sein unerwünschtes Verhaltensmuster bewusst zu machen. Es geht um die Frage: »In welchen Situationen stehe ich

---

11 Schwartz /Gladding: Du bist mehr als dein Gehirn. Freiburg: Arbor Verlag, 2012

mir selbst im Weg?« bzw. »Wo würde ich mich gerne anders verhalten?«. Die Kunst besteht darin, sich selbst in der entsprechenden
Situation zu beobachten. Sie betrachten sich gewissermaßen aus
der Vogelperspektive. Nur so entsteht die Möglichkeit, Denkmuster
gezielt zu »de-automatisieren« und zu entschleunigen. Jedes Mal,
wenn wir uns selbst aus einer gewissen Distanz beim Denken beobachten, macht sich dies unmittelbar in unserem Gehirn bemerkbar,
da die vom Autopiloten gesteuerten neuronalen Netzwerke unterbrochen werden.

Folgende Leitfragen helfen beim Prozess der Selbstbeobachtung:
– Was passiert gerade mit mir?
– Wie erlebe ich die Situation?
– Wie würde ich einer außenstehenden Person mein Verhalten
  erklären?

– R: Reflektieren

Nun geht es darum, dieses normalerweise ablaufende Denk- und
Verhaltensmuster selbstkritisch zu hinterfragen. Durch die gezielte Trennung von Gedanken (»Was denke ich?«) und Emotionen
(»Was fühle ich?«) haben Sie die Möglichkeit, auf rationaler Ebene
mit sich umzugehen. Nur durch diese gezielte Aktivierung des langsamen Denkens erschließt sich der Weg zu geistiger Klarheit und
objektiver Bewertung.

Lassen Sie sich dabei von folgenden Fragen anregen:
– Welche Gedanken habe ich? Was sage ich zu mir?
– Was fühle ich? Welche Emotionen nehme ich wahr?
– Hat mich diese Einstellung schon jemals weitergebracht?
– Wo wird das enden, wenn ich mich auch in Zukunft immer so
  verhalte?

– A: Achtsamkeit

Versuchen Sie während dieses »inneren Spiels« geistig stets so präsent wie möglich zu sein. Lassen Sie sich nicht durch Gedanken

an die Zukunft, wie »Was passiert, wenn das heute wieder nicht klappt?«, oder an die Vergangenheit, wie »Beim letzten Mal habe ich das auch nicht hingekriegt!«, aus der Bahn werfen. Ihr Erfolg wird stark davon abhängen, inwieweit es Ihnen gelingt, während dieses inneren Spiels im Sinne von »Ich spreche mit mir selbst!« bewusst im Hier und Jetzt zu bleiben. Ein probates Mittel dafür sind ein paar bewusste Atemzüge. Atmen Sie dreimal tief ein und aus und spüren Sie der Atembewegung in Brust und Bauch bewusst nach. Dadurch verankern Sie sich in der Zeitschiene Gegenwart und erzeugen geistige Präsenz. Überlegen Sie sich ein Stopp-Signal, wenn Ihre Gedanken in Zukunft oder Vergangenheit abschweifen sollten. Das kann z. B. ein Schnipsen mit den Fingern oder ein kleiner Klaps auf den Oberschenkel sein. Legen Sie sich begleitend eine formelartige Anweisung zurecht, ein kurzes »Heute nicht!« oder »Stopp!« genügt.

Jetzt machen Sie sich bewusst, dass dieses Auftreten der aktuellen mentalen Situation einen »Denkfehler« darstellt. Verstehen Sie, dass es sich dabei um eine Programmierung Ihres Gehirns handelt, die Sie sich nicht ausgesucht haben. Legen Sie Ihr Veto ein und sagen Sie sich: »Das bin nicht ich, sondern lediglich eine Reaktion meines Gehirns.« Oder: »Ich habe diese Gedanken, aber ich bin nicht meine Gedanken!« Machen Sie sich in diesem Kontext nochmals eine große Schwäche des Gehirns bewusst: Ähnlich wie jemand, der täglich den Fahrstuhl nimmt, obwohl er durch die Benutzung der Treppe seiner Gesundheit etwas Gutes tun würde, »weiß« das Gehirn nicht, ob eine mentale Reaktion vor- oder nachteilig für Sie ist. Es reagiert in entsprechenden Situationen lediglich so, wie es in der Vergangenheit programmiert wurde.

– **I: Innovation**
Jetzt geht es darum, zu erkennen, dass Sie auch anders können, und dass Sie Herr, nicht Sklave Ihrer Denkmuster sind. Es geht um die Neubewertung und Umdeutung der Situation. Genau hier gelangt man zum entscheidenden Trick des kognitiven Verhaltenstrainings:

Unser Gehirn ist nicht in der Lage zwei Gedanken gleichzeitig zu denken. Ertappt man sich z.B. bei einem »Das schaffe ich nicht!«, lässt sich der Gedanke durch ein »Ich gebe mein Bestes!« ersetzen und ändert damit entsprechend des ABC-Modells schlagartig seine emotionale Verfassung.

Nun ist der Zeitpunkt gekommen, an dem Sie die Vergangenheit hinter sich lassen und Ihrem Gehirn ein erstes, wenn auch noch zartes neues Erfolgserlebnis einpflanzen. Nutzen Sie nun bewusst das langsame Denken, um sich durch eine andere Brille zu sehen. Lassen Sie sich von den folgenden Fragen inspirieren:
- Vorbild-Brille: Wie würde sich ein Vorbild von Ihnen in der Situation verhalten?
- Weitblick-Brille: Wie werden Sie morgen darüber denken?
- Lern-Brille: Was kann ich aus dieser Situation lernen?

- N: Neues Verhalten trainieren
Ihr Erfolg hängt in hohem Maße davon ab, inwieweit Sie bereit sind, an sich zu arbeiten, und mit wie viel Selbstdisziplin und Beharrlichkeit Sie ans Werk gehen. Seien Sie sich im Klaren darüber, dass die ersten Male eines bewussten Veränderungsprozesses eine gehörige Portion Disziplin, Willenskraft und Geduld erfordern. Doch bedenken Sie, dass Sie damit erste zarte Spuren in Ihrem Gehirn legen, aus denen im Laufe der Zeit neue neuronale Verbindungen entstehen, und dass das neue und bewusst gewählte Verhalten irgendwann in Fleisch und Blut übergeht.

Buddhisten vergleichen die Ausbildung der geistigen Fähigkeiten mit dem Anlegen eines Gartens. Wie die Pflanzen in der Erde um Nährstoffe konkurrieren, liefern sich auch Neuronen im Gehirn einen Wettstreit um Nervenwachstumsfaktoren, die man sich wie Dünger vorstellen kann. Diese werden vornehmlich dort ausgeschüttet, wo Synapsen aktiv sind, das heißt an den »Baustellen«, an denen gerade neue Verbindungswege zwischen den Gehirnzellen entstehen. Deshalb verkümmern die neuronalen Verbindungen, die

die ursprünglichen Überzeugungen gesteuert haben, wie Blumen in einem Beet ohne Nährstoffe, und es gedeihen die, die regelmäßig gedüngt und gegossen werden.

»Point of no return«

Ähnlich wie die Buddhisten mit dem Kultivieren eines Gartens, vergleicht der Gehirnforscher Manfred Spitzer die Entstehung neuer Verhaltensmuster mit dem Anlegen von Trampelpfaden im Gehirn. Wie beim Durchschreiten einer Wiese die ersten Fußspuren noch kaum erkennbar sind, doch mit jedem erneuten Betreten des Pfades immer tiefer werden, so entwickeln sich im Gehirn zwischen den Neuronen im Laufe der Zeit neue Trampelpfade, die nach einer gewissen Zeit das neue und gewünschte Verhalten entsprechend automatisch auslösen. Die Tatsache, dass man sein Gehirn ein Leben lang durch systematisches Training entsprechend verändern kann, wird als Neuroplastizität bezeichnet. Bezogen auf die Veränderung von Einstellung und Denkgewohnheiten heißt das, dass neue neuronale Netze nur dann entstehen können, wenn man die neuen Denk- und Verhaltensweisen immer wieder systematisch einübt, denn nur reales Training verändert das Gehirn! Es ist ähnlich wie beim Sport: Wie sich Muskelkraft nur durch körperliches Training steigern lässt, lassen sich Veränderungen im Gehirn – und damit die Entwicklung mentaler Stärke – nur durch aktives Training erreichen. Die entscheidende Frage lautet: Wie viele »Trainingseinheiten« benötigt das Gehirn für das Anlegen eines entsprechenden neuen Trampelpfades?

Für den Erwerb des Autoführerscheins benötigt man 20 bis 30 Fahrstunden, für das Erlernen einer sportlichen Technik oder das Auswendiglernen eines Gedichts Dutzende von Wiederholungen. Die Gehirnforschung geht davon aus, dass es – je nach Anspruch und Komplexität des gewünschten Verhaltens – eines Zeitraums von zwei bis drei Monaten bedarf, um einen Vorsatz dauerhaft als neues Verhaltensmuster im

Gehirn zu verankern. Als realistischen und als Orientierung dienen-
den Durchschnittswert bis das neue und erwünschte Verhaltensmuster
in »Fleisch und Blut« übergegangen ist (und künftig vom schnellen
Denken verwaltet wird) sollte man von ca. 10 Wochen ausgehen. Für
die Veränderung von Denk- und Reaktionsgewohnheiten im Sinne des
beschriebenen kognitiven Verhaltenstrainings ist von einer ähnlichen
Zeitspanne auszugehen, wie das folgende Beispiel eindrucksvoll zeigt.

BRAIN verändert die Strukturen im Gehirn

Wie effektiv das kognitive Verhaltenstraining ist, hat der amerikanische Psychologe Lewis Baxter bereits 1988 in einer weltweit Aufse-
hen erregenden Studie bewiesen. Er konnte nachweisen, dass mentales Training ebenso gut wirkt wie Medikamente. Baxter beschäftigte
sich mit Patienten, die unter dem Zwang litten, nach Verlassen des
Hauses immer wieder zurückzukehren um zu überprüfen, ob die Tür
abgeschlossen, der Wasserhahn abgedreht oder der Herd ausgeschaltet war. Von zwei Vergleichsgruppen bekam eine über den Zeitraum
von drei Monaten die Psychopille Prozac, die bis heute nicht nur bei
Depressionen, sondern auch bei Zwangsvorstellungen eingesetzt wird.
Die zweite Gruppe erhielt keine Medikamente, sondern ein Trainingsprogramm für den Kopf: Die Teilnehmer übten drei Monate lang systematisch, ihre Aufmerksamkeit schon beim leisesten Anzeichen des
Zwangsgedankens sofort von diesem abzuwenden. Sie sollten lernen,
dieses vom Autopiloten gesteuerte Zwangsdenken bewusst zu unterbrechen – sprich zu deautomatisieren – und gezielt durch ein anderes,
entsprechend konstruktives Denkmuster zu ersetzen. Der Erfolg nach
drei Monaten war beeindruckend, denn Baxter konnte nachweisen,
dass Psychopharmaka und Psychotherapie gleich gut wirkten. Beide
Therapien verhalfen etwa 2/3 jeder Gruppe, ihre Zwangsstörung zu
beherrschen.

Doch der Erfolg war nicht nur sichtbar am neuen Verhalten, sondern
das Training hinterließ auch Spuren im Gehirn. Baxter untersuchte die
Gehirne der Teilnehmer zu Beginn und am Ende der Therapie mittels

einer Positronen-Emissions-Tomographie, einem hochmodernen bild-
gebenden Verfahren, mit dem sich die einzelnen Strukturen des Gehirns sichtbar machen lassen. Während des dreimonatigen Trainings
entwickelten sich neue neuronale Verbindungswege zwischen dem
präfrontalen Kortex (langsames Denken) und dem tief im Inneren
des Gehirns liegenden Nucleus Caudatus, dem Bereich des Gehirns,
der automatische Denk- und Verhaltensprozesse steuert (schnelles
Denken). Er wies damit nach, dass mentales Training ebenso zu An-
passungserscheinungen führt wie körperliches Training (Stichwort
»Trampelpfade«), und dass sich unser Gehirn bis ins höchste Alter
trainieren lässt.

Stress gehört zum Leben dazu, er kann sogar positiv sein. Doch permanenter negativer Stress macht krank. Oft sind es weniger die äußeren
Umstände, sondern vor allem unsere Glaubenssätze und inneren Antreiber, die uns »stressen«. Dagegen können wir etwas tun!

INSPIRATION

*»Die besten Sportler der Welt entwickeln die Fähigkeit, Stress als Herausfor-
derung zu empfinden. Sie werden zum Meister der mentalen Kontrolle.«*
JIM LOEHR (Zeitschrift SPORTS, 1995, S. 103)

*»Ich lernte, mein Gehirn zu trainieren, die Worte und Sätze aus meinem
Kopf zu verbannen, Kränkungen zwar zu empfinden, aber dabei mein
Selbstwertgefühl davon unberührt zu lassen. So entstanden verschiedene
Bilder von mir. Ein Bild von mir als Sportlerin, die auftaucht und kraftvoll
durchs Wasser gleitet. Ein anderes Bild zeigt eine, die sich in der Öffentlich-
keit bewegt und zu sich stehen kann.«*
FRANZISKA VAN ALMSICK (Aufgetaucht, S. 115)

»Die gnadenlose Selbsterforschung, das ist eine Erfahrung, die manche Menschen vielleicht noch nie gemacht haben, Leistungssportler schon gar nicht. Wir sind es gewohnt, in einer Art Superman-Modus zu leben. Schwächen? Ich doch nicht. Um die düsteren Sätze aus Kindheit und Jugend zu finden, muss man sich ehrlich machen und ganz offen in sich selbst und seiner Vergangenheit herumforschen: Was sind die Erlebnisse von früher, aus der Schule, aus dem Sportverein, von Eltern, Geschwistern, Lehrern, Trainern, Freunden, Feinden, die bis heute bitter nachklingen?«

JAN FRODENO auf die Frage, was der entscheidende Schritt war, um zum Triathlon-Weltstar zu werden, nachdem er sich bis zu seinem Olympiasieg 2008 als der ewige Zweite einen Namen gemacht hatte. (https://www.stern.de/sport/sportwelt/jan-frodeno--vom-weichei-zum-besten-triathleten-der-welt-7274590.html)

»Und sollte was schief gehen, kann passieren. Standardsituation: die gehen 1:0 in Führung. Absolut kein Problem. Das ist kein Problem. Körpersprache! Lukas, wie ist sie? Brust raus! Und sofort nachsetzen. Kein Problem! Und dann nützen wir den Vorteil im Kopf, dass die, die stehen mit dem Rücken zur Wand, und wir, wir knallen sie durch die Wand hindurch!«

JÜRGEN KLINSMANN in seiner legendären Kabinenansprache vor dem vorentscheidenden Gruppenspiel gegen Polen bei der WM 2006 (Das Sommermärchen)

Mentale Balance

Entspannung ist das natürliche Gegenmittel zu Stress. In gewisser Hinsicht sind Stress und Entspannung zwei Pole eines Ganzen, wie Yin und Yang in der chinesischen Weisheitslehre. Dabei gilt Yin als das passive, Yang als das aktive Prinzip. Ein harmonisches Gleichgewicht von Aktivität und Passivität wird in der fernöstlichen Medizin als die Basis für Gesundheit betrachtet, und auch in der westlichen Welt setzt sich diese Sicht immer mehr durch. Insofern stellt regelmäßige Entspannung einen entscheidenden Faktor für unsere Regeneration, und somit auch für unsere körperliche und mentale Gesundheit dar. Doch im Unterschied zu Stress stellt sich Entspannung nicht von selbst ein. Wir müssen aktiv werden, um uns zu entspannen. Das folgende Kapitel stellt die biologischen Gesetzmäßigkeiten der Entspannung vor. Es zeigt, wieso der Atmung eine Schlüsselrolle zukommt und wie Sie mittels Atemtechniken und Achtsamkeitsmeditation während des Arbeitstags innerhalb weniger Minuten in einen Zustand tiefster Entspannung eintauchen können.

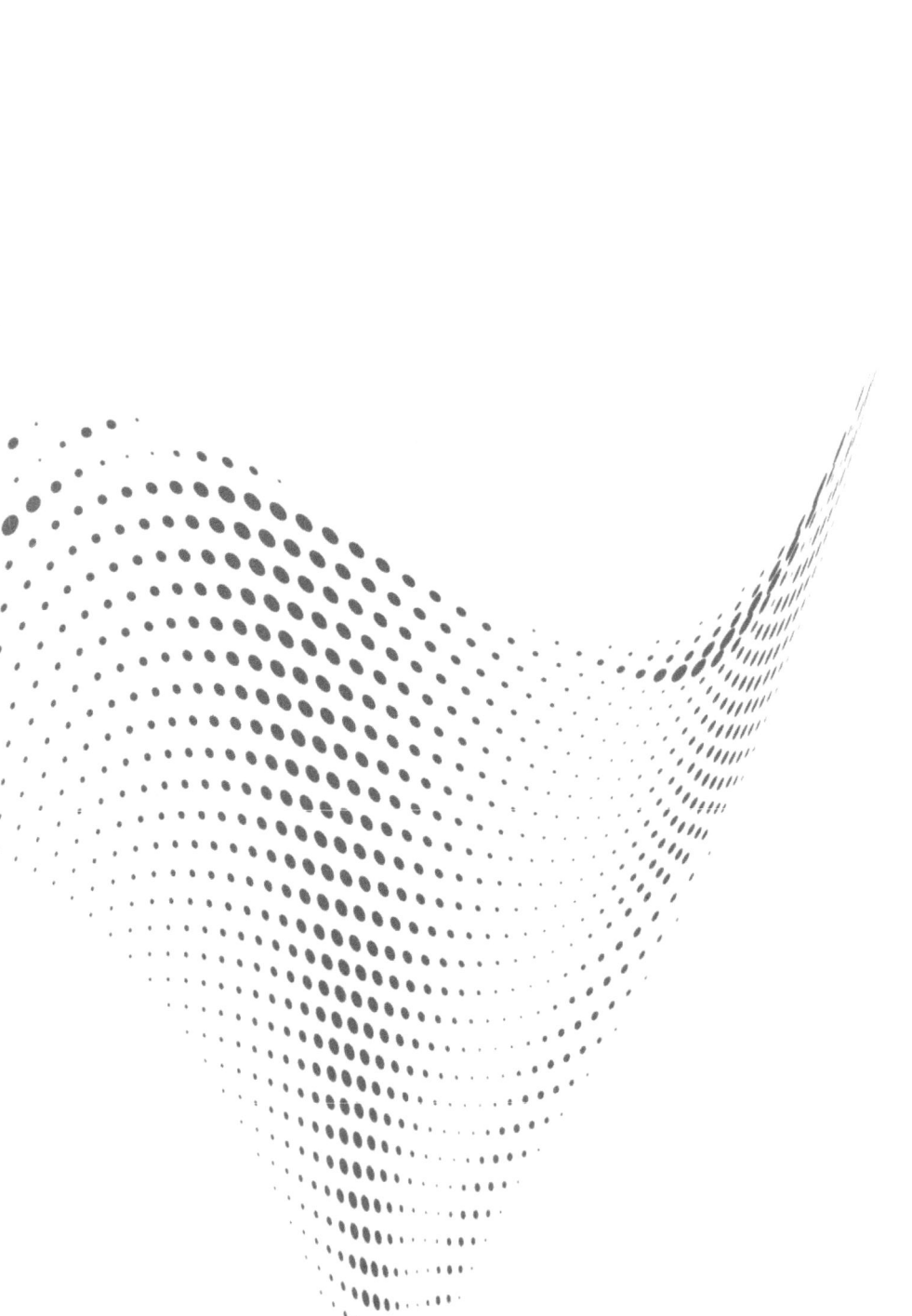

Die Biologie der inneren Balance

Das Gegenteil von Entspannung ist bekanntlich Stress. Im vorherigen Kapitel wurde das Thema Stress mit all seinen Auswirkungen ausführlich beschrieben. Weniger bekannt ist, dass der Begriff »Stress« auch in der Physik eine Rolle spielt. Dort beschreibt er eine auf ein Material einwirkende Kraft, durch die eine Belastung bzw. Deformierung hervorgerufen wird. Keine schöne Vorstellung, dass dies auch mit uns geschehen könnte, wenn wir mal wieder »im Stress« sind! Dieses Bild veranschaulicht, worum es bei »Ent-Spannung« geht, nämlich: gezielt einen Gegenpol zu den durch Stress verursachten Belastungen zu schaffen. Wer sich zu entspannen weiß, beugt den stressbedingten »Deformierungen« vor, findet innere Ruhe und gelangt in die Lage, sein volles Potenzial auszuschöpfen. Doch was genau geschieht eigentlich bei Entspannung in Körper und Gehirn?

Für das Verständnis der Wirksamkeit sämtlicher Entspannungstechniken spielen die Gesetzmäßigkeiten unserer Biologie – vor allem die des autonomen Nervensystems – eine entscheidende Rolle. Wie der Begriff »autonom« besagt, arbeitet dieses System selbstständig und völlig unabhängig von unserem Willen. Das autonome Nervensystem steuert und kontrolliert sämtliche Vitalfunktionen wie Atmung, Herzschlag, Blutdruck, Kreislauf, Verdauung, Hunger und Durst, Immunsystem etc., kurz: alle Vorgänge, die unser Leben erhalten. Es sorgt dafür, dass unser Überleben vom ersten bis zum letzten Tag unseres Daseins funktioniert, ohne dass wir uns darüber Gedanken machen müssten.

Das autonome Nervensystem besteht aus zwei Strängen, von denen der eine als Sympathikus, der andere, sein Gegenspieler, als Parasympathikus bezeichnet wird. Der Sympathikus wirkt anregend, das heißt, er sorgt für die Energie, die wir für Leistung benötigen. Der Parasympathikus wirkt entgegengesetzt. Seine Aufgabe ist es, dass wir uns nach einer Anstrengung rasch wieder erholen.

Der Sympathikus ist das Gaspedal, das uns die Energie für mentale und körperliche Leistungsfähigkeit liefert. Der Parasympathikus ist die Bremse, die dafür sorgt, dass wir uns nach vollbrachter Leistung rasch wieder erholen und unsere Akkus aufladen.

Das autonome Nervensystem zieht sich wie ein hauchdünnes Netz durch unseren gesamten Körper. Seine sich verästelnden und immer feiner werdenden Leitungen führen bis in die entlegensten Körperregionen und geben ständiges Feedback über den vorgefundenen aktuellen Zustand. Damit verbindet das autonome Nervensystem sämtliche Organe und Zellen zu einem durchgängigen System, das filigran und abgestimmt wie ein Orchester zusammenarbeitet. Es entspringt mit seinen Wurzeln im limbischen System, der Region tief im Inneren unseres Gehirns, die zuständig für die »Produktion« unserer Emotionen ist.

Das limbische System und das autonome Nervensystem sind eng miteinander verflochten, was erklärt, wieso emotionale Zustände wie Angst oder Freude über die Leitungen des autonomen Nervensystems unmittelbar Zugang zu jeder einzelnen Körperzelle haben. »Der Schreck fährt einem in die Glieder« oder »Die Freude steht einem ins Gesicht geschrieben« sind zwei Redewendungen, die dieses unmittelbare Zusammenspiel zwischen Emotionen und Körper beschreiben. Mit dieser Betrachtung werden zwei fundamentale Grundlagen der ganzheitlichen Gesundheit verständlich, nämlich erstens: dass Gedanken und Emotionen immer eine unmittelbare Auswirkung auf den Körper haben (vgl. Embodiment). Zweitens: weshalb Entspannungstechniken prinzipiell zwei Ausgangspunkte haben können. Zum einen im Körper, wie z. B. bei der Progressiven Muskelentspannung oder beim Yoga, wo durch körperliche Entspannungsübungen über den Weg des autonomen Nervensystems auch das Gehirn entspannt und zur Ruhe kommt. Hier geht der Entspannungsweg sozusagen aus der Peripherie zum Gehirn. Zum anderen im Gehirn, wie z. B. beim autogenen Training oder bei einer Meditation, wo in der Folge auch die Muskeln in der Peripherie entspannen.

Eng verbunden mit dem autonomen Nervensystem ist das Hormon-system. Es besteht aus einer Reihe von Drüsen, wie z.B. den Neben-nieren, der Bauchspeicheldrüse oder der Schilddrüse. Diese bilden Botenstoffe, die über den Blutweg zu den Organen schwimmen, dort andocken und diesen wie ein Postbote mittels Brief»mitteilen«, wann und zu welchem Grad sie aktiv werden sollen.

Das Gehirn verfügt also über zwei Wege, um mit dem Körper zu kom-munizieren: durch die elektrischen Signale des autonomen Nervensys-tems und auf dem biochemischen Weg der Hormone. Beide Systeme stehen vom ersten bis zum letzten Tag unseres Lebens ununterbrochen mit jeder einzelnen Körperzelle in Kontakt. So erhält das Gehirn per-manent Rückmeldung, was in der Peripherie vor sich geht, und kann entsprechend reagieren. Als Drittes ist noch ein weiteres System im ununterbrochenen Kontakt mit unseren Körperzellen: das Immunsys-tem. Seine Aufgabe besteht darin, uns gesund zu erhalten, indem es vor äußeren Einflüssen wie Bakterien und Viren und vor inneren Ge-fahren wie z.B. Tumorzellen schützt. Diese drei Systeme sind wie drei Quellen mit jeweils andersfarbigem Wasser, die in den selben Fluss münden, und nicht, wie die Schulmedizin lange Zeit meinte, drei ver-schiedene Flüsse.

Das Hormon-, das Immun- und das autonome Nervensystem sind untrennbar ineinander verflochten. Sie arbeiten in einem einzigartigen, harmonischen Rhythmus und bilden die Basis der Ganzheitlichkeit von Gesundheit.

Hormon-, Immun- und autonomes Nervensystem tauschen ihre In-formationen über sogenannte Neuropeptide aus, die von allen drei-en gebildet werden und in jedem einzelnen Augenblick in unserem Körper unterwegs sind. Die Verbindung zwischen den Neuropeptiden und den Rezeptoren sämtlicher Körperzellen bildet die Biochemie der Emotionen. Die Neurobiologin Candace Pert beschreibt in ihrem Buch»Molecules of emotion«, dass diese Neuropeptide im Prinzip das Kommunikationsmittel sind, mit denen sich diese drei Systeme austauschen.[1] So wird die Ganzheitlichkeit der Gesundheit anschaulich und verständlich, denn in diesem Zusammenwirken hat die viel zitierte Schnittstelle von Geist und Körper ihren Ursprung, die unter dem Begriff »Mind-Body-Medizin« immer mehr Anhänger findet.

Gleichzeitig stellt dieses Zusammenwirken die Grundlage einer sehr jungen, hochspannenden wissenschaftlichen Disziplin, der Psychoneuroimmunologie, dar, die sich mit den beschriebenen Wechselwirkungen von Nerven-, Hormon- und Immunsystem beschäftigt. Durch die Forschungsergebnisse dieses interdisziplinären Forschungsgebiets wird verständlich, wie psychische Prozesse und körperliche Funktionen zusammenwirken und sich auf molekularer Ebene wechselseitig bedingen. So konnte die Psychoneuroimmunologie z. B. erklären, weshalb Verliebte keine Erkältung bekommen oder chronisch Gestresste ein erhöhtes Risiko für Infekte in sich tragen. Die positiven Emotionen des »Verliebtseins« stärken nachweislich die Abwehrkräfte, wogegen chronischer Stress diese dauerhaft schwächt.

Wie wirkt Entspannung?

Eines vorweg: Einfach nichts zu tun, es sich auf der Couch gemütlich zu machen oder beim Fernsehen einfach mal abzuschalten, mag zwar oberflächlich das Wohlbefinden steigern, hat aber wenig mit Entspannung im biologischen Sinn zu tun. Denn bei dieser geht es darum, im Körper gezielt biochemische und zentralnervöse Reaktionen hervorzurufen, die sich nachweisen und messen lassen.

Zu entspannen heißt, gezielt den Parasympathikus zu aktivieren und messbare, physiologische Veränderungen hervorzurufen.

---

1 Candace Pert: Molecules of emotion. The science of mind-body medicine. New York: Touchstone, 1997

Der Parasympathikus läutet die körperinternen Erholungspausen ein. Bei permanentem Stress herrscht im Körper ein exzessiver Verschleiß, bei dem lebenswichtige Substanzen, wie Enzyme, Hormone, Biostoffe oder Immunzellen, unentwegt verbraucht werden. Die Maschine Mensch wird allerdings nur in Phasen der Entspannung gewartet, gepflegt und aufgetankt – fallen diese aus, passiert das Gleiche wie bei einem Auto, mit dem man ohne Ölwechsel, Inspektion und Wartung pausenlos auf voller Drehzahl fährt: Der Motorschaden ist vorprogrammiert! Aus diesem Grund hat uns die Natur mit einem unüberlistbaren Schlaf-Wach-Rhythmus ausgestattet. Sie hat vorgesorgt, damit sich unsere Zellen während des Schlafs erneuern und wir nach einer geruhsamen Nacht mit aufgeladener Batterie in den neuen Tag starten können.

Der Zustand der Entspannung löst im Körper eine Welle der Erneuerung aus und wirkt wie ein wahrhaftiger Jungbrunnen. Für die Zellregeneration spielen diese Phasen eine Schlüsselrolle, da die Zellen ohne entsprechende Ruhe- und Entspannungsphasen schneller altern und anfälliger für Krankheiten werden. Es ist wichtig, zu verstehen, dass Stress und Entspannung zwei Seiten derselben Medaille sind, von denen nur eine oben liegen kann, was wiederum bedeutet:

Im entspannten Zustand ist es physiologisch unmöglich, Stresshormone freizusetzen. Entspannung und Stress schließen sich gegenseitig aus!

Folgende Übersicht beschreibt die langfristigen Auswirkungen regelmäßiger Entspannung für den Organismus:

- **Gehirn:** Es werden vermehrt Botenstoffe, wie z.B. Serotonin, gebildet, die für Ausgeglichenheit und innere Ruhe sorgen.
- **Immunsystem:** Das Immunsystem wird gestärkt.
- **Lunge:** Das Atemvolumen nimmt zu. Der Körper bekommt mehr Sauerstoff.
- **Herz/Blut:** Die Herzfrequenz wird langsamer, der Blutdruck sinkt. Das Herz-Kreislauf-System wird entlastet.

- **Magen / Darm:** Die Funktionen des Verdauungssystems werden harmonisiert.
- **Muskeln:** Die muskuläre Anspannung verringert sich, Muskeln lockern sich, chronische Rücken- und Nackenschmerzen werden reduziert.
- **Hormone / Nebenniere:** Weniger Stresshormone wie Cortisol und Adrenalin werden freigesetzt.
- **Keimdrüsen:** Die Produktion der Geschlechtshormone normalisiert sich, was sich bei unerfülltem Kinderwunsch positiv auswirken kann.
- **Haut:** Hauterkrankungen wie Neurodermitis oder Schuppenflechte bessern sich.

Doch was müssen wir nun genau tun, um uns zu entspannen? Entspannung bedeutet im Prinzip gelenkte Wahrnehmung. Man zieht sich von der Außenwelt zurück, indem man seine Aufmerksamkeit auf einen bestimmten Fokus, z. B. auf seine Atmung, innere Bilder, sprachliche Formeln oder seinen Körper richtet. Ziel ist die Kontemplation, ein In-sich-Versinken, ein Zustand, bei dem die Außenwelt in Vergessenheit gerät. Ob ein Zen-Mönch seine Atemzüge zählt, ein Yogi seine Mantras rezitiert, ein Tai-Chi-Praktizierender seine Übungsabfolgen absolviert oder ein Christ sich ins Gebet vertieft: All diese Techniken und Rituale zielen darauf ab, sich von der Außenwelt abzuschotten, um einen Zustand innerer Ruhe und Gelassenheit zu finden.

Allen Entspannungstechniken ist gemein, dass sie Körper und Geist in Einklang bringen.

In diesen kontemplativen Zuständen steht die Außenwelt still, der Parasympathikus ist aktiviert, und der Organismus beginnt sich unmittelbar zu erholen: Das Herz schlägt langsamer, der Blutdruck sinkt, die Muskeln werden locker, das Gehirn gerät wieder in seine natürliche Schwingungsfrequenz. Damit fällt der Startschuss für die Aktivierung all der oben genannten regenerativen Prozesse. Wie bereits erwähnt, kann der Zugang zur Entspannung prinzipiell über zwei Wege erfolgen, dem körperlichen oder dem geistigen: Körperlich heißt, dass man sich bewusst auf den Körper konzentriert, wie z. B. beim Yoga, Tai Chi, Qi Gong oder der progressiven Muskelrelaxation. Geistig bedeutet, dass man sich durch innere Bilder oder autosuggestive Formeln in den Zustand der Kontemplation begibt, wie z. B. beim autogenen Training oder bei Fantasiereisen. Im Rahmen von »Winning Inside« stehen die Atementspannung und die Achtsamkeitsmeditation im Mittelpunkt, da diese innerhalb kürzester Zeit wirken und immer und überall während des Arbeitstags angewendet werden können.

Abb. 10: Die wichtigsten Entspannungstechniken im Überblick
Entspannung kann auf unterschiedlichen Wegen erzeugt werden

Muskulär
– Progressive Muskelentspannung: systematischer Wechsel von Anpannung und Entspannung der Muskelgruppen

Vegetativ
– Autogenes Training: Entspannung durch autosuggestive Formeln
– Atemtechniken: gezielte Steuerung der Atmung

Emotional
– Fantasiereisen: intensive Vorstellung positiver, gedanklicher Bilder
– Musik: beruhigende, entspannende Musik

Bewegung
– Tai Chi / Qigong: langsame Bewegungsabfolgen aus den asiatischen Kampfkünsten
– Yoga: synchronisation von Körperübungen mit der Atmung

Progressive Muskelrelaxation (PMR)

Die progressive Muskelrelaxation baut darauf auf, dass Stress und seelische An-spannung unmittelbar auch zu muskulärer Anspannung führen. Insofern führt eine gezielte Entspannung der Muskulatur unmittelbar zu einer Reduzierung des Stress-empfindens, zu innerer Ruhe und Entspannung. In der Praxis spannt man einzelne Muskelgruppen nach und nach für fünf bis sieben Sekunden so fest wie möglich an, um der sich anschließenden Entspannung bewusst für 30 bis 40 Sekunden nachzuspüren. Diese progressive (fortschreitende) und wohltuende Entspannung der einzelnen Muskelgruppen überträgt sich aufs Gehirn und sorgt für wohltuende Ruhe und Ausgeglichenheit. Bei einer kompletten Trainingseinheit werden so die Muskel-gruppen von Händen/Armen, Füßen/Unterschenkeln/Beinen/Gesäß, Kopf/Gesicht, sowie Schultern, Rücken, Brust und Bauch der Reihe nach systematisch angespannt und entspannt.

Mit der folgenden Kurzvariante fürs Büro können Sie die Vorzüge der PMR innerhalb von 10 Minuten erleben:

- **Schultern:** Ziehen Sie die Schultern so weit wie möglich nach oben (bis zu den Ohren) und spannen Sie diese an. Atmen Sie während dieser fünf bis sieben Sekunden der Anspannung ganz normal weiter. Lösen Sie dann die Anspannung, indem Sie die Schultern so locker wie möglich nach unten fallen lassen, und spüren Sie intensiv dieses angenehme Gefühl der Lockerung. Wiederholen Sie dies dreimal.

- **Hals und Nacken:** Ziehen Sie Ihren Kopf nach vorne auf die Brust, sodass das Kinn das Brustbein berührt. Folgen Sie dann derselben Anleitung wie bei den Schultern.

- **Stirn und Kopfhaut:** Ziehen Sie Ihre Augenbrauen so weit wie möglich nach oben, sodass Sie die Anspannung der Stirn spüren. Folgen Sie dann derselben Anleitung wie bei den Schultern.

Die Herzatmung[2]

Die Herzatmung geht darauf zurück, dass der Herzschlag unmittelbar auf emotionale Zustände reagiert. Stresszustände, wie Ärger, Frust oder Angst, machen den Herzschlag schneller, unregelmäßiger und arhythmisch, was von Experten als chaotisch bezeichnet wird. Positive Emotionen wie Mitgefühl, Dankbarkeit oder Liebe wirken umgekehrt: Der Herzschlag wird langsamer, regelmäßig und rhythmisch, was als kohärent bezeichnet wird.

Mit der folgenden Übung können Sie den Herzschlag unmittelbar beeinflussen, da Sie damit positive Emotionen erzeugen, die nicht nur den Herzschlag beruhigen, sondern gleichsam Körper und Geist in einen ausgeglichen-harmonischen Zustand versetzen.

- Atmen Sie bewußt zweimal langsam und tief in den Bauch, um den Parasympathikus zu aktivieren.
- Atmen Sie nun in Ihr Herz! Stellen Sie sich mit jeder Einatmung vor, der Sauerstoff würde unmittelbar in Ihr Herz eindringen, und dabei eine wohltuende erfrischende Wirkung erzeugen. Mit jeder Ausatmung werden hingegen Abfallstoffe und verbrauchte Energie abgegeben. Folgen Sie diesem Bild für fünf bis zehn Atemzüge, und spüren Sie die positiven Wirkungen dieses reinigenden Luftbads.
- Nun benötigen Sie ein geistiges Bild, in dem Sie hundertprozentig glücklich, zufrieden oder dankbar sind. Das kann eine Erinnerung an einen schönen Moment sein, z. B. wenn Sie mit Ihrem Kind im Garten spielen, wenn Sie entspannt in einer Hängematte liegen oder eine friedvolle Naturszene. Hauptsache eine Szene, in der Ihnen im wahrsten Sinne des Wortes das Herz »aufgeht« und es Ihnen warm uns Herz wird.

⇨

---

2 David Servan Schreiber: Die neue Medizin der Emotionen. München: Kunstmann, 2004. S. 70–73 (in Anlehnung)

- Lassen Sie zu, dass die Erinnerung an dieses Bild die Emotionen reaktiviert, die Sie damals tatsächlich verspürt haben: Dankbarkeit, Liebe oder einfach Glücklichsein. Genießen und durchleben Sie dieses Gefühl. Die Harmonie des Bildes sorgt automatisch für eine Kohärenz des Herzschlags und wirkt sich durch seine Verbindung mit dem Gehirn unmittelbar auf unser Wohlbefinden aus.

Die Kraft der Atmung

»Das Kraut des Internisten und das Messer des Chirurgen heilen von außen – der Atem heilt von innen!« Bereits Paracelsus wusste zu seiner Zeit um die Heilkraft des Atmens. Atemtechniken spielen in der Traditionellen Chinesischen Medizin und im gesamten asiatischen Raum eine elementare Rolle bei der Behandlung von Krankheiten und als Mittel zur Entspannung. Im Kern steht der Ansatz, dass der Atem sämtliche Organe, Biosysteme und Zellen zu einer Einheit verbindet. Somit ist prinzipiell jede einzelne Körperzelle unmittelbar und unumgänglich mit dem Atem verknüpft. Wir atmen also stets mit dem gesamten Körper! Die Atmung wiederum beeinflusst die Sauerstoffversorgung des gesamten Organismus, insbesondere die Sauerstoffzufuhr zum Gehirn. Tief im Stammhirn, in der Formatio reticularis, liegt der Sitz des Atemzentrums, das zum autonomen Nervensystem gehört. Die Atmung ist von Natur aus höchst sensibel und reagiert unmittelbar auf jeden noch so kleinen Reiz. Allein ein Gedanke an etwas Bedrohliches, z. B. an eine anstehende Prüfung, verändert unmittelbar die Atmung. Jeder kennt aus Erfahrung, wenn vor Aufregung der Atem stockt, oder diesen tiefen, befreienden Seufzer, wenn man nach einem anstrengenden Telefonat den Hörer auflegt. Das bewusste Erleben des tiefen Ausatmens zieht bereits eine wohltuende und entspannende Wirkung nach sich. Physikalisch gesehen bewirkt das langsame Ausatmen eine nahezu turbulenzfreie, gleichmäßig-ruhige Luftströmung in den Atemwegen und den Bronchien, wodurch die biochemischen

Gasaustauschprozesse optimiert werden. Gleichzeitig entspannt sich der Körper, innere Ruhe kehrt ein und die Gedanken werden klar.

Für die Initiierung der Entspannungsprozesse über die Atmung spielt folgende Grundlage eine elementare Rolle:

Die Atmung ist die einzige Körperfunktion, die ununterbrochen unwillkürlich abläuft, aber dennoch willentlich gesteuert werden kann.

Stellen Sie sich das autonome Nervensystem als ein großes Getriebe mit entsprechenden Zahnrädern vor, von denen jeweils eines eine einzelne Funktion, wie Herzschlag, Blutdruck, Muskelspannung etc. repräsentiert. Das »Zahnrad« Atmung ist das einzige, auf das Sie jederzeit und überall bewusst und willentlich zugreifen können. Sie wissen ja nun, dass unter Stress das gesamte autonome Nervensystem nach oben schnellt, inklusive der Atemfrequenz, die stressbedingt schnell und flach wird. Wenn Sie nun in einer gestressten Situation beginnen, bewusst langsam und tief zu atmen, verlangsamen Sie damit unmittelbar das »Zahnrad« Atmung, das wiederum eine Kraft entfaltet, mit der es die anderen durch das Getriebe verbundenen Zahnräder wie Herzschlag, Blutdruck, Muskelspannung etc. ebenfalls verlangsamt. Die Atmung ist das Zahnrad, auf das Sie jederzeit und überall zugreifen können, um den Parasympathikus zu aktivieren, der dann wiederum die gesamten Funktionskreise von Körper und Gehirn in den Entspannungsmodus zurückfährt.

Insofern kann über eine bewusste Verlangsamung und Vertiefung der Atmung gezielt Einfluss auf sämtliche Systeme unseres Organismus und das Gehirn genommen werden. Vor allem der Synchronisierung von Atmung, Herzschlag und Blutdruck kommt diesbezüglich eine besondere Rolle zu, denn:

Eine bewusste Vertiefung der Atmung sorgt schon ab den ersten Atemzügen für eine Verlangsamung der Herzfrequenz und Senkung des Blutdrucks.

In diesem Zustand der kardialen Kohärenz – unserem natürlichen Zustand – sind wir entspannt, innerlich ruhig, wach und auf natürliche Weise konzentriert. Wir sind im wahrsten Sinne des Wortes im Einklang mit uns selbst. Die kardiale Kohärenz beeinflusst wiederum auch das Gehirn. Die Sauerstoffversorgung des Gehirns steigt, gleichzeitig gelangt das Gehirn in den besagten Alpha-Zustand, der neurobiologischen Voraussetzung, dass wir das Potenzial unseres Gehirns optimal nutzen können.

Interessant ist, dass die Wirkung der Atmung schon seit Jahrtausenden in den unterschiedlichsten Kulturen verankert ist, zumeist ohne dass den Menschen bewusst wäre, dass sie eine entspannende Atemtechnik praktizieren. So entdeckten Forscher, dass die Gebetsfolge des unter Katholiken praktizierten gemeinsamen Rosenkranzes dieselbe entspannende Wirkung auf den Entspannungsnerv Parasymphatikus hat wie eine bewusst eingesetzte Atemtechnik. Das Rezitieren des »Ave Maria« erfolgt abwechselnd zwischen den Fürbittenden und dem Priester. Jede Fürbitte entspricht einer verlängerten Ausatmung, die sich anschließende Einatmung vollzieht sich, während der Priester seinerseits rezitiert.

Dieser Rhythmus entspricht genau dem sogenannten Baroreflex-Rhythmus sechs Atemzüge pro Minute und erzeugt die genannten entspannenden Wirkungen auf Körper und Geist. Dasselbe Phänomen fand man auch im Buddhismus beim sogenannten »Om-Mani-Padme-Hom«, dem bei jeder Yoga-Einheit gesungenen Eröffnungsmantra. Bei dem typischen möglichst langen Vibrieren der Stimmbänder zum Nachklingen des »Oms«, das die Ausatmung entsprechend in die Länge zieht, entsteht ebenfalls dieser für Entspannung typische 6er-Rhythmus.

Abb. 11: Kardiale Kohärenz

Durch eine gezielte Verlangsamung und Vertiefung der Atmung senken sich auch in der Folge Herzfrequenz, Blutdruck und Muskeltonus

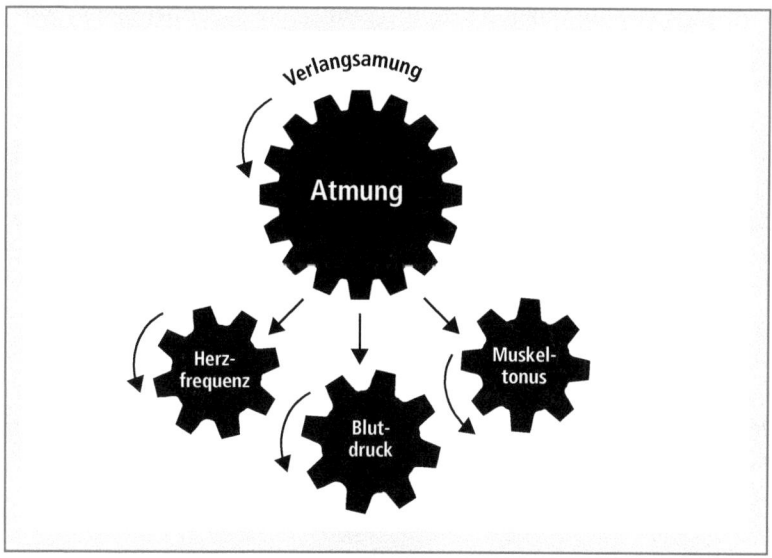

Tief durchatmen – auch im Sport ein Erfolgsrezept

Entspannung spielt paradoxerweise auch und gerade in besonders span-
nenden Momenten eine zentrale Rolle. Spitzensportler wissen, wie sie sich
dann die Kraft der Atmung zunutze machen können. So auch Basket-
ball-Superstar Dirk Nowitzki, der auf die Frage, wie er sich denn mental
auf einen Freiwurf vorbereite, vor allem in der gegnerischen Halle, wo
Zehntausende Zuschauer gegen einen pfeifen und grölen, antwortete:
»Bei einem Freiwurf entspanne ich mich immer nach demselben Ritual.
Ich tippe den Ball dreimal auf, atme langsam und tief aus, oft summe
ich noch mein Lieblingslied – so kann ich mich förmlich aus der Halle
herausnehmen.«[3] Nowitzkis Beispiel belegt auch, wie eng Konzentration

---

3 Sport BILD, Ausgabe 22/2006

und Entspannung zusammenhängen. Die Atmung ist dabei der entscheidende Hebel, den es zu betätigen gilt.

Viele Menschen profitieren bereits regelmäßig von der heilsamen Wirkung einer vertieften Atmung, ohne sich dessen überhaupt bewusst zu sein – einfach weil sie gern mal ein Lied anstimmen! Die der Entstehung des Tons zugrunde liegende in die Länge gezogene Ausatmung ist die Ursache, weshalb Singen nachweislich einen entspannenden Effekt hat. Bei der Einatmung dehnt sich der untere Teil der Lunge, damit möglichst viel Luft einströmen kann. Der Ton entsteht dann mit der Ausatmung, die dabei in die Länge gezogen werden muss. Dadurch vertieft und verlängert sich der Atemrhythmus automatisch, sodass er sozusagen im Windschatten der Tonerzeugung den Parasympathikus mit all seinen entspannenden Wirkungen coaktiviert. Der Musiktherapeut Wolfgang Bossinger erklärt: »Normalerweise atmen wir 16–20 mal in der Minute. Wenn wir aber meditativ ›Ah‹ oder ›Oh‹ singen, dann verringert sich unser Atemrythmus auf 3–6 Atemzüge in der Minute.«[4]

WINNIG INSIDE / Training

Grundlagen zur Atem-Entspannung

Die folgenden Tipps stellen die elementaren Grundlagen sämtlicher Atemübungen dar:

– Erden Sie sich stets, indem Sie Ihr Körpergewicht im Stehen an die Erde oder im Sitzen an den Stuhl abgeben. Spüren Sie, wie schwer und gleichsam locker Ihr Körper ist.

– Nehmen Sie Ihre Atmung bewusst wahr und spüren Sie die Atembewegungen des Körpers nach.

---

4 https://www.br.de/radio/bayern1/singen-102.html

- Atmen Sie durch die Nase ein! Stellen Sie sich vor, Sie würden einen Duft »einschnüffeln« und in der Nase spüren, wie sich der Duft dort ausbreitet. Düfte, z. B. Minze, sind generell eine gute Unterstützung bei Atemübungen. Wichtig: Nach dem Einatmen nicht die Luft anhalten, sondern fließend in die Ausatmung übergehen.
- Atmen Sie durch die »Lippenbremse« aus. Dabei liegen die Lippen locker aufeinander, sodass Sie die ausgeatmete Luft, wenn diese über die Lippen streift, bewusst wahrnehmen.
- Beenden Sie das Ausatmen mit einem kleinen, leisen Seufzer und lassen Sie auf diese Weise zusammen mit der Atemluft jegliche Anspannung aus dem Körper.

Die Art und Weise, wie wir atmen, wirkt sich auch auf die Qualität unserer Gedankenwelt aus. Bereits vor über 2000 Jahren beschrieb Patanjali, ein indischer Gelehrter und Vordenker des Yoga, dass sich durch bewusste Atmung Ablenkungen des Geistes beheben lassen und dass tiefes und langsames Atmen das beste Mittel ist, um unruhige und negative Gedanken zu vertreiben.

»Die Atmung ist die Leine, die den Drachen steuert!« – so lautet ein altes indisches Sprichwort, das die Wirkung des Atmens auf unsere Gefühls- und Gedankenwelt beschreibt. Der Drache steht bei diesem Sinnbild für unsere Gedanken. Wer schon mal bei starkem und böigem Wind einen Drachen hat steigen lassen, weiß, dass dieser umso unruhiger am Himmel flattert, je kürzer und straffer die Schnur ist. Verlängert man jedoch die Schnur, so wirkt sich das unmittelbar auf das Verhalten des Drachens aus. Obwohl die äußeren Bedingungen dieselben sind und der böige Wind gleich stark bläst, beginnt der Drache mit Verlängerung der Schnur ruhig zu werden und konstant auf derselben Stelle zu schweben. Die Verlängerung der Schnur steht als Metapher für die Verlängerung der Atmung und die Ruhe des Drachens für die Einkehr ruhiger und positiver Gedanken. Somit hat die Atmung direkten Einfluss auf die Qualität der Gedanken und damit auch auf unser emotionales Befinden. Auf denkbar einfache Art belegt das das Zusammenwirken von Körper und Geist: Das (körperliche) langsame und tiefe Atmen verändert schon nach wenigen Atemzügen die (geistige) Qualität der Gedanken und versetzt uns in einen Zustand innerer Ruhe und Ausgeglichenheit. Damit wird die Atmung zu einem mächtigen Instrument, das Körper und Geist verbindet.

Es ist unmöglich, bei gleichbleibend tiefer und ruhiger Atmung negativ zu denken und unter gedanklichen Stress zu geraten.

WINNIG INSIDE / Training

Atemtechniken für Einsteiger

Atmung beobachten
Diese Übung können Sie jederzeit und überall machen. Lenken Sie Ihre Konzentration auf die Atmung und spüren Sie dieser bewusst nach. Allein die bewusste Konzentration auf die Atmung sorgt für eine Vertiefung der Atmung, die Sie sofort in einer entsprechenden Ausdehnung des Bauchs spüren. So unglaublich es klingen mag: Allein das bewusste Beobachten der Atembewegung aktiviert den Parasympathikus und schaltet das Nervensystem auf Entspannung.

Atemstille spüren
Beobachten Sie bewusst den kurzen Moment zwischen dem Ende des Ausatmens und dem Reflex, mit dem die folgende Einatmung beginnt, ohne diesen zu verändern. Ihnen wird klar: Es atmet Sie!

1-zu-2-Atmung
Setzen Sie sich aufrecht hin oder stehen Sie schulterbreit. Richten Sie Ihren Oberkörper aus, sodass die Wirbelsäule aufrecht ist und die Schultern locker sind. Halten Sie einen Moment inne und spüren Sie, wie Ihr Körpergewicht vom Stuhl bzw. von der Erde, auf der Sie stehen, getragen wird. Schließen Sie die Augen und legen Sie die rechte Hand auf den Bauch unterhalb des Nabels, sodass Sie die Auf- und Abbewegungen des Bauchs spüren. Beginnen Sie nun, die Frequenz des Ausatmens

bewusst in die Länge zu ziehen, sodass das Ausatmen in etwa doppelt so viel Zeit beansprucht wie das Einatmen. Spüren Sie, wie Sie mit jedem Ausatmen ruhiger und gelassener werden.

Countdown von 10 bis 1

Zählen Sie simultan zu Ihren Atemzügen rückwärts von zehn bis eins: Beim Einatmen in den Bauch denken Sie »zehn« und atmen dann mit einem langsamen, in die Länge gezogenen Atemzug aus. Beim nächsten Einatmen denken Sie »neun« etc. So fahren Sie fort, bis Sie bei eins angekommen sind.

Fingerpuls-Atmen

Sie sitzen entspannt und drücken Ihre Finger sanft aneinander, sodass sich die Fingerkuppen jeweils berühren. Legen Sie nun die Hände in den Schoß und beginnen Sie langsam und tief zu atmen. Nach ein paar Atemzügen lenken Sie Ihre Konzentration auf die Fingerkuppen und versuchen, dort den Pulsschlag wahrzunehmen. Sobald Sie den Fingerpuls spüren, gelangen Sie in einen Zustand der Entspannung. Sie können dann einen Rhythmus herstellen, z. B. indem Sie Ihren Fokus auf jeweils drei Pulsschläge und dann wieder auf drei Atemzüge lenken. Mit etwas Übung werden Sie innerhalb kürzester Zeit merken, wie schnell Sie sich, z. B. in einem Meeting oder in der Bahn, in einen Zustand innerer Ruhe bringen können.

Achtsamkeit

Was haben Google, Facebook, Twitter, EBAY, PayPal etc. gemeinsam? Sie gehören nicht nur zu den unangefochtenen Weltmarktführern der IT-Branche, gleichzeitig vereint sie, dass sie gemeinsam das jahrtausendealte Konzept der Achtsamkeit für sich entdeckt haben. Während Deutschland noch mit der Digitalisierung fremdelt, scheinen die US-Tech-Giganten nicht nur im digitalen Business, sondern auch in der Entwicklung ihrer Mitarbeiter die Nase vorn zu haben. Mit der Integrierung der Techniken der Achtsamkeitslehre in den Arbeitsalltag, lernen diese, sich selbst besser zu verstehen, ihre Gedanken und Emotionen zu kontrollieren, Stress zu reduzieren und gleichsam ihre Kreativität zu fördern. Dass die Vorteile, die die Achtsamkeitslehre bietet, derzeit gerade im Silicon Valley wiederentdeckt werden, ist kein Zufall, denn mit dem Siegeszug der digitalisierten Arbeitswelt haben sich auch die Anforderungen an die Mitarbeiter radikal verändert: Information Overload, ständige Ablenkung, Multitasking oder permanente Erreichbarkeit fordern Gehirn und Geist in einer nie dagewesenen Weise. Da kommen die verheißungsvollen Vorzüge der Achtsamkeit gerade recht. Sie wirken wie Medizin, mit denen sich die strapaziösen Folgen des digitalen Arbeitens bestens bekämpfen lassen. Gleichzeitig trainiert Achtsamkeit die geistige Fitness, kein Wunder also, dass Tech-Unternehmen ein so großes Interesse daran haben.

Wie stark der Trend zur Achtsamkeit mittlerweile ist, zeigt die Tatsache, dass es in San Francisco sogar schon einen alljährlich stattfindenden Kongress mit dem schrillen Titel »wisdom2.0«[5] gibt, auf dem sich Tausende von Besuchern treffen. Übergeordnetes Ziel ist, von Achtsamkeitslehrern zu lernen, wie sich der eigene Geist schulen und trainieren lässt.

Dass es sich bei den Vorzügen der Achtsamkeitslehre nicht um esoterischen Hokuspokus, sondern wissenschaftlich mess- und belegbare Wirkungen handelt, beweist Richard Davidson, einer der führenden Gehirnforscher und Vorreiter der Achtsamkeitsbewegung, der zudem einen Abschluss in Psychologie an der Harvard University besitzt, und laut New York Times zu den 100 einflussreichsten Persönlichkeiten der Welt gehört. Er widmet sein gesamtes Leben der Erforschung der Vorzüge der Achtsamkeit und steht wie kaum ein anderer für das Bestreben, das Training der Achtsamkeit soweit zu verbreiten, dass es im Alltag genauso verankert ist wie Sport, weil die Vorzüge für unsere geistige Fitness ebenso augenscheinlich sind wie die Auswirkungen von Sport auf den Körper.

---

5 www.wisdom2conference.com (eingesehen am 20.05.2020)

Mittlerweile sind die Wirkungen von Achtsamkeit zweifelsfrei belegt. Hunderte von Studien, die in den letzten Jahren erschienen sind, belegen, dass regelmäßiges MBSR-Training (siehe S. 291) nicht nur unspezifisch Stress lindert und die Psyche stärkt, sondern auch bei Angstzuständen, Depressionen und chronischen Schmerzen hilft.[6]

Einige der wichtigsten psychischen Wirkungen von Achtsamkeit sind:

– Verbesserung stressbedingter körperlicher und psychischer Symptome
– Entwicklung von innerer Stärke in Stresssituationen
– Verbesserung der Konzentrationsfähigkeit
– Stärkung von Selbstbewusstsein, Selbstdisziplin und Selbstwertgefühl
– Verbesserung der Kreativität
– Zunahme der Entspannungsfähigkeit
– Verbesserung der Schlafqualität
– Stärkung des Immunsystems

Eine aktuelle Übersicht zu den wichtigsten Studienergebnissen finden Sie in dem Buch »Altered Traits: Sciene Reveals how Meditation Changes Your Mind, Brain, and Body« von Richard Davidson und Daniel Goleman.[7,8]

---

6 https://www.planet-wissen.de/gesellschaft/psychologie/achtsamkeit/ pwieachtsamkeitindermedizin100.html (eingesehen am 20.05.2020)
7 Davidson / Goleman: Altered Traits – Science Reveals How Meditation Changes Your Mind, Brain and Body. New York: Avery, 2017
8 Einen Vortrag von Richard Davidson finden Sie hier: https://www.ted. com/talks/richard_j_davidson_how_mindfulness_changes_the_ emotional_life_of_our_brains_jan_2019

Den Autopiloten unterbrechen – die Selbstkontrolle steigern

Übergeordnetes Ziel der Achtsamkeit ist, den Autopiloten zu unterbrechen und die Selbstkontrolle zu steigern, wodurch innere Ruhe und geistige Klarheit gefördert werden. Dies scheint auch bitter nötig, denn nicht wenige Menschen erleben sich als Opfer ihrer Gedanken und Grübeleien, die zumeist ungefragt und ununterbrochen im Gehirn toben, ohne wirklichen Nutzen zu bringen, im Gegenteil: Sie provozieren innere Unruhe, Nervosität und mentale Rastlosigkeit. Als »Affengeist« bezeichnen Buddhisten dieses ständige Hin- und Herspringen der Gedanken: Wie eine wilde Horde Affen, quirlig und unberechenbar, tanzen die Gedanken von Ast zu Ast, springen von Baum zu Baum und rauben uns damit die Muße für den Genuss des Augenblicks. Grübeleien, wie »Du solltest noch …!«, »Wie hat der Kollege das vorhin gemeint?«, »Ich darf nicht vergessen, heute noch zu tanken« etc., stören unsere innere Ruhe und Ausgeglichenheit. Die folgende kurze Übung zeigt, was den Grundzustand unserer Gedankenwelt ausmacht.

WINNIG INSIDE / Training

Achtsamkeitsübung 1: Notieren Sie Ihre Gedanken!

Stellen Sie den Timer auf Ihrem Handy auf drei Minuten und nehmen Sie ein Blatt Papier. Drücken Sie auf Start und schreiben Sie drei Minuten lang ungefiltert, unreflektiert und ohne jegliche Bewertung jeden einzelnen Gedanken auf, der Ihnen gerade in den Kopf kommt. Wichtig dabei ist, dass Sie ganz ehrlich wirklich jeden, wenn auch noch so abwegigen und abstrusen Gedanken notieren.

Nun, wie war das Ergebnis? Wahrscheinlich sind Sie überrascht, wie diffus, undurchsichtig und sprunghaft unsere Gedankenwelt doch ist, wenn wir nicht gerade gezielt mit etwas beschäftigt sind, was unsere Konzentration erfordert. Forscher haben diese permanente Gedanken-Unruhe »Mind Wandering« – Wandern des Geistes – getauft. Die beiden Psychologen Matt Killingsworth und Daniel Gilbert von der Harvard University entwickelten eine Smartphone-App, mit der sie über 5000 Menschen in 83 Ländern in unregelmäßigen Abständen nach dem Zufallsprinzip befragten: »Was tun Sie im Moment? Was empfinden Sie dabei? Sind Sie gedanklich bei dem, was Sie gerade tun?« Ergebnis: Fast die Hälfte der Befragten gab an, gedanklich gerade nicht bei dem zu sein, was sie tun, sondern »ganz woanders«. Sie glaubten zudem, dass sie glücklicher wären, wenn sie gedanklich und emotional voll bei der Sache, also im Hier und Jetzt wären.[9]

Interessanterweise sagen uns Wissenschaftler und Philosophen, dass dieser »wandernde Geist« den natürlichen Zustand des Gehirns darstellt, in dem wir uns zu ca. zwei Dritteln des Tages befinden. Als »narrativen Zustand« beschreibt Thomas Metzinger, Professor für Theoretische Philosophie, dessen Spezialgebiet die Philosophie des Geistes ist, dieses Phänomen. Wenn wir unserer Konzentration nicht gezielt etwas zu tun geben, dann erzählen wir uns gerne Geschichten über uns selbst, die allerdings eher belastender als erfreulicher Natur sind: Nachdenken über begangene Unzulänglichkeiten und vertane Chancen, zwanghaftes Planen, sich Sorgen machen, Schuldgefühle, Rache- und Herrschaftsgedanken, und auch sexuelle Phantasien durchwandern dann gerne unseren Geist. »Sobald wir die Gelegenheit haben, versinken wir in diesen Selbstgeschichten, planen die Zukunft, verknüpfen die Vergangenheit.« Metzingers Meinung nach kann nur so das Gefühl entstehen, dauerhaft dieselbe Person zu sein.[10]

Gerade gegen diese sich selbst erzeugenden Auswüchse des »wandernden Geistes« scheint Achtsamkeit besonders wirksam. Achtsamkeit ist in diesem Zusammenhang nicht mit Aufmerksamkeit im Sinne von Konzentration gleichzusetzen, sondern bezieht sich auf die Wahr-

---

9 https://www.ted.com/talks/matt_killingsworth_want_to_be_happier_
stay_in_the_moment?language=de (eingesehen am 20.05.2020)
10 Thomas Metzinger: SPIEGEL, 11/2015, S. 109

nehmung entsprechender Zustände in unserem Inneren, allen voran Gedanken, Stimmungen und Emotionen, aber auch körperlicher Befindlichkeiten. Achtsam zu sein heißt innerlich einzukehren, in sich hineinzuhören und zu akzeptieren, was gerade ist. Es bedeutet, im Kontakt mit sich selbst zu sein.

Übergeordnetes Ziel sämtlicher Achtsamkeitsübungen ist, Empfindungen in Körper und Geist mit Offenheit und Freundlichkeit wahrzunehmen, ohne auf diese einzugehen bzw. sich mit diesen zu beschäftigen. Durch diese bewusste Unterbrechung von Reiz und Reaktion, entsteht die Möglichkeit die Empfindungen aus einer anderen Perspektive zu beobachten. Der Autopilot wird unterbrochen, innere Ruhe und geistige Klarheit breiten sich aus. Damit werden wir freier und unabhängiger im Denken und Handeln.

Letztendlich schult Achtsamkeitstraining zwei Fähigkeiten: die Aufmerksamkeit und die Meta-Aufmerksamkeit. Wenn Sie z. B. ein Buch lesen, dann ist dies ein Akt Ihrer Aufmerksamkeit. Bemerken Sie jedoch, dass sich während des Lesens Gedanken, wie z. B. »Ich darf nicht vergessen, die Mail an Herrn X noch abzuschicken!« einschleichen, dann ist die Wahrnehmung dieses Gedankens ein Akt der Meta-Aufmerksamkeit, oder anders ausgedrückt: Meta-Aufmerksamkeit ist die Fähigkeit, zu erkennen, wenn Ihre Aufmerksamkeit abschweift. Damit ist das Grundprinzip der Achtsamkeit auch schon erklärt, das in seiner Funktionsweise nicht einfacher sein könnte. Vielmehr gibt es nichts zu verstehen, aber zu üben! Nicht umsonst vergleicht Richard Davidson die Schulung der Achtsamkeit mit sportlichem Training, denn je mehr und disziplinierter wir üben, desto besser und erfolgreicher werden wir. Sport ist Training für den Körper – Achtsamkeit ist Training für den Geist!

Achtsamkeit zielt darauf ab, einen Zustand im Hier und Jetzt zu erzeugen, ohne sich dabei von Gedanken oder sonstigen Wahrnehmungen ablenken zu lassen.

Im Buddhismus stellt das Leben im gegenwärtigen Augenblick eine zentrale Maxime dar und wird als ein Weg zum Glück angesehen, wie die folgende kleine Parabel schön beschreibt:

Die Weisheit des alten Mönchs

Eine Gruppe junger Männer besucht einen alten Mönch, den seit jeher eine ganz besondere Aura umgibt und der stets Ruhe, Ausgeglichenheit und Freundlichkeit ausstrahlt. Die jungen Männer wollen herausfinden, wie ihm dies gelingt, denn noch nie wurde der Alte gestresst, hektisch oder sonst irgendwie in Unruhe gesehen. Er ist stets gut gelaunt, freundlich und strahlt Lebensfreude aus. Auf die Frage nach seinem Geheimnis antwortet er: »*Wenn ich esse, esse ich. Wenn ich arbeite, arbeite ich. Wenn ich spreche, spreche ich.*« *Die jungen Männer sind verblüfft und erwidern, dass das doch unmöglich sein Geheimnis sein könne, weil sie das ja ebenso machen, aber dennoch von innerer Unruhe, Sorgen und Ängsten geplagt werden. Darauf antwortet der Alte:* »*Wenn ihr esst, dann denkt ihr schon ans Aufstehen. Wenn ihr arbeitet, dann denkt ihr schon an den Feierabend. Wenn ihr sprecht, dann hört ihr schon.*« *Achtsam zu sein heißt, bewusst den Augenblick zu erleben, ohne dass Gedanken in die Zukunft oder die Vergangenheit abschweifen, genau dies ist die Botschaft des alten Mönchs.*

WINNIG INSIDE / Training

**Achtsamkeitsübung 2:
Trennen Sie Atem und Gedanken!**

Nehmen Sie sich zwei Minuten Zeit. Setzen Sie sich bequem auf einen Stuhl und kommen Sie zur Ruhe. Lenken Sie nun Ihre Aufmerksamkeit auf den Atem. Nehmen Sie nun die gesamte Atembewegung möglichst bewusst und konzentriert wahr: Wie die Luft durch die Nase einströmt, wie sich der Brustkorb dehnt, der Bauchraum wölbt und wie die Luft anschließend wieder aus der Nase ausströmt. Ihre einzige

Aufgabe besteht darin, diesem Prozess permanent mit voller Konzentration zu folgen. Nun beginnen Sie die Atemzüge bis 20 zu zählen. Sie werden schnell merken, dass dies ein nahezu aussichtsloses Unterfangen ist, weil sich schon bald – obwohl Sie dies nicht wollen! – Gedanken, in welcher Form auch immer, melden. Machen Sie auf einem Blatt immer eine kurze Notiz, bis zu welcher Zahl Sie gekommen sind, bevor sich erneut ein Gedanke in Ihr Bewusstsein eingeschlichen hat, und beginnen Sie wieder von vorn.

Diese kleine Einstiegs-Übung schafft eine Reihe von Aha-Erlebnissen, die wesentlich sind für das Erlernen von Achtsamkeitstechniken. Erstens: dass es völlig normal ist, dass permanent und ununterbrochen Gedanken in uns aufploppen. Wie Herzschlag oder Atmung ist auch das Treiben von Gedanken ein konstanter, ununterbrochener Prozess, der mit der Geburt beginnt und mit dem Tod endet. Zweitens: dass wir gerne glauben, wir hätten unsere Gedanken im Griff, doch das Gegenteil ist der Fall: Nicht wir haben unsere Gedanken, sondern die Gedanken haben uns im Griff! Drittens: dass wir vor allem zu Beginn des Achtsamkeitstrainings, wenn wir bemerken, wie schwierig es ist, den Gedanken nicht zu folgen, schnell zu Selbstkritik, Ungeduld und Erregtheit neigen.

WINNIG INSIDE / Training

Achtsamkeitsübung 3:
Essen Sie achtsam eine Rosine!

Nehmen Sie sich 10 Minuten Zeit und suchen Sie sich einen Ort, an dem Sie ungestört sind. Nehmen Sie eine Rosine und legen Sie diese auf Ihre Handinnenfläche. Die folgende Anleitung dient dazu, die Rosine achtsam nach und nach mit all unseren Sinnen wahrzunehmen.

- Beschreiben Sie die Rosine!
  Wie sieht die Rosine aus? Welche Form, Farbe und Größe hat sie? Wie ist die Beschaffenheit der Oberfläche? Hat Sie Rillen, Einbuchtungen etc.?
- Erspüren Sie die Rosine!
  Wie fühlt sich die Rosine an? Ist sie hart oder eher weich? Lässt sie sich eindrücken oder verformen?
- Hören Sie an der Rosine!
  Nehmen Sie die Rosine zwischen Daumen und Zeigefinger und halten sie diese neben Ihr Ohr. Drücken und bewegen Sie die Rosine zwischen den Fingern. Was ist zu hören? Ein Reibungsgeräusch, ein Knistern?
- Riechen Sie an der Rosine!
  Halten Sie die Rosine unter Ihre Nase. Wie riecht sie? Wie lässt sich dieser Geruch beschreiben?
- Schmecken Sie die Rosine!
  Legen Sie die Rosine auf Ihre Zunge und bewegen Sie diese im Mund hin und her, ohne auf sie zu beißen oder sie zu kauen. Wonach schmeckt sie?
- Beißen Sie auf die Rosine!
  Zerbeißen Sie die Rosine. Wie fühlt sich das an?
- Schlucken Sie die Rosine!
  Schlucken Sie nun die Rosine und verfolgen Sie den Weg über die Speiseröhre so lang wie möglich.

Das achtsame Essen der Rosine macht drei elementare Grundprinzipien der Achtsamkeit deutlich, nämlich:

- Absichtsvoll zu sein, d. h. sich bewusst für etwas Zeit zu nehmen.
- Im Hier und Jetzt zu sein, d. h. die gesamte Konzentration einzig und allein auf das gegenwärtige Erleben zu richten, ohne dabei gedanklich in Zukunft oder Vergangenheit abzuschweifen.
- Nicht zu werten, d. h. sämtliche Empfindungen so anzunehmen, wie sie sind, ohne zu urteilen.

Das Prinzip des Gedankentrainings

Der Kern der Achtsamkeit liegt in der im Augenblick ruhenden, nicht wertenden Aufmerksamkeit, unabhängig ob diese eine Rosine, eine körperliche Empfindung oder sonstige sinnliche Erfahrung betrifft. Besonders effektiv, einfach und immer anwendbar ist die Achtsamkeit für die eigenen Gedanken. Bei der sogenannten Achtsamkeitsmeditation, wie sie gleich vorgestellt wird, geht es darum, zum neutralen Beobachter seiner Gedanken zu werden, ohne auf diese einzugehen bzw. sich mit diesen zu identifizieren. Damit werden die Gedanken zum Objekt, mit denen sowohl die Aufmerksamkeit als auch die Meta-Aufmerksamkeit bestens trainiert werden können. Der Gedanke wird somit zum Spielball, mit dem es entsprechend umzugehen gilt. Eine verbreitete Metapher ist, die Gedanken, sobald sie auftauchen, wie Wolken am Himmel weiterziehen zu lassen, und zwar indem man seine Konzentration unmittelbar wieder zurück auf seinen Atem richtet. Es ist ein bisschen wie beim Durchzappen des TV-Programms: Der Sender, der einem nicht gefällt, wird einfach weggeschaltet. Hier liegt der entscheidende »Trick«, der sich hinter allen Achtsamkeitstrainingstechniken verbirgt: Da man seine Konzentration naturgemäß zu einer Zeit nur auf ein Objekt lenken kann, entzieht man dem Gedanken Energie, indem man sich mit seinem Fokus wieder gezielt auf die Atmung richtet. Aus diesem Grund wird der Atem in der Achtsamkeitslehre auch als Anker bezeichnet.

Achtsamkeit aktiviert das langsame Denken und gibt uns damit Selbstkontrolle und Handlungsspielraum zurück.

Durch diese distanzierte Beobachterrolle und die Technik des Nicht-Identifizierens stellt sich eine angenehme innere Ruhe ein – der Autopilot wird unterbrochen. Stresserzeugende Alltagsärgernisse, wie der schlecht gelaunte Chef oder der tägliche Stau, rücken damit in den Hintergrund und werden als weniger störend empfunden, weil man die Gedanken sozusagen nicht mehr »an sich ranlässt«. Durch die so gewonnene Distanz entsteht zudem ein neuer Handlungsspielraum und die Erkenntnis, dass wir bewusste, klügere und für uns bessere

Reaktionen und Entscheidungen treffen können, anstatt uns vom Autopiloten leiten zu lassen. Der Buddhismus spricht in diesem Kontext von der Disidentifikation und sieht darin ein Kernelement des spirituellen Wegs. Nur wenn es gelingt, die Denkmechanik des Autopiloten zu unterbrechen und nicht blind dem Gedankenstrom zu folgen, werden wir Herr im eigenen Haus. Dabei verweisen Buddhisten darauf, dass die Praxis der Achtsamkeit nichts mit dem Befolgen religiöser Regeln oder einer spirituellen Ideologie zu tun hat, sondern dass es sich dabei einzig und allein um geistiges Training handelt.

Die Gedanken loslassen, nicht unterdrücken

Dem Loslassen der Gedanken kommt bei der Achtsamkeitsmeditation eine entscheidende Rolle zu. Denn wer versucht, unerwünschte Gedanken zu unterdrücken oder bewusst dagegen anzukämpfen, verstärkt diese eher, anstatt sie zu beseitigen. Als »Thought Suppression« bezeichnen Psychologen dieses Phänomen, das auch Menschen kennen, die ihren Lebensstil ändern wollen: Je mehr man versucht, die Lust auf die Zigarette oder auf das Glas Wein zu unterdrücken, desto größer wird das Verlangen, ähnlich einem Ball, der mit noch größerer Wucht an die Oberfläche zurückdrängt, je mehr man versucht, diesen unter Wasser zu drücken. Dieses Prinzip des urteilsfreien »Vorbeiziehenlassens« der Gedanken haben Spitzensportler verinnerlicht, vor allem in Sportarten, in denen abschweifende Gedanken unmittelbar über Sieg oder Niederlage entscheiden können. Novak Djokovic, einer der besten Tennisspieler der Welt, meditiert während des Wimbledon-Turniers regelmäßig mit den Mönchen im Buddhapadipa-Tempel in London. Auf die Frage, wie er denn vor wichtigen Punkten seine Nervosität in den Griff bekomme, antwortet er: »Ich versuche, mich nur in den gegenwärtigen Moment zu versetzen, nicht gegen die Gedanken anzukämpfen, sondern die Gedanken zwar wahrzunehmen, aber dabei meine Selbstbeherrschung und Ruhe zu bewahren.«[11]

---

11 Novak Djokovic: FOCUS Magazin, 37/15

Sowohl das Unterdrücken als auch das Rauslassen von Emotionen ist kontraproduktiv. Hätte John McEnroe seiner Zeit diese mentale Disziplin eines Novak Djokovic besessen, hätte er bei seinem herausragenden Talent weit mehr als sieben Grand Slam Siege errungen. Doch McEnroe war oft nicht Herr, sondern Sklave seiner Emotionen und bekannt für die Unfähigkeit, seine Wut unter Kontrolle zu halten – und bezahlte dafür mit der, wie er selbst sagt, bittersten Niederlage seiner Karriere. 1984, im Finale der French Open, gewann er die ersten beiden Sätze gegen Ivan Lendl mit 6:3 und 6:2 und ließ Lendl aussehen wie einen Statisten. Nicht einer im Stadion hätte auch nur einen Pfifferling auf Lendl gesetzt. Doch im dritten Satz fing Heißsporn McEnroe urplötzlich an, sich mit einem Kameramann zu streiten, weil er der Meinung war, dessen Regieanweisungen, die dieser über Kopfhörer erhielt, seien zu laut. »Big Mac« steigerte sich so richtig rein, brüllte, wütete, warf Schläger und brachte zudem noch das Publikum gegen sich auf, und: er verlor komplett den Faden. Das Momentum drehte sich zugunsten Lendls, der das Match am Ende mit 3:6, 2:6, 6:4, 7:5 und 7:5 gewann. Im Rückblick auf seine Karriere gibt McEnroe schonungslos zu, dass ihn die Unfähigkeit, seine Emotionen unter Kontrolle zu halten, sicherlich weitere große Siege gekostet habe. In seiner Autobiografie »You cannot be serious« sagt er: »Meine Rolle war es, mich aufzuregen. Half es mir mehr, als es mir wehtat? Ich glaube nicht. Mein Vater hatte wohl recht, als er sagte, ich hätte mehr erreicht, wenn ich mich nicht so hätte gehen lassen.«[12]

MBSR: Die moderne Form der Achtsamkeit

Es ist jedoch nicht nötig ein Kloster aufzusuchen oder nach Indien zu reisen um Achtsamkeitstechniken zu erlernen, denn das Wissen um die Achtsamkeit ist längst in der westlichen Welt angekommen, was unter anderem dem Molekularbiologen Jon Kabat-Zinn zu verdanken ist. Er entwickelte bereits in den 1970er-Jahren das Konzept der

---

12 John McEnroe: You cannot be serious. New York: Berkley Books, 2002

Mindful-Based Stress Reduction, kurz MBSR, und vollbrachte damit eine Pionierleistung, weil es ihm gelang, jahrtausendealte Achtsamkeitsübungen aus den fernöstlichen Kulturen wiederzuentdecken und mit den modernen Erkenntnissen der Gehirnforschung zu verbinden. Das eben beschriebene Prinzip des Gedankentrainings stellt nur eine von Dutzenden von Übungen des Achtsamkeitstrainings dar. Richard Davidson vergleicht Achtsamkeit mit Sport und Sportarten. Die Achtsamkeit hat viele Sportarten, d. h. viele unterschiedliche Übungen, doch das Prinzip der einzelnen Sportarten ist immer gleich: Es geht darum, die Konzentration auf den gegenwärtigen Moment zu lenken und sie wieder dorthin zurückzubringen, sobald sie abgewandert ist.

Die folgenden Übungen stammen aus dem MBSR-Training. Bevor Sie mit dem Training beginnen, sollten Sie nochmals folgende Grundregeln bedenken:

WINNIG INSIDE / Training

Bleiben Sie aufrecht!

Prinzipiell lässt sich Achtsamkeitstraining in jeder Körperhaltung durchführen: im Stehen, Sitzen, Gehen und Liegen. Es sollte jedoch eine Position sein, die für Sie bequem ist, in der Sie eine längere Zeit verharren können und die nicht zu einem Zusammensinken des Körpers verführt. Achten Sie daher darauf, dass die Wirbelsäule stets aufrecht ist.

Beobachten Sie ein wildes Tier!

Stellen Sie sich beim Beobachten Ihrer Gedanken und Empfindungen vor, Sie wären ein Kameramann, der in freier Natur ein wildes Tier filmen möchte: Unauffällig positionieren, nicht regen und still sein ist die Devise. Diese Vorstellung unterstützt die so wichtige Beobachterperspektive.

Akzeptieren Sie Selbstkritik!

Es ist völlig normal, dass sich, wenn man es nicht wie beabsichtigt schafft, seinen Geist zu kontrollieren, negative Gedanken in Form von Ärger, Wut und Selbstkritik melden. »Wieso stelle ich mich so doof an?« oder »Warum schaffe ich das nicht?« etc. sind typische Reaktionen des Autopiloten. Sehen Sie dies nicht als Schwäche, sondern als Chance, entsprechend achtsam und freundlich mit diesen inneren Störfaktoren umzugehen.

Es gibt keine Perfektion!

Es wäre falsch zu denken, es gäbe das perfekte Training. Selbst tibetische Mönche, die ihr gesamtes Leben dem Training der Achtsamkeit und der Meditation gewidmet haben, berichten, dass es unmöglich ist, den ablenkenden Gedankenstrom komplett zum Versiegen zu bringen. Dies gelingt vorübergehend mal besser, aber dann auch mal wieder weniger gut. Insofern wäre die Annahme, dass es bei dem Training der Achtsamkeit Perfektion gibt, kontraproduktiv.

Gehen Sie achtsam mit Ablenkungen um!

Wenn Sie eine Ablenkung spüren, z. B. einen Juckreiz im Gesicht, den Sie nicht unterbinden können, dann reagieren Sie achtsam. Verfolgen Sie die Bewegung Ihrer Finger, wie Sie sich kratzen und dann wieder in Ihre ursprüngliche Position zurückkehren mit Achtsamkeit. Solange Sie achtsam mit solchen Ablenkungen umgehen, ist dies kein Problem.

Ritualisieren Sie Ihr Training!

Suchen Sie sich einen »heiligen« Ort für Ihre Trainingspraxis. Üben Sie im Idealfall immer zur selben Zeit. Leiten Sie Ihr Training mit einem kleinen Ritual, z. B. mit dem Anzünden einer Kerze, einem Duftöl oder dem Gong einer Klangschale ein. Geben Sie sich zu Beginn selbst ein Versprechen zum Üben, und eröffnen Sie dies mit einem Gefühl der Dankbarkeit, dass Sie die Praxis der Achtsamkeit für sich entdeckt haben.

Anleitung zur Achtsamkeitsmeditation (MBSR) im Sitzen

Gerade wegen seiner Einfachheit findet MBSR immer mehr Anhänger. Die einfachste und zugleich immer und überall anwendbare Technik ist die Sitzmeditation. Die folgende Achtsamkeitsmeditation ist für Anfänger und stammt aus dem Buch »Gesund durch Meditation. Das große Buch der Achtsamkeit« von Jon Kabat-Zinn.[13] Wir geben sie hier in unseren eigenen Worten wieder:

1. Setzen Sie sich hin und halten Sie beim Sitzen die Wirbelsäule gerade. Lassen Sie die Schultern fallen. Wenn Sie möchten, können Sie die Augen schließen.

2. Lenken Sie Ihre Aufmerksamkeit auf Ihren Bauch und spüren Sie, wie er sich beim Einatmen hebt und ausdehnt, beim Ausatmen senkt und zurückzieht.

3. Bleiben Sie bei Ihrer Atmung für die ganze Dauer eines jeden Atemzugs, als würden Sie von den Wellen des Atems getragen.

4. Wenn Ihr Geist sich von Ihrem Atem entfernt, sollten Sie versuchen zu bemerken, was Sie weggebracht hat, aber ohne sich weiter gedanklich damit zu befassen. Kehren Sie einfach wieder zurück zu Ihrer Atmung. Selbst wenn Ihnen das immer wieder und wieder passiert, machen Sie nichts falsch – wichtig ist lediglich, dass Sie Ihren Fokus dann immer wieder zur Atmung zurückbringen.

Kabat-Zinn empfiehlt, sich für diese Übung eine Woche lang jeden Tag 15 Minuten Zeit zu nehmen, um ein Gefühl dafür zu entwickeln, wie sich eine disziplinierte Meditationspraxis im Leben anfühlt. Wer weiß, vielleicht wollen Sie nach dieser Woche nicht mehr darauf verzichten?

Führen Sie sich außerdem immer wieder vor Augen: Prinzipiell sollte das Training der Achtsamkeit auf eine liebevolle Art und mit Freundlichkeit gegenüber uns selbst geschehen, frei von jeglichem Ehrgeiz, Willen oder gar Leistungsdruck.

---

13 Jon Kabat-Zinn: Das große Buch der Achtsamkeit. München, Knaur Taschenbuch, 2013

Im Folgenden finden Sie einfache, problemlos in den Alltag integrierbare Achtsamkeits-Übungen, mit denen Sie ohne großen Aufwand Ihre Fähigkeit zur Achtsamkeit trainieren und weiterentwickeln können. Da Sie nicht viel Zeit beanspruchen und immer und überall durchgeführt werden können, haben wir diese unter dem Begriff »Achtsamkeitsinseln« zusammengefasst:

Achtsamkeitsinseln

Morgendusche

Nutzen Sie die Morgendusche, um achtsam in den Tag zu starten. Spüren Sie ganz bewusst, wie sich das Wasser über Ihrem Körper ausbreitet, wie es auf der Haut prickelt, welche Temperatur es hat, wie weich oder hart der Druck des Strahls ist etc. Lauschen Sie, welche Melodie das Wasser dabei erzeugt. Registrieren Sie die cremige Konsistenz des Duschgels, nach was es duftet und wie sich die Haut reinigt, während Sie es benutzen.

Achtsames Essen (Mindful Eating)

Achtsames Essen entspricht im Prinzip der Rosinen-Übung. Nutzen Sie daher jedes Essen als Möglichkeit dem Stress des Alltags und dem Diktat des Autopiloten zu entfliehen und schlagen Sie damit zwei Fliegen mit einer Klappe: Sie nutzen das Essen als Auszeit, gleichzeitig fördern Sie Ihre Gesundheit, weil Sie durch achtsames Essen ein besseres Gefühl für die Bedürfnisse Ihres Körpers entwickeln und definitiv weniger essen.

– **Nehmen Sie die Speisen mit allen Sinnen wahr!**
  Sehen Sie sich zu Beginn das Essen ganz bewusst an, so detailliert, als müssten Sie es einer anderen Person beschreiben. Wie riecht und duftet es? Welche Konsistenz hat es, wenn Sie das Essen im Mund haben? Nach was schmeckt es? Welches Aroma hat es?

- **Nehmen Sie sich Zeit!**
  Sehen Sie das Essen als willkommene Pause und nehmen Sie sich dafür entsprechend Zeit. Achtsames Essen sollte »zelebriert« werden.

- **Verbannen Sie Ablenkungen!**
  Handys, Fernseher, Zeitung lesen oder weitere Ablenkungen sind tabu.

- **Essen Sie langsam!**
  Lassen Sie sich Zeit beim Essen. Kauen Sie gut, so lange bis die Nahrung gut mit Speichel zersetzt und beim Schlucken fast flüssig ist.

- **Achten Sie auf die Signale des Körpers!**
  Nehmen Sie die Sättigungssignale des Körpers wahr. Spüren Sie nach, inwieweit der Magen gefüllt ist. Machen Sie sich bewusst, ob Sie schon satt sind oder ob Sie nur noch aus Lust am Essen weiter essen.

WINNIG INSIDE / Training

Gehmeditation (Einfacher geht's nicht!)

Sie können die Gehmeditation jederzeit anwenden, z. B. auf dem Gang zur Toilette, immer wenn Sie zum Drucker gehen oder auf sonstigen Wegen, die sich während des Tages ergeben. Bringen Sie dazu Ihre volle Aufmerksamkeit ganz bewusst auf die Wahrnehmung der Füße und des Körpergefühls während des Gehens. Spüren Sie, wie ein Fuß nach dem anderen aufsetzt, wie sich der Kontakt mit der Erde anfühlt, und spüren Sie dies nach. Jedes Mal, wenn Sie merken, dass Ihre Gedanken abschweifen, lenken Sie Ihre Aufmerksamkeit wieder zurück auf die Füße.

Breathing Space (Atemraumübung)

Die Breathing-Space-Übung ist eine nur dreiminütige Achtsamkeitsübung. Egal ob Sie in der Bahn oder im Wartezimmer sitzen oder auf den Bus warten, Sie können die Übung immer und überall, egal ob im Sitzen oder im Stehen anwenden und innerhalb von nur drei Minuten die wohltuenden Effekte generieren. Der Ablauf erfolgt in den drei folgenden, jeweils einminütigen Stufen:

Hören Sie in sich hinein! (1 Minute)
Schließen Sie die Augen und hören Sie in sich hinein: Welche Gedanken gehen Ihnen gerade durch den Kopf? Welche Gefühle haben Sie? Wie ist Ihre Stimmung? Welche Körperempfindungen nehmen Sie wahr?

Lenken Sie Ihre Konzentration auf die Atmung! (1 Minute)
Nun beginnen Sie, mit Ihrer Konzentration voll und ganz Ihrer Atmung zu folgen. Spüren Sie, wie der Atem durch die Nase eindringt, wie sich die Bauchdecke beim Einatmen hebt und beim Ausatmen wieder zurückzieht. In dieser zweiten Minute sollte Ihre geistige Präsenz einzig und allein bei der Atmung sein.

Spüren Sie nun Ihren ganzen Körper! (1 Minute)
Nun entfernen Sie sich mit der Aufmerksamkeit wieder von der Atmung und richten diese voll und ganz auf Ihren Körper. Wie hat sich die Körperwahrnehmung verändert? Wie fühlen Sie sich jetzt? Wie fühlen sich Stirn und Gesicht an? Strecken oder dehnen Sie sich, wenn Ihnen danach ist. Nutzen Sie diesen erholten, kraftvollen Zustand und machen Sie sich mit dieser positiven Energie an Ihre nächste Aufgabe.

Achtsames Sitzen (Zazen)

Die Ruhe des stillen Sitzens erzeugt nach einer gewissen Zeit auch eine Ruhe des Geistes. Ruhig zu sitzen unterbricht den rastlosen Strom der Gedanken (Affengeist) und löst ein Gefühl des inneren Friedens und des Wohlbefindens aus. Lockern Sie dazu Ihre Kleidung, sorgen Sie dafür, dass Sie nicht gestört werden und suchen Sie sich eine bequeme

Sitzposition, in der Sie das Sitzen genießen können. Schon 5 bis 10 Minuten sind dafür ausreichend.

Achtsames Zuhören

»Das kostbarste Geschenk, das wir anderen machen können, ist unsere Gegenwart. Wenn unsere Achtsamkeit diejenigen einschließt, die wir lieben, werden sie wie Blumen aufblühen«, sagt Thich Nhat Hanh, vietnamesischer buddhistischer Mönch und einer der maßgeblichen Wegbereiter der Verbreitung der Achtsamkeit in den Leistungsgesellschaften.[14] Zuhören ist keine Technik, sondern eine Haltung.

Ganz ehrlich: Haben Sie sich schon einmal gefragt, wem Sie eigentlich mehr zuhören, wenn Ihnen eine andere Person etwas mitteilt? Der Person oder sich selbst? Wie oft erwischen wir uns, dass wir mehr mit unseren zeitgleich ablaufenden inneren Kommentaren und Bewertungen beschäftigt sind, als dass wir uns wirklich mit ungeteilter Konzentration auf das einlassen, was uns unser Gegenüber mitzuteilen hat. Wenn ein Kollege kommt, glauben wir, sein Problem schon zu kennen, bevor er es ausgesprochen hat. Wenn uns die 14-jährige Tochter von Justin Bieber vorschwärmt, tun wir das automatisch als pubertäres Gehabe ab. Wenn der Partner mal wieder über Stress und Zeitdruck klagt, wissen wir sofort: Er muss eben lernen, Prioritäten zu setzen und ein besseres Zeitmanagement an den Tag legen. Dass wir überhaupt in der Lage sind, unserer inneren Stimme zu lauschen, während jemand zu uns spricht, hängt mit den Verarbeitungskapazitäten unseres Gehirns zusammen. Das Gehirn ist aufgrund seiner neurologischen Ausstattung in der Lage, bis zu 450 Wörter pro Minute zu verarbeiten, im Schnitt sprechen wir im Alltag jedoch nur ca. 175. Dieses Ungleichgewicht bringt letztendlich die Lücken hervor, in die sich dann unsere inneren Kommentare drängen. Dazu gesellt sich eine weitere Problematik. Wie es nicht möglich ist, nicht zu denken, ist es

---

14 Quelle: SIY

ausgeschlossen, dass wir nicht automatisch bewerten und in Echtzeit innerlich unseren Senf dazugeben, wenn jemand mit uns spricht.

Achtsames Zuhören kann wahre Wunder bewirken und heilsame Wirkung haben. Wer hat noch nicht die Erfahrung gemacht, wie wohltuend es sein kann, jemanden zu haben, der einem »nur« zuhört, wenn es einem schlecht geht. Die Metapher »sich den Frust von der Seele reden« ist kein esoterisches Konstrukt, sondern hat definitiv eine reale Wirkung. Das Gefühl, bei jemandem Gehör und Verständnis zu finden, hat schon so manches Häufchen Elend wieder zum Aufblühen gebracht. Untrennbar verzahnt mit dem achtsamen Zuhören sind seine psychologischen Effekte. Wem aufmerksam zugehört wird, der empfindet Wertschätzung, Anerkennung und Empathie, allesamt Faktoren, die nachweislich die Psyche stärken und das Wohlbefinden steigern. Studien belegen sogar, dass achtsames Zuhören beim Erzählenden Herzfrequenz und Blutdruck senkt.

WINNIG INSIDE / Training

Achtsames Zuhören

Machen Sie sich achtsames Zuhören zum Vorsatz!
Ändern Sie Ihre Einstellung und machen Sie sich zum Ziel, ein guter Zuhörer zu werden. Nur wer sich zum Ziel setzt, diese Kunst zu erlernen, kann zum Meister darin werden.

Nehmen Sie sich Zeit!
Sehen Sie die Zeit, die ein gutes Gespräch braucht, als Investition in die Beziehung zu den Menschen, die sich mittelfristig mehr als auszahlt.

Hören Sie aktiv zu!
Aktiv zuzuhören bedeutet, dass man sich dazu zwingt, dem Erzähler wirklich in jeder Sekunde zu folgen, ohne sich zu erlauben, gedanklich abzuschweifen. Dies erfordert Selbstdisziplin und ist unter Umständen anstrengender, als selbst zu sprechen.

Strahlen Sie Ruhe aus!
Nur wenn sich der Erzählende wohlfühlt, kann ein tiefes Gespräch entstehen. Achten Sie daher auf Ihre Ausstrahlung und Körpersprache. Strahlen Sie Ruhe, Aufmerksamkeit und uneingeschränkte Konzentration aus. Geben Sie Ihrem Gegenüber das Gefühl, dass es im Moment nichts Wichtigeres auf der Welt gibt als dieses Gespräch.

Halten Sie Augenkontakt!
Augenkontakt bedeutet Verbundenheit und Konzentration und ist für achtsames Zuhören unerlässlich.

Geben Sie nonverbales Feedback!
Ein bejahendes Nicken, eine zustimmende Mimik und Gestik zeigen dem Erzählenden, dass Sie ihn verstehen und voll und ganz für ihn da sind.

Fragen Sie nach!
Gutes Zuhören zeigt sich auch darin, dass man freundlich nachfragt, wenn Dinge unklar erscheinen. Das zeigt, dass man voll dabei ist und bekundet zugleich echtes Interesse.

Geben Sie etwas von sich selbst preis!
Verständnis und Vertrauen steigen, wenn man als Zuhörer unter Umständen auch etwas Privates von sich preisgibt. Damit hebt man Grenzen und Hierarchien auf und zeigt, dass man Mensch ist.

Bedanken Sie sich!
Wenn Menschen die Erfahrung machen, dass man sich bei ihnen für das angenehme Gespräch bedankt, zeugt dies nicht nur von Respekt, sondern man ermutigt sie zugleich, beim nächsten Mal wieder das Gespräch zu suchen.

Bodyscan (Reise ins Ich)

Diese Übung sollten Sie zu Hause mit entsprechender Zeit durchführen. Beim Bodyscan »scannen« Sie systematisch den ganzen Körper mit dem Ziel, gegenwärtige Empfindungen in den entsprechenden Regionen bewusst wahrzunehmen. Beginnen Sie mit dem linken Fuß und nehmen Sie wahr, wie sich dieser anfühlt, wie er Kontakt zum Boden hat oder welches Gefühl der Druck von den Schuhen auslöst. Wandern Sie dann entsprechend von einer Körperregion zur nächsten, stets mit dem Ziel, bewusst und mit entsprechender Präsenz zu spüren und zu fühlen, welche Wahrnehmungen (z. B. Wärme / Kälte, Kribbeln, Druck) dort gerade vorhanden sind. Verfolgen Sie dieses Prinzip für Fuß, Waden, Knie, Becken, Bauch, Rücken, Wirbelsäule, Schulterblätter, Brustkorb, Oberarm, Unterarm, Nacken, Hinterkopf und Gesicht.

Nach Beendigung der Reise durch Ihren Körper entspannen Sie Ihre Gesichtsmuskeln und lassen Kiefer, Wangen und Stirn weich werden. Spüren Sie dann den Körper nochmals bewusst als Ganzes und nehmen Sie seine Schwere nochmals besonders wahr. Atmen Sie dann nochmals dreimal tief ein und aus, strecken und räkeln Sie sich, öffnen Sie Ihre Augen und kommen Sie dann wieder im Hier und Jetzt an.

In diesem Kapitel wurde deutlich, wie wichtig Entspannung für unser Wohlbefinden und für unsere Gesundheit ist, aber auch, dass es zum Glück eine ganze Fülle an Übungen und Techniken gibt, mit denen sich einfach und gezielt Entspannung herbeiführen lässt.

»Die spirituellen Aspekte des Yoga stehen hier nicht im Vordergrund. Wir machen keine Philosophie, aber z. B. Atemübungen. Die Konzentration auf den Atem hilft den Spielern, Abstand zu dem Rummel um sie herum zu bekommen, sich selbst wieder zu spüren.«
PATRICK BROOME, Yogalehrer und Mitglied des Trainerteams der Fußballnationalmannschaft der Männer (https://www.spiegel.de/spiegel/print/d-57119379.html)

»Man sollte dort unter anderem dreimal am Tag stillsitzen, ohne zu zucken. Dadurch bin ich in der Konzentration besser geworden.«
MALAIKA MIHAMBO, Weltmeisterin im Weitsprung, auf die Frage, wie sie sich ihren sensationellen Weitsprung-Titel bei der WM in Quatar 2019 erkläre und was ihre Reisen zur Meditation nach Indien damit zu tun hätten. (BILD Zeitung, 07.10.2019)

»Nur wenn ich entspannt und ruhig bin, bin ich empfindsam genug, das Wasser zu fühlen.«
FRANZISKA VAN ALMSICK (Aufgetaucht, S. 24)

»Rechtzeitig vor Matchbeginn absolvierte ich bestimmte Atem-, Stretch- und Yogaübungen, um meine Konzentrationsfähigkeit aufzubauen, um dann auf dem Platz diese Fokussierung abrufen zu können.«
BORIS BECKER (Augenblick, verweile doch, S. 22)

»Wenn man einfach dasitzt und beobachtet, merkt man, wie ruhelos der Geist ist. Wenn man versucht, ihn zu beruhigen, wird es nur noch schlimmer. Mit der Zeit wird er jedoch ruhiger, und wenn dies geschieht, bleibt Raum, subtilere Dinge zu hören – das ist der Moment, in dem die Intuition sich entfaltet, man Dinge klarer sieht und mehr in der Gegenwart verhaftet ist. Der Geist arbeitet langsamer, und man erkennt eine

enorme Weite im Augenblick. Man sieht so viel, was man bereits hätte sehen können.«
Steve Jobs, Gründer von Apple (http://zen-suedpfalz.de/aus-den-medien/zen-steve-jobs-trainierte-sein-gehirn-mit-dieser-methode/)

»Ich habe gelernt, dass man die negativen Gedanken akzeptieren muss. Sie einfach wegzuschieben bringt nichts, sie sind ja da. Die Kunst ist es, sich zu konzentrieren, um positiv an den Start zu gehen.«
Golfer Martin Kaymer (Stuttgarter Nachrichten, 08.04.2014)

Weiterführende Literatur

David Allen: Wie ich die Dinge geregelt kriege. New York: Piper, 2001.

Prof. Dr. Christoph M. Bamberger: Stress – Intelligenz. München: Knaur, 2007.

Sian Beilock: Choke. New York: Free Press, 2010.

Jeff Brown, Mark Fenske: So denken Gewinner. München: Goldmann, 2011.

Deepak Chopra: Die sieben geistigen Gesetze des Erfolges. München: Heyne, 1996.

Jens Corssen: Der Selbstentwickler. Wiesbaden: Beust, 2004.

Mihály Csíkszentmihályi, Susan A. Jackson: Flow im Sport. Champaign / U.S.A.: BLV.

Hans Eberspächer: Mentales Training. München: Copress Sport, 1990, 2004.

Rene Egli: Das Lola-Prinzip. Oetwil a. d. L.: Editions D'Olt, 1994.

Gerlinde Ruth Fritsch: Praktische Selbst-Empathie. Paderborn: Junfermann, 2012.

Erich Fromm: Authentisch leben. Freiburg im Breisgau: Herder Spectrum, 2000.

Giulio Cesare Giacobbe: Zum Buddha werden. Mailand: Goldmann, 2005.

Malcolm Gladwell: Blink. München: Piper, 2007.

Malcolm Gladwell: Über Flieger. München: Piper, 2010.

Daniel Goleman: Konzentriert Euch. New York: Piper, 2013.

Daniel Goleman: Die heilende Kraft der Gefühle. Boston & London: DTV, 1997.

Michael Gross: Siegen kann jeder. Salzburg: Ecowin, 2011.

Lilian N. Güntsche: Achtsamkeit in digitalen Zeiten. Wisbaden: Springer, 2017.

Gertrud Höhler: Herzschlag der Sieger. München: Econ, 1997.

Markus Hornig: 30 Minuten Flow. Offenbach: GABAL, 2013.

Markus Hornig: 30 Minuten Lebensenergie. Offenbach: GABAL, 2015.

Markus Hornig: 30 Minuten Gewohnheiten ändern. Offenbach: GABAL, 2016.

Markus Hornig: 30 Minuten Mentaltraining. Offenbach: GABAL, 2017.

Gerald Hüther: Biologie der Angst. Göttingen: Vandenhoeck & Ruprecht, 1997.

Gerald Hüther: Die Macht der inneren Bilder. Göttingen: Vandenhoeck & Ruprecht, 2006, 2004.

Jon Kabat-Zinn: Gesund durch Meditation. München: Barth Verlag, 2013.

Daniel Kahneman: Schnelles Denken, Langsames Denken. New York: Siedler, 2011.

Stefan Klein: Die Glücksformel. Reinbek bei Hamburg: Rowohlt, 2002.

Arvid Leyh: Nur in Deinem Kopf. Löhrbach: Der Grüne Zweig, 1999, 2001.

James E. Loehr: Die neue mentale Stärke. New York: BLV, 1994.

Jim Loehr: The Only Way to Win. Boston: Nicholas brealey publishing uk, 2012.

Jens Uwe Martens, Julius Kuhl: Die Kunst der Selbstmotivierung. Stuttgart: Kohlhammer, 2004/2005.

Hermann Mayer: Mentales Training. Heidelberg: Springer, 2009.

Mokka Müller: Das vierte Feld. München: Econ, 2001.

Cal Newport: Deep Work. München: Redline Verlag, 2018.

Cal Newport: Digitaler Minimalismus. München: Redline Verlag, 2019.

Karolien Notebaert, Peter Creutzfeldt: Wie das Gehirn Spitzenleistung bringt. Frankfurt am Main: FAZ Verlag, 2016.

Gabriele Oettingen: Die Psychologie des Gelingens. München: Droemer, 2017.

Ernest Rossi & David Nimmons: 20 Minuten Pause. Paderborn: Junfermann Verlag, 1993.

Gerhard Roth: Persönlichkeit, Entscheidung und Verhalten. Stuttgart: Klett-Cotta, 2007.

Tony Schwarz: Be Excellent at Anything. New York: Free Press, 2010.

Lothar J. Seiwert: Wenn Du es eilig hast, gehe langsam. Frankfurt am Main: Campus, 1995/2005.

Martin Seligman: Flourish: Wie Menschen aufblühen. München: Kösel, 2012.

Reinhard K. Sprenger: Das Prinzip Selbstverantwortung. Frankfurt am Main: Campus, 1995/2007.

Verena Steiner: Energie Kompetenz. München und Zürich: Pendo Verlag 2005.

Maja Storch, Julius Kuhl: Die Kraft aus dem Selbst. Bern: Huber, 2012.

Phil Stutz, Barry Michels: The Tools. New York: Arcana, 2012.

Kurt Tepperwein: Die geistigen Gesetze. München: Arcana, 1992.

Eckhart Tolle: Jetzt! Vancouver, British Columbia: Kamphausen, 1997.

Paul Watzlawick: Anleitung zum Unglücklichsein. München: Piper, 1983.

Peter Weber: Leistungsorientiertes Management. Frankfurt am Main: Campus, 1998.

Stuart Wilde: Die Kraft ohne Grenze. New Mexico: Sphinx, 1984.

Personen- und Stichwortverzeichnis

Über Markus Hornig

Markus Hornig arbeitete bis Ende der 1990er-Jahre als Tennis-Profitrainer auf der ATP-Tour und war acht Jahre Bundesliga-Cheftrainer in Stuttgart, Hannover und Berlin. Namhafte deutsche Daviscupspieler, wie Markus Zoecke, David Prinosil oder Nicolas Kiefer gingen durch seine Hände. Bereits während dieser Karriere begann er ein Studium zum Heilpraktiker für Naturheilkunde und Psychotherapie, das er 1996 abschloss. Danach folgten Ausbildungen zum Diplom-Mentaltrainer, Diplom-Biofeedbacktrainer, Arbeitsbewältigungs-Coach (WAI), zum Seminarleiter für autogenes Training und Stressbewältigung u.a. 2011 schloss er das Studium für betriebliches Gesundheitsmanagement an der Universität Bielefeld ab. Er veröffentlichte insgesamt sechs Sachbücher zu den Themen Gesundheit, Motivation, Selbst- und Leistungsmanagement.

Von 2011 bis 2016 war Markus Hornig als Mentaltrainer Mitglied des Trainerteams der Frauenfußball-Nationalmannschaft und maßgeblich am Gewinn der Goldmedaille bei den olympischen Spielen 2016 in Rio beteiligt. Seitdem ist er als Trainer und Berater in diversen deutschen Unternehmen tätig, mit dem Schwerpunkt die Leistungs- und Mentalstrategien des Spitzensports auf das Anforderungsprofil der digitalen Arbeitswelt zu übertragen.

Darüber hinaus arbeitet er als Privatdozent an der Landesakademie Berlin Brandenburg für den öffentlichen Dienst und für die Bucerius Law School in Hamburg und berät mittelständische Unternehmen in den Bereich Betriebliches Gesundheitsmanagement und Personalentwicklung.

www.markushornig.com
https://de.wikipedia.org/wiki/Markus_Hornig

Über Dr. Angela Kerek

Dr. Angela Kerek weiß als ehemaliger Tennisprofi aus eigener Erfahrung, wie wichtig mentale Stärke für den Erfolg ist. Mit der Einstellung, die sie im Sport nach oben führte, machte sie auch beruflich Karriere. Sie ist im Verfassungsrecht promovierte Juristin, ist Expertin im Bereich Finanzierungen und war bis 2023 Partnerin bei Morrison Foerster LLP, einer der weltweit führenden Wirtschaftskanzleien. Kombiniert mit ihrer Expertise aus dem Sport entwickelte sie als zertifizierter Ernährungscoach und MBA-Absolventin an den Wirtschaftsuniversitäten Kellogg School of Business und WHU ein Programm für die Förderung mentaler und ganzheitlicher Gesundheit der Mitarbeiter, das am deutschen Rechtsmarkt einzigartig ist und 2020 mit dem Innovationspreis ausgezeichnet wurde.

www.angelakerek.com